创新创业系列教材

技术项目评价理论与方法

主编　杜跃平　段利民

西安电子科技大学出版社

内 容 简 介

本书以项目管理、财务管理专业本科生和有志于创新、创业的理工类大学生为读者对象，系统地介绍了技术项目评价的基础理论和基本方法。本书主要内容包括：技术项目的基本概念、内容、程序、方法及其重要性；技术项目的技术评价方法与技术选择；技术项目评价的经济评价方法、社会评价方法、不确定性评价方法和综合评价方法；技术项目可行性研究的内容及组织实施。本书还介绍了若干种前沿的技术项目评价方法，并对未来技术项目评价理论与实践的发展趋势作了展望。

本书每章均列有阅读材料以扩大学生的知识视野，配有讨论与复习题以加深学生对评价理论与方法的理解，并通过案例分析来提高学生对评价方法的应用能力。

本书知识讲解深入浅出，例题与练习题难度适中，可作为理工科大学生相关专业的教材，也可以作为经济管理类学生的阅读用书。

图书在版编目（CIP）数据

技术项目评价理论与方法/杜跃平，段利民主编.
一西安：西安电子科技大学出版社，2017.6
ISBN 978 - 7 - 5606 - 4483 - 7

Ⅰ. ①技⋯　Ⅱ. ①杜⋯　②段⋯　Ⅲ. ①技术项目—项目评价　Ⅳ. ①F062.4

中国版本图书馆 CIP 数据核字（2017）第 108828 号

策　　划　戚文艳
责任编辑　杜　萍　雷鸿俊
出版发行　西安电子科技大学出版社(西安市太白南路 2 号)
电　　话　(029)88242885　88201467　　　邮　编　710071
网　　址　www.xduph.com　　　　　　电子邮箱　xdupfxb001@163.com
经　　销　新华书店
印刷单位　陕西利达印务有限责任公司
版　　次　2017 年 6 月第 1 版　2017 年 6 月第 1 次印刷
开　　本　787 毫米×960 毫米　1/16　印　张　13.875
字　　数　325 千字
印　　数　1～1000 册
定　　价　26.00 元

ISBN 978 - 7 - 5606 - 4483 - 7/F

XDUP　4775001 - 1

* * * 如有印装问题可调换 * * *

前　言

我国技术项目评价实践早在新中国成立后的"一五"计划时期就已经开始，要求建设项目要追求经济效果，时至今日项目评估在规划建设、商业投资，尤其是创业资本投资中依旧有着广泛的应用。我国技术项目评价理论研究工作也历经波折，到今天依旧与时俱进，在评价对象、评价理论和评价方法中不断融入新的内容。技术项目评价是一个多学科交叉的领域，真正能够开展技术项目评价的人才非常稀缺。在技术项目评价人才培养上，正如国外一名著名的创新管理专家所言，"我可以花半天时间教会一名汽车工程师写一篇商业计划书，但是花一年的时间也无法让一名会计师设计出一款新的车型"。因此，向着理工专业背景的大学生传授技术项目评价的基础理论与方法，是一个比较可行的技术项目评价人才培养途径。

正是基于这样的一种人才培养理念和目的，我们编写了这本教材。本书整体共有8章，分别从项目评价的基本概念、技术评价、经济评价、社会评价、不确定性评价、综合评价等几个方面依次展开，全面而系统地介绍技术项目评价各方面的理论和方法。

本书具有以下特点：

(1) 在每一章均有重点提示，帮助读者了解本章的重要知识点。

(2) 为了扩展读者的知识面，提高读者的阅读兴趣，每章开始部分均有阅读材料，这些阅读材料大多是在国内外经典研究案例的基础上改编而来的，与本章所涵盖的知识点有着密切的联系，能够为读者提供更多的背景知识。

(3) 本书在编写中理论与方法并重，不仅对技术项目评价的基本概念、基本原则等进行介绍，还介绍了技术项目评价的基本方法以及一些相对前沿的评价方法。为了更好地展示项目评价方法的使用，我们在编写中还引入了大量例题，并配有详细的解答过程。

(4) 每章后面附有习题和案例，可用以检验学生对本章知识的掌握程度和锻炼学生的思考以及解决问题的能力。

本书可以作为技术经济、项目管理类本科生教材使用，也适用于选修技术经济评价理论与方法课程的理工类本科生，同时还可以供项目评价相关从业人员参考阅读。

编　者

2017 年 2 月

目 录

第1章

导 论

【重点提示】
◇ 技术及其生命周期
◇ 技术项目
◇ 技术项目的管理阶段
◇ 技术项目的来源
◇ 技术项目的评价方法
◇ 技术项目的选择方法

阅读材料

康德拉季耶夫与技术长波周期

相对于5到10年的短商业周期而言，技术创新周期更长，通常认为这与长波周期相关。尼古拉斯·康德拉季耶夫(1892—1938)对长周期或者长波周期理论进行了深入研究，他于1920年在莫斯科创建了危机状态研究所。

康德拉季耶夫不是第一个提出长周期设想的人，在第一次世界大战之前，已经有经济学家指出了物价、利率和贸易的较长的周期变化模式。但是，康德拉季耶夫在1920年的研究使得该理论广为人知，并使他的名字与50年经济活动周期的概念紧密地联系在了一起，该周期是指从经济萧条到经济恢复，再到经济繁荣，最后再回归于经济萧条这一过程。为纪念他的重大贡献，人们便使用"康德拉季耶夫周期"来命名长周期，或者说是长波周期。

从18世纪后期的工业革命以来，人类已经经历了四次长波周期，现在正处于第五个康德拉季耶夫周期中。表1.1给出了五次长波周期的具体情况。

表 1.1 五次长波周期

时 间	周 期	技 术
1780—1830	第一次	棉纺、冶铁、水动力
1830—1880	第二次	铁路、蒸汽动力、蒸汽船
1880—1930	第三次	电力、化工、炼钢
1930—1980	第四次	汽车、电子技术、石油、航空
1980—	第五次	计算机、电子通信、互联网

熊彼特继承了长波周期理论，他起先在德国接触过康德拉季耶夫的研究，后来又到了美国哈佛大学。熊彼特把长波周期理论应用于他的商业周期研究，他认为每次长波周期代表着一种新技术的应用，对经济转型产生强有力的影响，每次都带来了新的工业革命。在熊彼特的观点中，每次工业革命都是基于某项重大技术变革。

以第一次工业革命为例，此次长波周期技术变革的核心技术主要有 Abraham Darby 开创的煤炭冶铁技术、水动力技术和纺织工业的机械化，特别是兰卡郡的棉纺织业。伴随着新技术的运用，生产率、消费和生产活动组织方式发生了重大变化。值得一提的是，此次工业革命出现了一些组织创新，比如工厂体系的发展。

第二次长波周期从 1830 年到 1880 年，同样也涉及了一组能够改变生产方式的技术，主要是蒸汽动力、铁路系统的引入。此次长波周期的另外一个特征是重大发明开始以集群、成批的方式出现。铁路技术的应用引发了投机热。1840 年前后的"铁路热"中，出现了大量铁路公司，希望从铁路技术的应用以及交通运输业务的增长中获利。但是正如大多数金融繁荣一样，"铁路热"最终导致了金融危机。

第三次长波周期的基础技术是电力、化工和炼钢，时间从 1880 年到 1930 年。此次长波同时伴随着管理创新，如科学管理方法，其间出现了世界上第一家大型公司，新技术在新产品和新服务上得以广泛应用。随着新的和更加灵活的能源的出现，崛起了一批新的产业，如能源输送装备制造产业，机器设备、仪器工具制造产业。相似地，价格低廉、质量优异的钢材的出现，也改变了一些现有产业，如铁路从铁轨转变为钢轨，造船业也开始大量使用钢材。科学管理方法核心技术的应用共同提高了生产效率。

1930 年到 1980 年的第四次长波周期为人们带来了电子、汽车、石油以及和航空相关的新技术，其中汽车产业发展迅猛，并对经济产生了广泛的影响，如汽车使用量的增加导致了基础设施投资的上升，福特大规模生产模式的引入也深深地影响了人们的生产方式。电子技术的发展产生了一些新的电子消费品，其中最主要的是收音机和电视机。总体而言，第四个康德拉季耶夫长波周期的特点是大众市场。

第五次长波也是基于另外一批影响力巨大的新技术，这些技术是计算机、电子、通信和生物科技。

1.1　技术与技术项目

1.1.1　技术

1. 技术的内涵

"技术"是希腊文"teche"（工艺、技能）与"logos"（词、讲话）的组合，最初是指技能、技巧。《辞海》将技术定义为"泛指根据生产实践经验和自然科学原理而发展成的各种工艺、操作方法和技能，相应的生产工具和其他物资设备，以及生产的工艺过程或作业程序、方法"。韦氏词典认为，技术是知识的一个分支，它涉及行业技巧、应用科学或工程。

Linsu Kim 将技术定义为：技术是指把投入转化为产出的具体生产流程以及在实施这种转化中采用的构成这些活动的知识和技能的总和。

阿贝逊认为，技术是从一个科学流程与实践经验中演化出来的知识、工具和技能的集合群，被用于产品、流程、系统和服务等方面的开发、设计、生产和应用。

综合各类技术概念，我们认为技术有广义和狭义两种内涵。广义上，技术是一种特殊的社会现象，是人类特殊的实践活动方式；狭义上，技术是人类为提高社会实践活动的效率和效果而积累、创造，并在实践中运用各种物质手段、工艺程序、操作方法、技能技巧和相应知识的综合。技术有宏观和微观的内涵。从宏观角度看，技术是科学知识的应用；从微观角度看，技术是所有生产手段的综合。要完整理解技术内涵，需要注意以下几个方面：

（1）技术不仅蕴含在产品中，而且也蕴含在形成新产品或推出新服务的流程、方法中。

（2）技术是指了解如何应用科学和工程知识获取实践结果，如产品、服务等。

（3）技术、科学和技能都是知识的不同表现形式。

（4）技术既可以将科学知识用于实践过程而产生，也可以从实践中得来。

（5）技术具有商品属性。

2. 技术的分类

企业生产运行中需要多种不同的技术，这些技术可以从多角度进行划分。从功能角度可以把技术分为以下三种：

（1）产品技术。产品技术是用来改变产品特性的技术，既可以用来进行新产品创造，也可以用于现有产品的改进，产品技术的内涵可以延伸到设计或服务的创新和改进。

（2）生产技术。在制造业，生产技术主要用于产品的制造过程，如新工艺、新流程、新测试手段、新加工设备等。在服务行业，生产技术主要指服务提供过程中所使用的技术，如金融行业中的信息技术、咨询行业中的数据挖掘技术等。

（3）管理技术。管理技术是指组织研究、开发、生产、销售和服务等全部活动的方法和过程。普遍使用的管理技术有：绩效管理、科学管理、流水线生产技术、目标管理、无缺陷管理、全面质量管理、准时制生产、企业流程再造、零库存管理等。一定条件下的管理技术需要企业在资金、技术、人力资源、企业文化和企业制度等资源、制度、文化、环境等方面具备一定的条件后才能见效。

3. 技术的生命周期

技术发展是由科技和市场共同作用的结果。技术轨迹不仅由科学技术发展的自身逻辑决定，而且受市场变动等因素的影响。这些因素共同作用，使技术与人类、行业、企业、产品一样，具有自身的生命周期。技术的生命周期是技术从萌芽、成长、成熟直至衰退的全过程。技术在其生命周期的不同阶段呈现不同的形态。一般来说，技术的生命周期可以分为以下四个阶段：

（1）导入期。导入期又可称为萌芽期。这个时期是一项新技术的诞生并最初引入市场的时期。在导入期，新技术刚刚出现，技术可能的应用领域已经被发现，但企业如何将其应用到实际的生产或服务领域还没有明确的概念。此时，该领域的基础研究主要由学术界或企业界进行，他们将该新技术的知识领域进一步扩张，促进新技术的推广、应用和成长。此阶段学术界或企业界是技术的主流。

（2）成长期。成长期是新技术历经了导入期后赢得了市场认同，并为部分厂商相继采用的时期。在成长期，技术潜在的应用价值已经基本明确，企业界投入更多的资源对新技术进行研究，技术将从实验室技术开发进入到产品技术开发阶段。此阶段是技术产品化的阶段，企业界是技术的主流。

（3）成熟期。成熟期中，新技术经历了导入期和成长期后，赢得了社会的广泛认同，并为广大用户所采用。在这一时期，技术进步的速度开始下降，与新技术有关的技术知识已被大多数企业所接受并开始学习，技术溢出的速度开始加快，该技术未来的变化趋势已明晰。此阶段的技术发展属于渐进式的创新活动。

（4）停滞期。停滞期又称为衰退期。在该时期，新技术经历了生长期和成熟期后，技术的领先优势逐步消失而逐渐演变为常规技术。

从技术的生命周期演变历程来看，从导入期经历成长期、成熟期再到衰退期，技术发展的动态程度经历了由弱转强、再转弱、再转强的发展历程。在成长期，技术发展最为强烈；在成熟期，技术发展最具稳定性。

1.1.2　项目

1. 项目的概念

目前，项目管理、金融学、投资学、建筑学等学科对项目都有所涉及，出于各自的研究目的，它们都对项目这一概念做出了定义。

（1）从投资角度对项目的定义。

联合国工业发展组织编写的《工业项目评估手册》对项目的定义是：一个项目是对一项投资的一个提案，用来创建、扩建或发展某些工厂、企业，以便在一定周期时间内增加货物的生产或社会的服务。

世界银行认为：所谓项目，一般是指同一性质的投资，或同一部门内一系列有关或相关的投资，或不同部门内的一系列投资。

（2）从建设角度对项目的定义。

所谓建设项目，就是按照一个总体设计进行施工的基本建设工程。我国建筑业对建设项目的定义是：在批准的总体设计范围内进行施工，经济上实行统一核算，行政上有独立组织形式，实行统一管理的建设单位。

（3）从综合角度对项目的定义。

《项目管理学》（科学出版社，邱苑华等著）一书认为：项目是在一定的时间内为了达到特定目标而调集到一起的资源组合，是为了取得特定的成果而开展的一系列相关活动，并归纳为"项目是特定目标下的一组任务或活动"。

（4）PMBOK 对项目的定义。

PMBOK（Project Management Body of Knowledge）对项目的定义是：A project is a temporary endeavor undertaken to create a unique product or service。此译文经北京现代卓越管理技术交流中心翻译为：项目是为完成某一独特的产品或服务所做的一次性努力。

我们对上面有关项目的定义进行分析，可以看出，项目有狭义的和广义的两种理解。

狭义的理解与上面的建设角度以及 PMBOK 的定义比较接近，和"一项工程"、"一项建设"这样的字样紧密联系起来。其最核心的特点是项目的一次性，类似建造一栋大楼，从选址和设计开始，到验收交工结束，一次性完成，不再重复，没有后续的工作。

对项目广义的理解接近于我们的日常生活，与上面的投资角度以及综合角度的定义比较接近，和"一笔生意"、"一个投资机会"这样的字眼联系在一起。实质上，广义的理解包含了两个阶段：第一个阶段是指一个狭义的项目，例如厂房的建设、机器设备的安装等，这些是一次性完成的；后一个阶段则是持续经营的，在厂房、机器设备等硬件条件具备以后，组织相关的人力、物力和财力，开展进货、生产、销售等活动，而且这些活动要持续相当长的一段时间。

2. 项目的特征

对于一般的项目而言，具有以下几个明显的特征：

（1）目的的约定性。任何一个项目必须有一个明确的目的或清楚要达到的目标，即在做某个项目之前，对其项目最终的结果应该是事先就已经确定好了的，并经过所有项目参加者的同意，这个目标应该是所有项目参加者都清楚的共识，并一起为之努力奋斗。

（2）任务的规范性。任何一个项目必须要有明确的需要做的工作，不是空泛的，而是明确的一个或一组特定的任务。如果目标是多项的，在很多情况下由于各种内在或外在的原因，它们往往无法被全部完成。因此，项目的任务在开始前必须有一个事先制定的优先权的划分，哪些是最重要的，哪些是次要的，哪些是可有可无的，在项目开始前必须对这些有个明确的规定，所有参加者对此也必须有明确的共识。

（3）时间的一次性。任何一个项目必须有一个起点和一个终点，每个项目不是一个无限的、不断的过程，而是一个暂时性的活动，所以它必须有一个起点和一个终点，而且这个起点和终点必须是非常明确的、事先定好的。它也应该是所有参加项目的人都必须清楚且达成共识的，即大家都同意的。

（4）进程的计划性。整个项目的进程必须有一个事先制订的计划，项目循序渐进的特征表示各项任务的完成顺序应该是事先定好的。计划为从起点到终点该做的所有工作提供一份明确的指南，而且工作的完成是循序渐进的，即某些工作必须在前，某些工作必须在后，后面的工作必须等前面的工作完成之后才能开始进行。

（5）资源的约束性。必须具备为完成这个项目所需要的各种资源，包括人力、物力和必需的费用。必须根据项目任务的细节对它们做妥善的分配和安排。任何资源上的缺乏在项目开始时就应该是一个警告信号。项目的完成时间与所具备的资源有紧密的相互制约关系，任何一个方面的变动将影响其他方面的工作，严重情况下将影响到整个项目的成功。这是有关项目管理的最为关键的理念之一。

（6）功能的明确性。任何项目必须有明确的功能要求，即项目最终完成的任务、项目能够提供什么样的功能或什么样的服务，都需要在具体的工作开始之前就非常明确地制定下来。

（7）结果的可查性。衡量项目结果的标准必须是事先制定好的。既然一个项目提供的功能或服务必须要达到一定的质量要求，那么就应该有判断这些要求是否达到的衡量标准。这些衡量一个项目结果的准则、一个项目成功与否的标准，必须在项目开始之前就制定好。在项目的进程中，项目管理人员的责任之一就是将工作的结果与这些衡量标准进行对照，用它来帮助判断项目的进展情况。

3. 项目管理中的阶段划分

在项目管理中，划分项目阶段的首要标志是项目工作的相同性。通常，相同性质的项目工作会划分在同一个项目阶段中，而不同性质的项目工作会划分在不同的项目阶段中。现代项目管理划分项目阶段的第二个标志是项目阶段成果（项目产出物）的整体性，即一个项目阶段的全部工作必须能够产出自成体系的标志性成果，这种成果既是这个项目阶段的输出，也是下个项目阶段的输入，或者是整个项目的终结。现代项目管理理论将整个项目的全部工作看成是由一系列项目阶段构成的一个完整的项目生命周期。

一个具体的项目可以根据项目所属专业领域的特殊性和项目的工作内容等因素划分成各种不同的项目工作阶段。但是，对于一般意义上的项目，现代项目管理将其划分为四个主要的工作阶段，分别如下：

（1）项目定义与决策阶段。在这一项目阶段中，人们提出一个项目的提案，并对项目提案进行必要的需求分析和识别，然后提出具体的项目建议书。在项目建议书或项目提案获得批准以后，就需要进一步开展不同详细程度的项目可行性分析，通过项目可行性分析找出项目的各种备选方案，然后分析和评价这些备选方案的损益和风险情况，最终做出项目方案的抉择和项目的决策。这一阶段的主要任务是提出项目、定义项目和作出项目决策。

（2）项目计划和设计阶段。在这一阶段中，人们首先要为已经作出决策将要实施的项目编制各种各样的计划（针对整个项目的工期计划、成本计划、质量计划、资源计划和集成计划等）。在编制这些计划工作的同时，一般还需要开展必要的项目设计工作，从而全面设计和界定整个项目、项目各阶段所需开展的工作、有关项目产出物的全面要求和规定（包括技术方面的、质量方面的、数量方面的、经济方面的等）。实际上，这一阶段的主要工作是对项目的产出物和项目工作作出全面的设计和规定。

（3）项目实施与控制阶段。在完成了项目计划和设计工作以后，人们就可以开始实施项目了。在项目实施的同时，人们要开展各种各样的项目控制工作，以保证项目实施的结果与项目设计和计划的要求及目标相一致。其中，项目实施工作还需要进一步划分成一系列的具体实施阶段，而项目控制工作也可以进一步划分成项目工期、成本、质量等不同的管理控制工作。这一项目阶段是整个项目产出物的形成阶段，所以这一项目阶段的成果是生成的项目产出物，而不论项目产出物是实物形态（如一栋建筑物），还是知识或技术形态（如一项科研成果）。

（4）项目完工与交付阶段。项目实施阶段的结束并不意味着整个项目工作的全部结束，项目还需要经过一个完工与交付的工作阶段才能够真正结束。在项目完工与交付阶段，要对照项目定义和决策阶段提出的目标，以及项目计划与设计阶段提出的各种计划和要求，先由项目团队（或项目组织）全面检验项目工作和项目产出物，然后由项目团队向项目的业主（项目产出物的所有者）或用户（项目产出物的使用者）进行验收移交工作，直至项目的业主/用户最终接受了项目的整个工作和工作结果（项目产出物），项目才算最终结束。

1.1.3　技术项目

1. 技术项目的概念

技术项目是指需要通过知识形态和物质形态技术的运用，以研究和解决有特定功能要求的工作和生产的方法、手段之类的课题或项目。技术发明的目的是为了满足社会的各种技术需求，解决不断产生的技术问题。技术问题是技术发展的现实状态与人们期望的需求状态之间的差距或矛盾。技术问题的解决也是这一技术差距的消除或需求状态的实现。在技术发明过程中，人类所面临的技术问题是多种多样、纷繁复杂的，必须对那些真正需要解决的技术问题进行有目的的分析和筛选。在技术发明过程中，那些经过分析和选择而确定下来的待以研究和解决的技术问题，就叫做技术项目。

技术项目是技术创新理念与项目管理理念的有机结合，是以实现技术创新为目的或者服务于技术创新实现的项目，它通过项目化的运作方式，利用高新技术，推出新的产品或者服务，创造出新的经济价值。

按照目前广泛认可的观点，技术项目一般包括以下四种基本形式：

（1）产业化项目：能够形成新的经济增长并在一年内形成目标生产能力的新产品、新技术开发及推广应用项目，包括高新技术和先进适用技术的推广应用项目、高新技术产品与新产品的产业化项目、重大技术装备的研制生产项目。

（2）研发项目：新产品、新技术、新工艺、新材料的研发和虽能够形成新的经济增长，但一年内不能形成目标生产能力的新产品、新技术推广应用项目，包括行业关键共性技术和重大技术装备的研发。

（3）能力建设项目：包括企业技术中心研发能力提升项目、重点实验（试验）室建设项目、产学研或企业间共建的联合开发平台项目、具备技术改造或基本建设项目的备案条件或备案手续的相应项目，此外还包括技术创新服务方面的提高信息咨询、成果交易、技术服务、产品检测、项目评估、人才培训等能力的重要建设项目。

（4）推广应用项目：在节能降耗、提高产品质量、提高材料与资源的利用水平、降低生产成本、提高生产工艺技术水平、改善劳动条件、提高生产效率、减少对环境的污染等方面效果显著的高新技术与先进适用技术的推广应用项目。

2. 技术项目的来源

技术项目的主要来源有以下几个方面：

（1）自然科学研究领域的技术需求。技术项目可以从人类在认识自然界的过程中所提出的技术问题中选择和确定。

（2）人类物质生产实践领域的技术需求。技术项目可以从生产力的发展所需要解决的，特别是急需解决的技术问题中选择和确定。

（3）军事领域的技术需要。技术项目从军事竞争和战争的发展所需要解决的技术问题中选择和确定。

（4）材料、能源、交通、通信等领域的技术需求。技术项目可以来源于材料、能源、交通、通信等领域的技术需求和技术问题，这是关系到人类的生存和发展的基本领域，也是技术项目的基本来源之一。

（5）医疗、教育、卫生等领域的技术需求。人类医疗、教育和卫生领域有许多技术问题需要人们去解决，这些都直接成为技术项目的源泉。

（6）保护和改造人类生存的生态环境的技术需求。生态环境是人类共同关心的领域，也是直接影响人类社会可持续发展的重要领域，有一系列重大技术问题有待于研究和解决。

(7) 技术的自我发展和完善。技术项目可以来源于技术自身发展的内在矛盾，即技术的自我发展和完善。在技术发展过程中，经常会产生内在矛盾，而这些矛盾又往往集中反映了社会上的技术需求，成为技术项目的主要来源。

3. 技术项目的特点

技术项目的特点有以下几个方面：

(1) 技术项目的技术和知识密集。技术项目一般以高新技术为载体，是最新科技发展的结晶。其生产所用的各种投入品涉及许多现代科技的尖端领域，生产过程对技术和智力的要求非常高。

(2) 技术项目的资本高度密集。高技术项目活动所需投入品包括创新研究和高智力人才，用以实现高技术产品的市场化，这一需要大大超过一般产业所需的资金投入。没有强大的资金支持，高技术项目就难以发展起来。技术项目的每一个阶段都需要大量资金投入，资金投入是技术项目发展的关键。

发达国家对技术项目的投资结构，即研发—中试—批量生产的资金投入比例为 1∶10∶100。随着项目的不断向前推进，资金投入强度也应相应加大。

(3) 技术项目的产品附加值高。在传统产业的产品进入微利时代之时，高技术产品因其蕴含的技术、智力和资金成本而获得很高的附加值，这也是促使传统产业向高技术产业转化的动力。

(4) 技术项目的产品需求收入弹性高。高技术只为有创新意识和创新能力的主体所掌握，导致高技术产品的市场竞争程度降低，其价格弹性系数小，而需求收入弹性系数大。因此，高技术产品项目市场需求量和产值的增长率一直大大高于传统产业。企业占有了高技术，即意味着获得了成本优势、技术独创性优势、市场份额优势等诸多比较优势。在人均国民收入上升时期，高技术企业渴望获得绝大多数市场份额，快速积累财富，为不断进行技术创新创造条件。

(5) 技术项目的产品生命周期短暂。因为高技术具有短周期的特点，所以高技术产品的更新换代十分迅速。以电脑产业为例，产品更新速度不断加快，从十年一个周期到五年、一年，一直到一个月甚至半个月就会出现新一代产品。鉴于此，高技术企业要占据领先地位，拥有竞争优势，就必须加快技术开发、产品开发，才能获得可观的经济效益，这在客观上又缩短了产品周期。

(6) 技术项目对风险资本的依赖性高。高技术企业在发展的不同阶段对资金有着不同的需求，由于其为资本密集型产业，创建高技术企业所需的资本是传统产业的 10～20 倍，而对其投资的成功率只有 20% 左右。以稳健和盈利为原则的传统金融机构对于资信较差、缺乏担保履约能力的新兴高技术企业的融资要求往往不予受理，即便给予融资，企业的筹资成本也比较高。资金问题通常是高技术项目发展的一个瓶颈，而打破瓶颈束缚最有力的路径就是风险投资。风险资本是伴随着高技术产业发展起来的资本形态，以追求高风险的高收益为经营理念。风险资本填补了高技术项目成长过程中某些阶段的资金空白，成为高技术产业的"催育者"和"助推器"，发达国家的高技术产业发展历程已充分证明了风险资本对于高技术产业的重要性。另一方面，在风险资本的推动下，不断发展的高技术产业又为风险资本成长提供了日渐宽阔的沃土。

(7) 技术项目对高智力人才的需求迫切。技术项目为智力密集型项目，对专门人才的需求是传统项目的 5 倍，产业内企业间的竞争主要是对高级人才的竞争。人才作为高技术的载体，是高技术产业的灵魂。随着高技术产业的不断升级，需要的不仅是大量掌握尖端高技术的开发人才，更需要懂技术、通管理又有融资能力的通才。由于高技术企业的人才需求迫切，因而世界许多大公司均实行了"青苗工程"，在世界各国著名大学寻觅有潜质的青少年，出巨资培养成长后为其工作，把高级人才的占有、储存触角伸向未来。

（8）技术项目的关联效应和带动效应大。技术项目具有"种子"功能，可以加快传统产业的整体进步，催生新兴产业，使主导产业、关联产业和基础产业的体系日趋成熟，并将其增长效果扩散至国民经济的各个部分，带动经济社会共同进步。

4. 技术项目的主要领域

一般而言，技术项目主要集中在高科技产业。高科技产业随着时代的变迁而发生变化，目前人们普遍认为的高科技主要体现在以下几个领域。

1）生物技术

1953 年，克里克和沃森发现了 DNA 双螺旋结构模型，建立了分子生物学。20 世纪 70 年代创立了基因工程，从此生命科学和生物工程取得重大进步，学术界认为人类将发生基因革命，21 世纪将是生命科学和生物工程的世纪。

（1）转基因动植物技术。转基因技术是基因工程的应用和拓广。转基因动植物是将外源基因（目的基因）导入动植物体内，使其在动植物染色体基因组内稳定整合，成为动植物体的组成部分，并能遗传给后代的一类动植物。这一技术的研究开发是培育优良动植物品种和疾病防治技术上的重大飞跃。

（2）人类基因组计划。人类基因组计划是一项跨世纪的国际合作的大科学计划。这项计划的主要任务是：绘制遗传图、物理图、序列图和转录图，建立基因资源库和 DNA 克隆库。这项计划的实施将为生命起源、生物进化和人类起源问题的研究提供新途径，有可能从基因层次上揭开人类的生、老、病、死之谜。人类基因是一种有限的不可再生的资源，谁先分离、鉴定和克隆出与疾病相关的新基因，提取出能用于基因治疗的新基因，特别是治疗大病和疑难病的基因药物，谁就拥有知识产权，从而获得巨额转让费。

（3）克隆技术。所谓克隆，就是运用细胞融合技术形成无性繁殖系。这一技术的研究开发是生命科学的重要变革，对医学、农业、畜牧业等都具有深远的影响。

（4）生物医药技术。生命科学研究为生物医药研制奠定了基础。20 世纪 70 年代末到 80 年代初，成千上百家生物技术公司如雨后春笋般在短时间内涌现出来。1983 年第一个重组 DNA 药物人胰岛素在美国和英国通过批准投入市场，从此揭开了生物技术医药产业的帷幕。此后，生物医药技术在人体疾病治疗、人用体内体外药物和试剂合成、人用疫苗、畜用医疗产品及杀虫剂等方面发挥着重要作用。

2）纳米技术

纳米是英文 namometer 的音译，是一种量度单位，1 纳米为 10 亿分之一米，大约相当于 45 个原子串起来那么长。1～100 纳米之间的物质规律和特征，既不服从微观层次的量子力学规律，也不服从宏观层次的规律。研究 1～100 纳米之间物质特性和规律的技术就是纳米技术，或称介观技术，纳米技术主要包括以下几个方面：纳米材料、纳米动力学、纳米生物学、纳米药物学和纳米电子学。

（1）纳米材料制备和表征。在纳米尺度下，物质中电子的放射性和原子的相互作用受到尺度大小的影响，若能得到纳米尺度的结构，就可能控制材料的基本性质，如熔点、磁性、电容甚至颜色，而不改变物质的化学成分。用超微粒子烧制的陶瓷可以有更高的硬度。无机的超微粒子碳分子在加入橡胶后，将黏合在聚合物分子的端点上，用其制成的轮胎将大大减少磨损、延长寿命。

（2）纳米动力学主要指微机械和微电机，或总称为微型电动机械系统。其部件极小，只有几百微米甚至几十微米，用于有传动机械的微型传感器和执行器、光纤传感系统、特种电子设备、医疗和诊断仪器等。

（3）纳米生物学和纳米药物学主要是指在纳米尺度下制造 DNA 精细结构和新药物。

（4）纳米电子学包括纳米尺度的电子器件、纳米结构的光电性质、纳米电子材料的表征，以及原子操纵和原子组装等。

3）信息技术

信息技术作为高技术领域的佼佼者，不仅吸引着科学研究和工作技术人员以及各级决策人员，而且还影响着全社会的经济、文化、教育、政治等领域中几乎所有的过程。数以亿计的自觉或者不自觉的信息技术及产品的用户，成为当代信息资源的开发与利用的主要消费者。开发与利用信息技术是实现国民经济和社会发展最重要的手段，也是决定许多发达国家的工业化社会最终向信息化社会发展的关键因素。

信息技术是指获取、传递、处理、存储、再生和利用信息的专门技术，从广义上讲，包括信息基础技术、信息系统技术和信息应用技术；从狭义上讲，信息基础技术属于光电子技术，信息应用技术属于办公自动化技术。信息技术主要是指信息系统技术，包括信息获取技术、信息处理技术、信息传输技术等。

（1）信息获取技术。由于光学技术和电子技术的发展，我们可以借助使用放大镜、显微镜、望远镜、照相机、摄像机、侦察卫星、扫描仪等看清楚微小的、遥远的或者超高速运动的物体。电话机、收音机、CD 唱机以及超声波和次声波等测量仪可以看做是人的听觉器官的延伸；湿度表、温度表以及各种测量震动、压力的仪表可以看做是人的皮肤湿度感觉和压力感觉功能的延伸。目前，科学家已经研制出许多应用现代感测技术的装置，不仅能替代人的感觉器官捕捉各种信息，而且能捕捉人的感觉器官不能感知到的信息。通过现代感测技术捕获的信息是精确的信息，便于进行计算机处理。

（2）信息传输技术。信息传输在社会发展中发挥着重要作用。古代人类用烽火狼烟、击鼓飞鸿、快马传书等原始方法来进行信息的传递和交流；而现代社会则使用电报、电话、电视、广播、电子邮件等通信手段来表达、传递和交流信息。随着卫星通信技术和光纤通信技术的发展，信息传输技术更具有无限的发展和应用空间。

（3）信息处理技术。电子计算机是信息处理机，信息处理技术包括计算机硬件技术和计算机软件技术。当今世界闻名的激光照排系统和电子出版系统就是典型的计算机软件技术。随着网络技术的发展和应用，计算机和网络技术等信息处理技术帮助人类存储信息、检索信息、加工信息和再生信息的能力已经超出了人们的想象。

4）航空航天技术

（1）航天运载火箭。自从 1957 年前苏联发射人类第一颗人造卫星以来，世界各国已经研制成功 30 多个系列的运载火箭，将 5500 多个航天器送入预定轨道，为人类进入、研究和利用宇宙空间作出了贡献。

我国经过 40 年的努力，已经成功研制 10 多种型号的"长征"系列运载火箭，发射成功率约达 90%，其综合技术性能已经接近或者达到世界一流水平。

（2）通信卫星。通信广播类卫星是国外最早进入商业化领域的卫星。全球约有 300 多颗通信卫星、几千个转发器在轨道工作。全球 80% 的洲际通信业务和 100% 的洲际电视转播以及为数众多的区域通信已由卫星承担。但是迄今为止，卫星通信在全世界整个通信市场中的渗透率约为 2%，近期的目标也仅为 5%，可见其应用潜力仍旧很大。

（3）气象卫星。气象卫星是发展最早，应用最广的卫星之一，气象卫星的应用彻底改变了人类千百年来从地球表面局部观测天气的历史，开拓了从太空观测天气和研究气候变化的新时代。20 世纪 60 年代以来，美国和前苏联先后利用太阳同步轨道和地球同步轨道技术实验卫星搭载扫描摄像机，获取了地球云层覆盖的图像。40 多年来气象卫星的探测能力和地面业务能力已经发展到比较成熟的阶段。

（4）飞机。飞机是 20 世纪科学技术最辉煌的创造之一。1903 年莱特兄弟首次完成了有动力的载人驾驶飞行，100 多年来，飞机性能得到大幅度提升，航程可达 1 万多公里，飞行时间达到 10 多个小时，飞行速度达到 3 倍音速，飞行高度达到 3 万米以上，客机座位达到 550 座级。飞机已经广泛应用于客运、货运、工业、农业、海洋、医疗、救灾等方面，大型军用飞机在近 20 年的历次战争中发挥了极大作用，飞机影响着人类的社会、经济和生活状况。

1.2　技术项目评价与选择

一个项目能否顺利进行，需要对项目的技术可行性、财务价值以及相关问题进行周密的可行性分析和论证，然后再开展正式的项目，这个过程叫做项目的评价与选择。

1.2.1　技术项目评价

1. 技术项目评价的内涵与分类

1）技术项目评价的内涵

技术项目评价是指在可行性研究工作的基础上，对技术项目的必要性、项目背景情况和建设条件的可行性，以及该技术项目在技术上的先进适用性和经济上的合理有效性等诸多方面进行全面综合的审查和评价。技术项目评价是实现投资决策科学化的重要手段。

2）技术项目评价的分类

技术项目评价按照评价的时间及所处项目的发展阶段可分为项目前期评估、项目中期评估和项目后期评估。

项目前期评估主要指在技术项目投资决策时期进行的对项目建议书和可行性研究报告的评估。项目前期评估结果是立项决策和审批决策的科学依据。

项目中期评估指在项目实施建设过程中进行的评估，主要是对施工准备、工程进度、工程质量、资金使用、生产准备及试运行状况等项目投资全过程中的各个阶段进行监测、检查和评价。

项目后期评估指在技术项目完成后，投产运营（使用）一段时间后（通常是 2～3 年）进行的项目评价。它是对项目的立项决策、实施建设、完工、投产使用和生产经营的全过程进行的全面系统的综合分析评估，并对项目产生的财务、经济、社会和环境等方面的效益和影响及其持续性进行客观全面的再评价。

2. 技术项目评价流程

技术项目评价是选择和确定技术项目的必要环节和继续深入的过程，通过对技术项目的评价，对技术项目的必要性、可行性及其完成的可能性再次进行分析和论证，并根据评价的结果再次进行决策，以使技术项目选择更准确、合理。技术项目评价主要包括以下流程。

1）确定评价内容

这一步骤主要是根据评价目标选取评价方向，确定评价的内容。一般来说，对于技术项目的评价主要是对技术项目可行性的定性分析和评判，主要包括以下内容：

（1）技术项目的重要性分析。分析该技术项目的重要性是关系国家、地区经济建设和人民生活亟待解决的重要项目，还是企业、单位的主要项目；是重大、主要项目，还是一般、次要项目。

（2）技术项目的先进性分析。分析该技术项目可能达到国际先进水平，还是国家先进水平，或是地区、行业的先进水平，还是仅为一般水平。

（3）技术项目的适用性分析。分析该技术项目的需求面是大还是小，适用范围是宽还是窄，是适用还是不适用。

（4）技术项目的效益性分析。分析该技术项目具有重大的经济效益还是一般或较小的经济效益，除了具有经济效益之外，是否具有安全、道德、心理、审美等方面的效益。

（5）技术项目的危害性分析。分析该技术项目是否会危害人体健康、生命安全，是否对自然环境有危害，危害程度如何。

（6）技术项目的成功可能性分析。分析该技术项目的成功可能性有多大。

2）选取评价人员

技术项目评价人员应根据技术项目的特点来选取，评价人员的选取是技术项目评价的关键环节。评价人员应该是技术项目领域中知识水平、研究能力、政策水平等都较高的专家，或是由技术研制人员、科技管理人员、科技情报人员及项目产品用户人员组成的技术评价小组。

3）确定评价方式和方法

技术项目的评价方式多种多样，可以选择同行专家的个人评价法，也可以选择专家小组集体评价法。个人评价法包括对技术项目逐项打分、填写评价意见表、写出评价结论等书面形式，以及专家个人当面口头评价的形式。专家集体评价方式包括专家小组会议的口头评价、逐项打分及填写意见表的书面形式。评价方法的选择最终根据评价内容而异，不同的评价内容要求采用不同的评价方法进行评价。

4）及时反馈评价结果

依据评价结果，对技术项目进行再次决策，确定最终选定的技术项目，及时将决策结果反馈给相关利益主体，并做好技术项目后的信息沟通工作。

3. 技术项目评价内容

1) 可行性研究

技术项目的可行性研究是指在技术项目投资决策前，通过详细的调查研究，对拟建项目的必要性、可实现性以及对经济和社会的影响进行全面、系统的综合性研究。一般项目的可行性分析可以分为三个阶段进行：投资机会研究、初步可行性研究、详细可行性研究，其中详细可行性研究阶段是最为重要的阶段（见表 1.2）。

表 1.2　项目可行性分析阶段

工作阶段	投资机会研究	初步可行性研究	详细可行性研究
工作性质	项目设想	项目初选	项目拟定
工作内容及成果	鉴别投资方向，寻找投资机会，提出项目建议，为初步选择项目提供依据	项目专题辅助研究，编制初步可行性研究报告，确定详细的可行性研究必要性，判断项目的生命力	项目经济技术论证，编制可行性研究报告，提出结论性意见，为项目投资决策提供依据
所需时间（月）	1～3	4～6	8～12 或更长

（资料来源：胡珑英.技术经济学［M］. 哈尔滨：哈尔滨工业大学出版社，2004(5).)

技术项目的可行性分析主要包括以下内容：

（1）技术项目的概况分析。技术项目概况包括拟建地点、建设规模与目标、建设条件、项目总资金及效益情况。对技术项目概况评估，就是对项目可行性研究报告中提出的项目背景、依据和目标、投资环境、项目审批程序和发展概况等情况进行调研、分析、审查与评估，以判断项目兴建的理由和背景是否充分、合理，所处投资环境是否有利于项目的建设实施，项目审批程序是否符合有关政策规定；着重研究项目的总体面貌、目的和必要性；了解企业提出项目的理由和目的是否必要和合理，是否与企业发展的长远规划相吻合和有联系，并估计能达到预期目标的可能性。

（2）技术项目的市场可行性分析。技术项目的市场可行性分析主要是对技术产品需求的市场进行调查和预测，分析该技术产品的性能、品种、规模、市场占有份额和价格，看其是否符合国内外市场需求趋势，有无竞争能力、竞争对手和风险；是否属于升级换代的产品；是否确定了产品的目标市场、市场风险和风险程度，以及产品的营销策略。

（3）技术项目的技术可行性分析。技术项目的技术可行性分析主要考虑两个方面的基本问题：第一，技术的灵活性，主要分析技术的性能是否易于学习、易于部署、易于支持；是否具有可操作性；是否可以每天运行 24 小时，每周运行 7 天；是否与其他关键技术具有互操作性。第二，技术市场问题，例如，供应商的生存能力如何（2 年、5 年后是否还有生意可做？）；该技术是否有替代资源存在；相关产品和服务是否有第三方支持；供应商提供的技术支持的水平如何；产品的行业智力共享性如何（市场是导向还是偏离该技术？）。

（4）技术项目的经济可行性分析。市场经济条件下，技术项目无论对于企业还是区域都必须在经济上是有利可图的。一般情况下，技术项目的经济可行性分析包括两个部分：

财务可行性分析和经济可行性分析。其中，财务可行性分析主要是从项目及投资者的角度、企业理财的角度进行资本预算，评价项目的财务盈利能力，并从融资主体（企业）的角度评价股东投资收益、现金流量计划及债务清偿能力，从而为投资决策提供参考信息；经济可行性分析主要是从资源配置的角度衡量项目的价值，评价项目在实现区域经济发展目标、有效配置经济资源、增加供应、创造就业、改善环境、提高人民生活等方面的效益。

（5）技术项目的操作可行性分析。技术项目不仅要具有经济和技术的可行性，还需要具有操作性。在进行技术项目可行性分析时，还需要回答一个基本问题：一旦投产，对该技术项目的维护和技术支持是否可能？确定技术项目操作可行性时也需考虑两个方面的内容：一是操作问题；二是支持问题。操作问题主要包括：支持该操作需要什么工具；该操作需要培训什么技巧；什么过程需要创造或者升级；该操作需要什么文档等。支持问题主要有：应该为用户提供什么文档及培训；如何管理需求变更等。

2）工艺技术评价

技术项目方案评价的对象主要是物化技术，就是对项目的生产供给技术、设备选型、工程设计、节约自然资源消耗等方案进行分析评估工作。对于引进技术项目，还应对引进技术资料进行分析评估。工艺技术评价主要内容包括：

（1）技术先进性评价。分析技术项目采用的工艺、技术、设备是否符合国家的科技政策和技术发展方向；能否适应时代技术进步的要求；是否有利于资源的综合利用；是否有利于提高生产效率和降低能耗与物耗，并能提高产品质量。通过技术指标衡量项目技术水平的先进性，并与国内外同类企业的先进技术进行对比。

（2）技术安全性和可靠性评价。主要是对项目工艺技术和设备来源的可靠性和可得性进行论证评估。分析技术项目最新技术和最新科研成果的采用情况是否先进、适用、安全、可靠；是否经过工业性试验和正式技术鉴定；是否已经证明确实成熟和行之有效；是否属于国家明文规定淘汰或禁止使用的技术或设备；是否适应本地区的自然条件并能利用当地资源；是否有充分的使用权与专利保护；是否说明它与老技术相比更有竞争力和吸引力。

（3）技术项目建筑工程合理性评价。论证工程地质、水文、气象、地震、地形等自然条件对工程的影响和相应的治理措施；评价建筑工程所采用的标准、规范是否先进、合理，是否符合国家有关规定和贯彻节约的方针；对工程项目构成、厂内外运输和公用辅助工程方案进行分析论证和比选，对工程项目的节能、节水措施进行分析评估；论证项目建设工期和实施进度所选择的方案是否正确。

（4）引进技术项目评价。对于引进的国外技术与设备，应分析其是否成熟，是否确为国际先进水平，是否符合我国国情，有无盲目或重复引进情况；引进技术和设备是否与国内设备零配件和工艺技术相互配套，是否有利于"国产化"；引进的专利技术是否有失败的或不属于专利的技术，并应考虑是否获取了设计设备的专利技术，以及设备所需软件和产品配件；生产方法、工艺技术和设备选型是否经过多方案分析论证和比选。

（5）改建项目技术评价。改建扩建项目应注意评估原有固定资产是否得到充分利用，采用的新工艺、技术能否与原有的生产环节衔接配合。

3）经济评价

技术项目的经济评价是按照一定的决策目标，通过对项目的费用、效益进行分析，对项目的投资价值作出的估计与判断。通过一定的方法科学地反映项目的投资价值是对项目经济评价的关键。

由于项目实施的经济效果具有多维性，因此评价项目经济效果的指标和方法也应具有多样性。

从经济效果的评价角度来看，项目经济评价指标可以分为三类：货币单位计量指标，这类指标是主要反映项目效益总量的价值型指标，如净现值、净年值等；效率型指标，即通过相对量来表示资源的利用效率，如内部收益率、投资收益率、净现值率等；时间型指标是以时间作为计量单位的指标，如投资回收期、贷款偿还期等。

按照是否考虑资金的时间价值，可以将项目经济评价指标分为静态评价指标和动态评价指标。静态评价指标不考虑资金时间价值，主要用于数据不完备和精确度要求较低的项目初选阶段；动态评价指标考虑资金的时间价值，主要用于项目最后决策前的可行性研究阶段。

按照技术方案的复杂程度，可以将项目经济评价分为单一方案的经济评价与多方案的经济评价。单一方案的经济评价对象是单一的，评价方法较为简单易行。多方案的经济评价主要指为了提高投资效益，降低投资风险，在一定的约束条件下，对多个方案进行比较选择和组合投资。多方案经济评价不仅要分析方案本身经济评价指标是否达到了标准的要求，而且还要根据备选方案间关系的类型，运用各种评价指标和方法在备选方案间进行比较选择。多方案经济评价根据备选方案之间关系的类型又可分为独立型多方案评价、互斥型多方案评价、相关型多方案评价以及混合型多方案评价。

根据经济评价方法是否具有弹性和灵活性，可以将经济评价方法分为刚性经济评价方法和柔性经济评价方法。刚性经济评价方法的典型代表是现金流折现法。现金流折现法是把未来现金流量的期望值用一定的折现率计算得出净现值，然后根据净现值来评价项目的可行性。这种方法包含了两个假设条件：一是项目决策的刚性，即项目投资不能推迟，要么立刻采纳项目，要么放弃项目，今后不再考虑；二是项目运行过程的刚性，即项目只要投资运行，在此期间内将不能随投资环境发生变化而进行相应的调整。这种刚性的经济评价方法使得项目投资管理不能灵活地进行变化，面对不确定的外部环境，决策者不能根据市场的变化采取灵活的应变措施。在项目投资前，如果净现值不理想，决策者不能推迟投资；项目建成投入运营后，如果市场条件比预期的有利，不能追加投资，扩大投资规模；在市场条件不利时，又不能缩减生产或者转产，甚至放弃经营等，这将给企业带来很大的危害和利益损失。柔性经济评价法是为了适应现实经济中不确定因素不断增加的环境而产生的，它要求决策者在投资项目的决策和实施过程中具有弹性。实物期权评价法是柔性经济评价法的主要方法，它可以对项目中包含的灵活性措施的价值进行量化，不仅能评价项目投资带来的现金流，还能对项目投资带来的技术能力的提高或企业价值的扩大进行量化和评价，从而为投资决策提供依据。

4）不确定性分析

为了提高经济评价的可靠性和决策的科学性，在确定性评价的基础上进一步分析外部条件的变化或预测数据的误差对方案经济效果的影响，需要进行不确定性分析。不确定性分析就是运用一定的方法计算各种不确定因素的变化对技术方案预期的经济效果的影响程度，从而推测项目可能的风险，进一步确认方案在技术经济效果上的可靠性，为项目的实施提供更准确的依据。不确定性分析有助于识别不确定因素，对未来可能出现的各种情况有所估计，以便采取科学的方法加以控制，也可以分析不确定性带来的风险，从而采取改进措施，降低风险，获得预期的经济效果。

不确定性分析的方法主要包括：

（1）盈亏平衡分析。盈亏平衡分析是通过对项目投产后一定时期内的有关参数（如产量、成本和盈利等）相互之间的关系进行分析，找出这些参数的合理界限，考察项目承受风险的能力或选择不同的方案。

（2）敏感性分析。影响项目经济评价指标的不确定因素有很多，敏感性分析是在影响项目经济效果评价的众多不确定因素中，通过分析、预测不确定因素发生变化对经济评价指标的影响程度，从而对投资方案的承受风险能力做出判断，为项目决策提供依据。通过敏感性分析，一方面可以找出影响项目经济效果的敏感因素，测算项目风险大小；另一方面通过对项目不同方案中某些关键因素的敏感程度进行对比，选择敏感性小的方案，可以减小项目风险。

（3）概率分析。概率分析是在影响投资项目不确定因素发生变动的概率分布估计的基础上，分析这些因素对方案决策目标影响的可能性及其程度，从而对项目的风险状况做出比较准确的判断，为决策提供依据。

5）社会评估和环境影响评估

技术项目社会评估是以各项社会政策为基础，从以人为本的原则出发，分析评估项目为实现国家和地方的各项社会发展目标所作的贡献与影响，以及项目与社会相互适应性和可接受程度的一种系统的调查研究和分析评估方法。因此，项目社会评估包括项目的社会效益与影响分析评估、项目与所在地区的相互适应性分析和社会风险分析，并据此判断项目在社会上的可行性。

技术项目环境影响评估包括环境对项目建设的影响与项目建设及投产后对环境的污染和破坏程度的评估。

6）综合评价

项目综合评价是在建设项目各方案的各个部分、各阶段、各层次评价的基础上，谋求建设方案的整体优化。项目综合评价需要在全面调查、预测和评估经济、社会、技术、不确定性分析等内容后对拟建设项目进行总结性评估，也就是汇总各方面的分析论证结果，进行综合研究，提出关于可否批准项目可行性研究报告或提供项目建设资金支持等结论性意见和建议，从而为项目决策提供科学依据。

1.2.2 技术项目选择

1. 技术选择

关于技术选择的内涵，国内外的学者还没有给出统一的定义。综合起来，技术选择有以下两种定义：

（1）技术选择是关于技术应用的概念，不同的自然、社会条件要求不同形式的技术及其应用。从这个角度出发，技术选择有三层含义：

①技术选择不仅是生产工具、工艺和方法的选择，而且是应用技术的指导方针、原则和政策的选择；

②技术选择不仅应重视经济收益的比较，更应注重社会和人类的需要，满足一定的经

济、社会和环境的目标；

③ 技术选择并非是简单地去寻求解决某一具体问题的权宜性措施，而是建立适合于一定社会经济、自然资源、生态环境和文化教育水平的技术体系。

（2）技术经济学中对技术选择的定义。技术选择是决策者为了实现既定的经济技术和社会目标，对多种技术路线、技术方针、技术措施和技术方案进行比较选优的过程。技术选择有宏观和微观的内涵。宏观技术选择是指国家、地区、产业部门等采用何种关键技术的问题，是影响整个国民经济发展和进步的问题。微观技术选择是指企业范围内的产品、工艺和设备的选择问题，是影响企业市场竞争能力和经济效益的关键性问题。

一般来讲，技术创业中的技术项目选择属于微观技术选择，也就是企业技术选择。企业技术选择是指企业根据其内部和外部的主观条件，评价各种可能得到的技术手段对企业近期利益和长远利益的影响，从而选择对企业实现其目标最为有利的技术或技术组合的过程。企业技术选择包括技术引进选择和技术创新选择。技术引进选择指企业根据一定的思想与原则对引进技术进行评价，选择对其最有利的技术的过程。技术创新选择指企业根据一定的原则和指导思想对其创新的产品或工艺进行评价，选择最有利于企业实现其目标的新产品、新工艺的过程。

2. 技术项目选择

技术创业企业的技术项目选择必须要包含以下几个内涵：

第一，技术项目选择的对象是技术项目。

第二，技术项目选择的本质是技术选择。

第三，技术创业企业的技术项目选择属于企业技术选择。

第四，技术项目选择通过项目形式进行选择。

因此，综合以上内涵，我们将技术项目选择界定为：企业根据其内部和外部的主观条件，评价各种技术项目对企业近期利益和长远利益的影响，从而选择对企业实现其目标最为有利的技术项目的技术选择过程。

3. 技术项目选择的原则

技术项目的选择，不仅与自然科学理论和解决技术问题的人、财、物等条件紧密相关，而且还与技术的社会效益和环境影响等密切相联。因此，进行技术项目选择要正确处理上述关系，并遵循以下原则：

（1）需要与可能相统一。技术需要是技术项目的基本来源和选择技术项目的出发点，但技术常常需要具有超前性，因此，技术项目不能单纯从需要出发，选择技术项目除了应考虑到它的需要性之外，还应考虑到技术项目的可能性，努力平衡需要和可能的相互关系。可能性有科学上的可能性、技术上的可能性、经费上的可能性、人力资源上的可能性等几大内涵。企业在进行技术项目选择时既要考虑未来技术需求，还应考虑未来技术需求在科学上的可能性和在企业技术、资金、人力资源等相关资源条件上的可能性。

（2）创造与适用相统一。创造是指技术项目的最终成果应当具有新颖性和先进性。只有创造才能更好地满足技术需求，但单纯地为创造而创造的技术发明具有不适用性，没有实用价值。因此，在选择技术项目时，既要注意创新，同时也应考虑适用，做到创新与适用并重。

适用的技术项目具有以下特征：

① 能很好地解决技术问题，满足相应的技术需要；

② 适用的技术项目能适应现有的技术环境，与现有技术配套，有助于现有技术发挥最大潜力，还能带动现有技术的发展，促进现有技术的革新和改造；

③ 具有应用价值和合理效益，尤其是合理的经济效益。

（3）社会效益与环境效益相统一。技术的社会效益包括经济效益、安全效益以及心理、道德、审美等各个方面的内涵。技术项目评价必须全面分析和权衡项目的社会效益，在强调经济效益的同时，也不能忽视对其安全、心理、道德和审美方面的效益追求。一个技术项目即使有较大的经济效益，如果危害人类安全，违反人们的心理、道德和审美观，也不会被接受。

4. 技术项目选择的过程

企业技术项目选择的决策是按照一定程序、方法和标准，对可供选择的技术方案的成本、费用以及可能产生的经济效益、社会效益、技术效果等作出的调查、分析、评价和选择，是技术选择决策主体为实现组织目标，运用科学的评价和决策方法对技术方案的择优过程。技术选择的决策程序主要包括以下几个阶段：

（1）确定目标。企业技术选择决策的主要任务就是根据组织确定的预期目标，对技术选择指标进行评价和决策。企业技术选择目标一般从企业战略目标出发，根据目标的针对性、准确性、先进性、可靠性、可度量性以及现实可行性等原则来确定，企业预期目标是技术选择方案制定、评价和选择的基准。

（2）收集资料，发现问题。进行调查研究、收集相关的数据资料是企业技术选择决策的基础性工作。企业技术选择所需的信息包括技术、经济、社会、自然等方面的相关信息，通过这些信息的收集，企业可以从中发现技术选择所需要识别的企业运作中的技术障碍，如技术市场定位、产业定位以及企业自身的条件等方面与实际状况之间的差距等问题。

（3）拟定技术项目的备选项目。企业技术选择方案的拟定以企业组织的目标为基准，拟订方案时必须考虑备选方案的可比性，以确保后续的方案评价和选择的有效性。

（4）分析和评价各备选项目。针对备选项目的收益、成本、资源条件、风险、社会收益和经济效益等各方面，利用评价方法，根据评价体系做出综合评价，以便做出科学决策。

（5）选择最优项目。根据评价结论和科学的决策方法，对备选项目进行优选，作出决策。

（6）决策实施。实施优选方案，并建立反馈系统，实现决策实施运转过程中的动态平衡。

讨论与复习题

1. 什么是技术？技术有哪些类型？

2. 项目周期一般要经历哪几个阶段？

3. 技术项目的来源有哪些？

4. 技术项目具有哪些特点？

5. 目前，技术项目集中分布的领域有哪些？

6. 技术选择与技术评价有何联系？

7. 什么是可行性分析？技术项目的可行性分析的内容有哪些？

8. 技术项目评价的内容有哪些？

案例分析

悉尼歌剧院：成功还是失败？

悉尼歌剧院是澳大利亚的标志，是著名的旅游胜地和艺术中心。之所以称它为艺术中心，是因为它的设计很独特，它未必是听歌剧的最佳场所，却是一个非常宏伟壮观的建筑，设计和建造十分复杂。

悉尼歌剧院最初的设计构想是由丹麦建筑师 Jorn Utzon 提出来的，当时评委从 11 个国家的 233 份参赛作品中，确定这名丹麦建筑师的作品为最佳参赛作品，而当时它只是一个简单的草图，没有规划，也没有效果图。那么，丹麦建筑师的任务就是怎样把构想图变成一个建造的设计图，但是这位建筑师没有设计和建造这样规模宏大的建筑物的经验，也缺乏对原材料估价的经验，因此他对项目的造价没有任何概念。

尽管有很多不确定因素，但这个项目最终还是被立项了。政府对这个项目的成本预算是七百万美元，并计划通过发行一系列彩票来筹集资金，建造这个项目。

但后来发现，一切进展都没有事先想象的那么顺利。由于工程非常浩大，又面临海港强烈的风，因此这个设计难以实现。为了防止屋顶被风吹走，它的强度和各个方面都要进行设计，政府也开始担心。为了加快项目进度，政府把这个项目分成三个部分进行建造，包括地基、屋顶、其他建筑，这三部分都是分别签署合同分包出去的。

这个项目最后导致了一届澳大利亚政府的倒台，因为这个项目的工程资金远远超出预想，整整花费了 15 年时间，投资 1.07 亿美元才最终完成。

案例讨论：

1. 悉尼歌剧院的建造算不算成功，为什么？

2. 应该怎么做才能保障一个项目的成功？

第2章

技术项目的技术评价与技术选择

【重点提示】
◇ 技术评价的定义
◇ 技术评价的特点
◇ 技术评价的内容
◇ 技术评价的过程
◇ 常见的技术评价方法
◇ 技术选择的定义
◇ 技术选择的一般方法

阅读材料

消融的采冰产业

看过动画片《冰雪奇缘》的人们对于电影开头伴随着音乐所播放的采冰镜头相信并不陌生，这并非只存在于童话中，时间后退到 1880 年，在美国东北部的确存在利润丰厚的采冰产业，并且兴极一时。商业模式也出乎意料的简单，努力地从北方冰冻的水中采出大块的冰，打包后尽快地运到温暖的南方，甚至出口国外，其主要用途之一是用来保存食物。根据记载，在行业鼎盛时期，1886 年共采冰 2500 万吨，在采集、储藏和运输行业雇佣了成千上万名工人。行业内创新不断，切削技术、雪犁、绝缘技术和物流技术的发展促进了行业的快速成长，这些创新的影响意义深远，使得售冰市场远达香港、孟买和里约热内卢。尽管运输路途遥远、运送时间漫长，但是从波士顿港口起运到达目的地后依旧会有足够的冰块剩余，能够带来丰厚的利润。

正在这一行业快速发展时，一批研究者，如 Carlvon Linde 等，开始在实验室研究新兴的制冷问题，不久之后，人工制冰变成现实。Joseph Perkins 证实了，在密闭系统中通过对不稳定液体汽化和液化能够产生制冷效果，一举奠定了现代冰箱的基础架构。1870 年 Linde 出版了他的研究成果，1873 年市场上出现了第一个有专利的制冷系统。随后几年中，人工制冷行业开始发展起来，1879 年有 35 座人工制冰工厂，10 年后达到 222 座。这无疑为采冰产业敲响了死亡的丧钟，尽管多年之后采冰行业才彻底没落。期间，两个产业并肩发展，沿着各自的技术路径不断学习和创新，共同促进了冰市场的发展，例如，通过向冰盒填冰满足城市用冰需求。但是，当采冰技术最终不可避免地到达了技术极限时，新的技术便占据了上风。大多数采冰者由于深陷传统模式中难以转型，最终走向没落，采冰产业被新的制冷产业所替代，新进入者占据了主导地位。

故事到此并没有结束，随后家用电冰箱的出现，再次淘汰了传统的制冰工厂的商业模式。

2.1　项目技术评价概述

2.1.1　项目技术评价的定义与特点

技术评价是指在进行技术开发和应用时，预先从各个方面采用各种方法来研究技术带来的影响，并对其利弊得失进行综合评价。技术评价一词由英语 Technology Assessment（简写为 TA）而来，技术评价是用科学的方法，对技术变化、技术选择进行系统分析、预测和估计其社会影响的一个过程，用以验证公众的取舍政策，为技术的开发决策提供参谋意见，使之符合国家的技术发展，保证人类在将来能更健康、安定地生活。

项目的技术评价是对科学技术的社会效果进行综合评价，对科技成果带来的利弊和得失进行全面判断。当今生态平衡破坏、环境污染的出现，就是忽视技术评价的结果。进行技术评价的目的，在于选择研究开发项目和推广应用科技成果，防止危害人类。

与一般的评价相比，技术评价有如下特点：

（1）技术评价的对象。技术评价的对象主要是事关国计民生的重大研究项目及重要的应用技术，包括生产技术、新产品技术、社会开发技术。

（2）技术评价具有预测性。技术评价以了解社会、经济的各种问题为目的，在技术开发之前及开发过程中，预测技术可能带来的影响和危害，对各方面进行综合判断，以消除危害或者使危害减少到最低限度。

（3）技术评价的内容。技术评价侧重于评价技术开发带来的影响及其变化与发展，这种评价包括两个方面：一是技术应用带来的直接效果；二是技术开发与应用可能带来的潜在的、不可逆的负面影响以及由此产生的后果，且将后者放在更重要的地位。由此，技术评价尤其注重技术与人类、社会、环境的关系。

（4）制约的时间点。技术评价不是依靠一定的规章制度去制约已经完成的技术，而是对技术本身以及在研究开发过程中可能出现的问题进行预测，寻找对人类的影响，并设法采取对策，开发防止或者解决公害的方法。

（5）技术评价的方法。技术评价并非单纯的方法学，而是一门政策学，它体现了对科学技术进行客观评价的态度和思考方法，将定量分析与定性分析相结合，为制定政策和计划，为新技术的研究和开发以及应用提供决策依据。

2.1.2　项目技术评价的内容

技术评价从理论上可以划分为微观评价和宏观评价两个领域。对于利用技术创新进行创业的创业者而言，技术评价所关注的主要是微观领域。微观技术评价主要包括以下内容的分析与评价：

（1）技术开发的迫切性与重要性：从企业的经营方针和目标出发，衡量技术开发是否需要和必要，以及需要的迫切程度。

（2）技术的先进性：从实用意义和技术水平上综合评价方案及其技术的优越程度和水平，通常划分为国际先进水平、国际水平、国内先进水平和国内一般水平四类。

（3）技术的适用性：方案预期的技术对推动企业生产的发展，满足企业经营和社会需要的适应能力，以及企业对预期技术的开发和吸收能力。

（4）技术的可靠性：方案预期技术在使用过程中的可靠程度，即在一定时间内和正常条件下，发挥技术预定性能的稳定程度。

（5）技术的连锁效应：预期技术的应用对推动本企业和本行业的技术进步、促进相关技术发展所发挥的作用。

（6）技术成功的概率：方案预期技术应用获得成功的可能性大小。

（7）技术的危害性：方案预期技术的危害性，如污染程度、破坏生态平衡等。评价时，要综合分析危害的有无、大小以及能否消除，消除的难易程度与费用支出等。

（8）技术的效益与代价：技术的效益是指预期技术产生的企业经济效益、国民经济效益和社会效益。技术的代价是指包括研发费用、投产费用、生产制造费用和其他费用在内的总费用支出。一般来说，技术的效益与技术代价成正相关关系，在评价时要求对两者进行综合权衡，根据企业的实际情况量力而行。

（9）研究开发周期：预期技术开发所需要的时间。

（10）与国家政策、法律、规划的一致性：预期技术的应用符合国家的技术政策、有关法律规定和行业及地区规划等的程度。

2.1.3 技术评价的程序

技术评价的具体工作内容就是调查工作和分析工作。经济合作组织（OECD）科学技术政策委员会于 1974 年提出了技术评价的一般程序，共分为以下 9 个步骤：

（1）明确问题。

（2）弄清技术评价的实施范围及前提条件等。

（3）列举相关技术的替代方案。

（4）明确影响要素（影响的可能性、种类、对象）。

（5）影响评价（影响的重要程度）。

（6）明确决策者（团体或个人）。

（7）明确利害关系者。

（8）替代方案的选择（选出可能的较优方案）。

（9）替代方案的综合评价和结论。

美国国家工程科学研究院进行技术评估则采用以下基本程序：

（1）详细认识评价的对象。

（2）明确评价范围，收集资料。

（3）为解决评价对象技术产生的问题，提出替代方案。

（4）明确承受该技术影响的对象及问题，并加以集中和归类整理。

（5）明确影响的程度及范围。

（6）评价影响。

（7）对提出的替代方案进行对比分析。

技术评价工作的一般程序如图 2.1 所示。

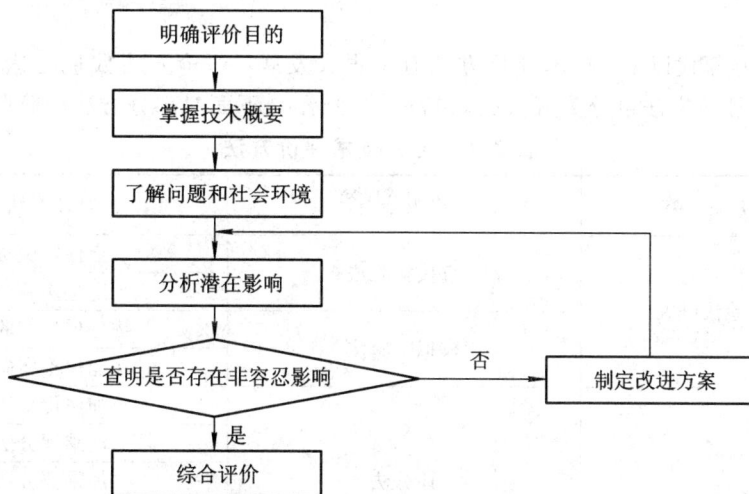

图 2.1 技术评价程序框架图

（1）明确评价目的。进一步明确用户关心的问题，明确评价报告最终要解决的问题，在此基础上限定评价范围，以免泛泛而论，不着边际。

（2）掌握技术概要。一是掌握技术开发的目的，明确所评价的技术的作用和开发方式；二是掌握技术内容概要，包括技术的性质，产品结构、工作原理，制造过程的输入、输出情况，技术的支持系统和设施，技术的开发方法、费用、人员及试验方法等；三是掌握对比技术，即与评价技术作用相同、工作原理类似的现有技术，以此作为重要的对比对象。

（3）了解问题和社会环境。描述技术存在的各种问题及产生的原因，可能产生的后果和对社会环境的影响。

（4）分析潜在影响。首先是寻找影响，不仅要寻找"好影响"（或直接效果），更要发现"坏影响"（或负影响）；不仅关心直接影响，还要重视二次、三次等高次影响。其次是进行影响的分析和整理，包括单个影响的分析和影响的相关性分析。

（5）查明非容忍影响。在影响分析的基础上，进一步评价各种影响，并寻找是否存在非容忍影响。非容忍影响是指存在致命后果的负影响，它会带来巨大危害，如导致死亡事故、造成人体残废等。

（6）制定改良方案。若存在非容忍影响，则必须采取对策予以解决，一般有五种解决途径：

① 改良该项技术，即局部改变技术内容，使之不产生非容忍影响。

② 补救技术的开发，即为了消除危害而开发另一技术进行补救。

③ 限制使用，即通过法律或产业内部协商严格规定技术的使用范围。

④ 教育使用者，即通过指出正确的使用方法避免危害产生。这种措施只限于存在轻微弊病的场合。

⑤ 中断开发或停止使用。只有当以上四种对策均不见效时才采取这种方式。

（7）综合评价。综合评价即考虑该项技术可能带来的一切影响，包括正影响和负影响，权衡利弊，全面分析和评价，确定最终的技术方案。

2.2 技术项目的技术评价方法

20 世纪 60 年代以来，技术评价方法有了很大发展，评价方法数量已达数百种之多，但常用的技术评价方法可分为五大类（如表 2.1 所示），下面对部分方法作简单介绍。

表 2.1 主要技术评价方法

主要大类		次级分类	具体方法
技术评价方法	实验法（EX）	直接实验法	定性实验法
			定量实验法
		模拟实验法	物理模拟实验法
			功能模拟实验法
	专家评价法（D）	评分法	加法评分法
			连乘评分法
			加乘评分法
			加权评分法
			概率评分法
		轮廓模型法	折线图
			竖线图
			圆形图
			方格图
		检查表格法	—
		实数法	—
	经济分析法（E）	指标公式法	—
		费用效益分析法	—
	运筹学评价法（OR）	线性规划法	—
		动态规划法	—
		模拟法	—
		相关树法	—
	混合评价法	OR＋D	—
		OR＋E	—
		E＋D	—
		E＋D＋OR	—
		E＋EX＋OR	—

2.2.1 实验法

实验法是根据一定的研究目的和计划，利用科学仪器、设备等物质和手段，在人为控制、变革或模拟自然现象的条件下，获取科学事实的一种技术评价方法。实验法与其他方法相比具有以下四个特点：

（1）由实验得到的评价结果准确、可靠，具有较高的可信度。

（2）实验法要在人为控制或模拟自然条件，干预或变革研究对象的情况下进行。例如，在评价汽车技术中，可以通过实验测定其抗振动性能、寿命等特性。

（3）实验法具有更强的计划性和目的性。

（4）实验法需要运用一定的仪器和设备。

实验法包括直接实验法和模拟实验法。直接实验法是直接对客观对象进行实验考察和研究，实验的主体和客体建立直接的物质联系，实验手段直接同研究对象发生相互作用的实验方法。

模拟实验又称间接实验，是利用实验手段模拟事物发展的一些现象和过程，研究事物发展规律的一种方法，即用模型研究原型的方法。在模拟实验中，实验手段不是和研究对象直接发生作用，而是先设计与研究对象有一定相似关系的模型，通过对模型的实验研究间接获得原型的性质和规律。

在技术评价中，实验法主要适用于对硬技术的评价，而不适用于对软技术的评估。在运用实验法时，应遵循客观性、全面性、系统性、辩证性的原则，以一定的科学理论作指导，在实验过程中处理好实验活动和理论思维的关系，谨慎客观地评价与处理实验结果。

2.2.2　专家评价法

专家评价法是以评价者的主观判断为基础，以一定的评价标准为依据，对评价对象的各种技术性能和客观效果进行定量评估的一种方法。通常以"分数"或"指数"等作为衡量尺度，又可分为评分法、轮廓模型法、检查表格法和实数法。

（1）评分法。这种方法首先根据评价对象的具体情况和特征选定评价内容项，对每个评价内容项均订出评价标准，用分值表示这些等级标准的含义，然后依据标准，由专家组对评价对象进行分析和评价，评定各内容项的分值，最后经过一定的运算求出各方案的总分值和平均分值，以此决定技术方案的优劣和取舍。技术评价综合评分表如表 2.2 所示。

表 2.2　技术评价综合评分表

因素	因素权重	评分等级					加权分
		5	4	3	2	1	
1. 企业目标、战略							
（1）	10	5					50
（2）	8		4				32
（3）	7			3			21
2. 市场							
（1）	10			3			30
（2）	20				2		40
（3）	20	5					100
3. 技术性能							
（1）	10		4				40
（2）	20	5					100
（3）	15			3			45
……							……

（2）轮廓模型法。这是利用不同形式的轮廓图评价技术方案或研究开发课题的一种方法。其特点是简单直观，易于实施，但评价精度不高。按表达的轮廓图形的差别，可分为折线图、竖线图、圆形图、方格图等。

（3）检查表格法。这种方法先将评价内容项按大类和小类编成表格形式，然后根据优劣等级进行逐一检查、评价。

（4）实数法。这种方法是根据年度销售额、利润率、技术开发投资额、开发时间、开发所需人数等值来判断评价对象优劣的一种方法，这种方法通常与专家评价法中的其他方法配合使用。

以上几种专家评价法具有使用简单、直观性强的特点，主要适用于研究与开发项目的事前评价，是一种粗略的评估。但这种方法的主观性较强，理论性和系统性不足，其评价结果的灵敏度和准确性不高。

2.2.3　其他方法

1. 相关树法

相关树法是用决策理论的观点评价未来目标的客观需要，并选择为达到未来目标而需要发展的技术领域，它能系统地评价具有连锁关系的技术整体。

2. 混合评价法

技术评价中的混合评价法是将实验法、专家评价法、经济分析法、运筹学法等进行不同方式的组合而形成的评价方法。由于组合方式的差异，混合评价法是多种多样的。

根据评价对象的技术特性、使用范围和目的的差异，可选取不同的混合评价法。

2.3　技术项目的技术选择

2.3.1　技术选择的定义与原则

1. 技术选择的定义

技术选择是决策者为了实现一定的经济技术和社会目标，以技术评价的结论为依据，对多种技术路线、技术方针、技术措施和技术方案进行比较选优的过程。技术评价是技术选择的前提。

技术选择是一个多层次、多因素的动态决策过程，技术选择有三层涵义：

（1）技术选择不仅是生产装备、生产手段和工艺的选择，而且是技术方针、原则和政策的选择。

（2）技术选择不仅是技术的经济效益的比较，而且是社会效益、环境效益的比较。

（3）技术选择不是寻求某种具体问题的权宜性措施，而是为达到一定目标，选择和发展适合于一定社会、经济、自然资源、生态环境的技术类型、技术结构及技术体系。

技术选择的动态性是指它具有较强的时间性和地域性，随时间、地点的改变而不同。

2. 技术选择的基本原则

技术选择是一个社会经济过程，要受一国的经济技术发展状况、趋势及社会和环境因素的影响和制约。根据我国国情可以确定我国选择技术的原则，其基本内容包括如下几个方面：

（1）技术的先进性与适用性相统一的原则。

先进技术是一个相对概念，是指在一定时间和一定空间范围内居于领先水平的技术，这种领先既可以是国际的，又可以是国内的或者区域的。先进技术强调技术本身的新颖性、创造性和深奥性。

适用技术是指适合于本国资源情况和采用条件，能够对经济、社会和环境目标作出最大贡献的技术。适用技术强调本国生产要素的现有条件、市场容量、社会文化环境、技术水平现状等因素，对引进技术则考虑是否具备引进的环境与条件，是否有吸收消化直至创新的能力。适用技术不强调技术的先进性，而强调其应用的经济效果和社会效果。它既可以是先进技术，也可以不是先进技术，但一定是有较好效益的技术。

技术的发展是没有止境的，先进技术取代落后技术是技术发展的客观规律。先进技术对经济发展具有强大的推动作用，在技术选择中应充分估计到技术发展的速度和方向，注重技术的先进性，特别是对作用时间长、影响范围大的技术项目和一些大型引进项目，更应把技术的先进性放到重要位置。另一方面，并非任何先进技术对任何系统都是适用的，能带来最佳经济效果的某一系统的先进技术对另一系统可能并不具有适用性。要实现技术的效能，还取决于系统对技术的吸收消化能力，包括投资能力、使用能力（科研水平、职工素质）、生产条件、配套能力等。因此，选择技术时，应对技术的先进性与适用性进行统一论证，既注意采用先进技术，又注意结合本国、本地和本企业的实际情况，采用适用技术，使技术的先进性与适用性达到最大限度的一致。

（2）技术的效益与代价相统一的原则。

技术活动的目的之一是以较小的劳动耗费获得更多的劳动成果，即取得一定的经济效益，技术的经济性应成为技术选择活动的重要原则。

技术进步能带来经济效益，而这种效益的取得必须付出一定的代价。技术的效益体现了技术发展对经济发展的推动作用，技术的代价则体现了经济状况对技术发展的制约作用，技术的效益与代价之间构成了矛盾的统一体。在进行技术选择时，应正确处理这一对矛盾，进行综合平衡，按照有限目标、突出重点的原则取舍项目，并要采取各种措施保证所选择的技术发挥最大的经济效能。

（3）技术的特定目标与社会效益相统一的原则。

选择技术首先要考虑实现其特定的目标，但是任何技术的使用都会产生连锁效果，对社会、对环境带来一定的影响。技术的连锁效果是指一项技术的研究开发和使用，一方面可能促进其他相关技术的发展，对整个技术体系的完善起到正向作用，带来良好的社会效益；另一方面可能为社会带来负效果，如公害、环境污染等。为了趋利避害，使技术真正造福于人类，对技术的选择不仅要考虑微观的技术经济效益，而且要注重客观的社会效果；不能只顾眼前利益和局部利益，而要服从长远利益和整体利益；不仅看到技术的直接效果，还要注意研究分析技术的间接效果。

（4）技术结构的合理化原则。

技术结构是指各种类型的技术(劳动密集、资金密集、知识密集型技术)和各种水平的技术(如手工操作、半机械化、机械化、半自动化、自动化技术,或传统技术、中间技术、先进技术、尖端技术)之间,在一定时空内的构成比例和结合方式。根据经济发展和产业结构优化的不同需要,技术体系呈现出层次性,因此,选择技术时,要从实际需要和可能出发,综合分析影响技术选择的经济、政治、社会文化及资源因素,选择适于经济发展、适于产业结构合理化和优化的技术及技术系统,形成合理的技术结构。

2.3.2 技术选择的策略

技术选择一般分为宏观技术选择与微观技术选择,对于技术创业者而言,所关注的主要是微观技术选择,即技术选择建立在技术预测和技术评价的基础上,对影响范围较小的技术方案、技术措施的选择,如产品技术、制造技术、工艺及设备、检测技术的选择。技术选择要求仔细评估技术与市场因素,找到一组合适的技术开发目标。由于技术的功能不仅体现在近期效果上,如改进产品可使销售增加,改进工艺可提高质量,减低成本;技术的功能还体现在为企业战略目标的实现创造条件上,如成功的新产品开发使企业成功地实现规模扩张,在市场上占据更重要的位置,因此,技术选择往往要在战略层和战术层(操作层)两个层面上分别进行分析和决策。

1. 技术选择的战略层次决策

技术选择的战略层次决策主要是对技术选择涉及的企业总体和长远发展问题作出决策。为此,首先要站在宏观角度分析技术发展的规律和趋势,分析研究市场的潜在需求容量、国家和行业部门的经济技术政策及发展规划;其次,要研究企业的经营环境和企业的技术开发能力、吸收消化能力和创新能力以及企业的生产能力。一般而言,技术选择的战略层次决策要把握好以下三种定位:

(1)行业定位。技术选择的行业定位是指所选择的技术用于什么行业或在什么行业选择技术。企业的技术选择行业定位有两种基本选择,一是企业现在所处的行业;二是新行业。

(2)市场定位。技术选择的市场定位是指确定选择的技术用于什么市场,确定利用该技术开发的产品的目标用户。技术选择的市场定位有两种基本取向,其一是企业现在所处的市场;其二是新市场。

(3)技术定位。技术选择中的技术定位是指对技术类型、技术水平层次等所作的基本选择,如表2.3所示。

表 2.3 技术主要类型的划分

技术形态	技术性质	技术特征	技术水平	技术属性	技术生命周期
专利技术	产品技术	单一技术	国际领先	基础技术	萌芽期
专有技术	工艺技术	交叉技术	国际先进	关键技术	成长期
设计图纸		复合技术	国内领先	实验中技术	成熟期
软件			国内先进	研究中技术	衰退期
其他			其他		

技术定位是技术选择战略层次决策的落脚点,也是企业技术战略的关键环节,其

有效性、准确性直接影响企业技术创新模式的选择、技术源的选择以及技术投资的规模和强度。

例如，20 世纪 90 年代初期，中国科学院曙光公司的前身——国家智能计算机中心在我国智能计算机开发的技术战略上就作出了正确的技术选择和战略定位，具体表现在以下三个方面：

（1）避免开发过于超前的技术，把重点放在能够实现产业化的技术上。为此，不把力量用在智能计算机技术上，而把重点放在以并行计算为基础的高性能计算机上。

（2）避免开发跨国公司拥有绝对优势的技术，避免在 CPU 以及存储技术上和跨国公司比高低，而集中力量于软件开发上，把软件开发作为技术突破的一个重点，先后在集群操作系统、系统软件上作出了有价值的创新。

（3）集中力量于新兴技术而不是成熟技术的开发上。例如，在开发其第一个产品"曙光一号"时，核心技术选择的是并行计算，这在当时还不是成熟的技术，还没有被普遍接受的工业标准，因而创新成功的价值就更大。

技术选择的成功带来的是丰硕的成果。到 20 世纪 90 年代末期，曙光公司已占领了全国 25％以上的高性能计算机市场份额，成为 IBM、HP 等跨国公司重要的竞争对手。

上述三种定位对于企业技术战略的选择具有十分重要的意义，其定位的成功与否直接决定了战略的成败。一般而言，三种定位存在某种逻辑关系，如图 2.2 所示。

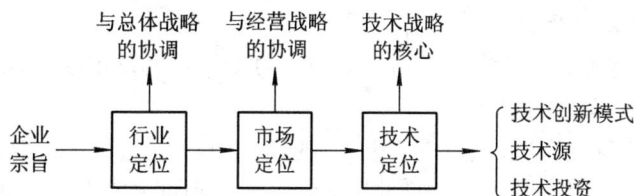

图 2.2　企业技术战略定位

从图 2.2 中可以发现，行业定位是先决条件，行业的技术特征决定了企业技术的发展规律。例如，行业技术是属于机械工程技术，还是属于电子工程技术，或者属于化学工程技术。市场定位是根据市场细分的需要，对典型的技术特征进一步明确，这是技术成果能否有效转化为商品的重要保证，如对于汽车制造企业所选择的锻造技术。最后的技术定位是企业技术战略最具体、最实质的内容，将为技术战略的成功实施做好必要准备。如对于汽车制造企业，是选择发展锤上模锻技术，还是选择压力机上模锻技术，或者胎模锻技术。

2. 技术选择的战术层次决策

技术选择的战术层次决策主要是对技术的功能、可行性、经济性和风险性等方面进行的综合平衡，技术选择的战术层决策主要考虑以下问题。

1）技术先进性、可接受性与连续性

一般来说，技术先进性与产品功能有密切的关系，技术越先进，则产品功能越强，从而为提高产品竞争力创造了条件。技术先进程度往往还与技术寿命有关，相对较新技术的寿命较长。企业的技术水平还对企业的形象有较大的影响，先进的技术往往能改进企业的形象。

技术的可接受性是企业应用和消化吸收技术的可能性，技术的可接受性直接决定了技术能否发挥作用和发挥的程度。技术可接受性取决于所选择的技术与企业现有技术的梯度差距和企业技术能力，技术梯度差距越小，企业技术能力越强，则技术的可接受性越好。技术进步梯度与技术先进性有关，因此，技术先进性与可接受性存在一定的矛盾。

技术连续性既包括所选技术与企业现有技术的继承性，又包括所选技术与未来技术的衔接性。一般来说，连续性好的技术可接受性较好，转换成本较低，但是连续性往往又制约了技术进步的梯度，为此，技术突破需要打破原有技术刚性的束缚，在新的技术能级上建立连续性的路径。

2）技术供给和配套资源条件

技术供给是技术实现的先决条件。技术供给源可来自企业外部，包括国外企业和研究机构、国内企业和研究机构；也可来自企业内部，即企业自行研究开发，一般由企业研究开发部门承担。技术供给条件、技术供给方转让技术的能力、供给方改进技术和持续开发的能力都会影响技术的应用效果。因此，在技术选择中，选择技术供方是一项必要的工作。

配套资源对技术的实施及应用有重要的作用，有时其作用具有决定性的意义。在技术选择中，配套资源主要应考虑以下几方面：第一，配套技术，即与所选择技术相配套的软硬件技术及管理技术；第二，技术应用所需的资源，如能源、原材料、零配件供给、交通运输、通信等基础设施的保障，以及资金、设备供给等；第三，产品营销和用户服务配套体系，如新产品市场开发及营销网络、用户使用能力培训及配套技术、设施的配备等。

3）市场需求与竞争态势

技术选择成功与否的关键在于市场对新产品的接受程度及市场的规模，因此，市场需求是技术选择的主要考虑因素之一。

竞争态势决定了在已有市场规模下企业可能取得的地位，包括行业的市场结构、市场领先者占有率、行业集中度、供求均衡状况、竞争激烈程度及竞争对手的竞争态度等决定了企业的竞争环境。企业只有对这些情况有准确的判断，才能进行恰当的技术选择，从而与企业的目标、规模、能力相适应。

4）经济与社会效益

经济效益是技术应用的归宿，因而是技术选择中最重要的标准。在进行技术选择时，要根据技术的影响力（影响范围广度和时间长度）来考察技术应用的财务效益和战略效益。对于只在局部、近期起作用的技术（常常被称为"短平快"技术），可着重考察其财务效益；对于影响面大、持续时间长的技术，不仅要看财务效益，还要考察战略效益。

技术的社会效益是"溢出"效益。企业受法律、行政、公众压力的制约以及出于企业形象塑造的考虑，在关心企业效益的同时，也要关心社会效益，诸如环境污染、就业等是技术选择时需要考虑的外部因素。

5）风险

发明与创新之间的界限是个人的独创性与长期宏观经济增长的联结点。通过这个联结点，概念可能发展为产品原型，技术团队可能发展为公司，今天的技术突破能够成为明天的产品、服务或经济基础。然而在企业的技术活动后面隐藏着不确定的因素，即包括技术风险（研究与开发无法成功或研究和开发的产品不能满足对其性能、成本或可靠性要求的风险）、市场风险（产品销售不出去的风险）。由此，企业技术选择必须识别可能存在的风险，弄清风险产生的主要影响因素，并予以有效地规避和防范。

2.3.3　微观技术选择的内容

微观技术选择的内容主要有产品技术选择，制造技术及工艺、设备选择，检测技术及手段选择等。

1. 产品技术选择

技术往往以产品为载体，凝聚在产品之中，因此，产品技术选择实质上是产品选择的问题。

产品选择直接关系到企业的生存和发展。选择产品的出发点是市场需求量大，适销对路，这就必须以满足人们的需要为前提，在产品的性能上、质量上、价格上、花色品种上使用户满意，只有这样才能增加市场销售量，提高企业经济效益。因此，企业在选择产品时，要对产品方案的市场需求、生产成本、销售收入与企业的技术经济实力和能力进行全面分析，以保证产品开发和生产营销的最佳经济效益。

2. 制造技术及工艺、设备选择

制造技术和工艺、设备是企业生产活动的基本物质手段，它的选择直接影响生产效率，产品的质量、性能和功用，也影响产品成本和企业的各种消耗，因此，制造技术及工艺、设备的选择是企业技术选择的主要内容。在选择过程中，应遵循技术选择的基本原则，此外，还应满足以下要求：

（1）功能性要求。它是指在产品选定后，要选择能充分满足产品质量、性能和规格要求的工艺及设备，保证产品方案的实现。

（2）经济性要求。由于技术结构的层次性，实现同一功能要求的工艺方案和设备种类是多种多样的，因而工艺设备的选择还必须考虑其经济性，以取得最佳经济效益为选择的主要标准，使所选工艺设备在保证产品功能性要求的前提下，实现最低的单位产品工艺成本。

（3）相关性要求。选择工艺和设备时，要注重其对技术体系、对国民经济系统、对本行业其他企业的关联性和制约性，应与外部环境和内部条件相适应。首先，要与原来的生产技术系统相适应，与国民经济中后向关联产业的生产技术系统相适应。例如，引进产量很高的钢材轧机，其轧制板材的宽度应与所有国产剪板机的宽度一致，否则将不能适用国产剪板机，造成经济上的浪费和损失。其次，选择的工艺、设备应与企业现有技术开发能力、吸收消化能力相适应。再次，选择的工艺和设备应与我国的资源条件相适应，有利于充分发挥企业和国内的资源优势，有利于节能降耗，提高经济效益。

在选择产品技术和制造技术及工艺、设备时，要采用适当的技术经济分析方法，包括投资收益率法、净现值法、费用效益分析法等。

讨论与复习题

1. 什么是技术评价？技术评价具有什么特点？
2. 技术评价的过程是什么？
3. 技术评价有哪些基本方法？

4. 技术选择要遵循哪些基本原则？

5. 简述微观技术选择的内容。

案例分析

阿斯旺大坝决策的经验教训

尼罗河上所筑的阿斯旺大坝为世界七大水坝之一，它横截尼罗河水，高峡出平湖。大坝长 3830 米，高 111 米，1960 年在原苏联的援助下动工兴建，1971 年建成，历时 10 多年，耗资约 10 亿美元，使用建筑材料 4300 万立方米，相当于大金字塔的 17 倍，是一项集灌溉、航运、发电于一体的综合利用工程。大坝建成后，其南面形成一个群山环抱的人工湖——阿斯旺水库。湖长 500 多公里，平均宽 10 公里，面积为 5000 平方公里，是世界第二大人工湖，深度和蓄水量则居世界第一。

阿斯旺大坝曾经是埃及民众和政府的骄傲，可是这个大坝建成之后不久，它对环境的不良影响日益严重，就逐渐改变了人们对它的评价。10 年前，埃及总统穆巴拉克在一次科学大会上，对参加会议的各国科学家们说："兄弟们，姐妹们，从现在到 2000 年，埃及将不得不面临一些重大的挑战，你们一定要帮助我们取得胜利。这些挑战也就是现在和将来我们所必须要面对的严重问题，需要从各个角度进行严肃的科学研究，其中最突出的就是阿斯旺大坝所造成的影响。"

1. 阿斯旺大坝的设想和兴建

早在 20 世纪初就有一些专家建议，埃及可以在尼罗河上游修建大坝，从而调节河水流量，并扩大灌溉面积。20 世纪 50 年代，当时的埃及（阿联）政府制定了雄心勃勃的经济发展计划。由于埃及人口增长很快，年增长率达到 3%，可利用的自然资源却非常有限，于是，埃及政府就希望通过修建尼罗河大坝，开发新的资源以推动经济发展。

当时的埃及政府和水利专家们认为，修建尼罗河大坝是一箭数雕的高明之举。首先，大坝既可以控制河水泛滥，又能够存储河水，以便在枯水季节用于灌溉及其他用途。埃及的可耕地主要位于尼罗河两岸以及尼罗河三角洲的洪泛区，建成大坝后可以大幅度扩大可灌溉的耕地面积，以适应迅速增长的人口。其次，大坝建成后可以产生巨大的发电能力，为工业化提供充裕而廉价的能源。再次，修造大坝所形成的巨大水库及对下游水位的调节，可以发展淡水养殖及内河航运。

埃及政府在前苏联的资金和技术援助下，于 1959 年完成了阿斯旺大坝工程设计，1960 年破土动工，5 年后大坝合龙，1967 年阿斯旺大坝工程正式完工。这个大坝是当时世界上最大的高坝工程，它高 112 米，长 5000 米，将尼罗河拦腰切断。到 1970 年，坝内安装的 12 台水电发电机组全部投入运转。

大坝水库的巨大容量不仅调节了下游流量，防止了洪水泛滥，还利用蓄积的水量扩大了灌溉面积，因此，近 100 万公顷的沙漠得以被开垦成可耕地。同时，大坝电站每年发电 80 亿千瓦时，解决了埃及的能源短缺问题。可以说，当时埃及政府修建阿斯旺大坝的预期目标都一一实现了。

然而，由于当时人们认识上的局限，低估了水库库区淤积的严重性，因而对大坝工程的效益过于乐观。兴建大坝时形成的巨大的纳赛尔湖，由于泥沙的自然淤积，水库的有效库容逐渐缩小，从而导致水库的储水量下降。

大坝工程的设计者未能准确地估计库区泥沙淤积的速度和过程。根据阿斯旺大坝水利工程设计，这个水库 26% 的库容是死库容，而每年尼罗河水从上游夹带大约 6000～18 000 吨泥沙入库，设计者按照尼罗河水含沙量计算，结论是 500 年后泥沙才会淤满死库容，以为淤积问题对水库的效益影响不大。可大坝建成后的实际情况是，泥沙并非在水库的死库容区均匀地淤积，而是在水库上游的水流缓慢处迅速淤积，结果，水库上游淤积的大量泥沙在水库入口处形成了三角洲。这样，水库兴建后不久，其有效库容就明显下降，水利工程的效益大大降低。此外，由于浩大的水库水面，蒸发量很大，每年的蒸发损失就相当于 11% 的库容水量，这也降低了预计的水利工程效益。

更为严重的是，埃及政府和工程设计者在建造如此宏伟的大坝时，还忽视了大坝对生态和环境的影响，既没有对此作出认真评估，也未曾慎重考虑生态和环境受破坏后的应对措施。

2. 阿斯旺大坝对生态和环境的破坏

阿斯旺大坝对生态和环境确有一些正面作用，比如，大坝建成前，随着每年干湿季节的交替，沿河两岸的植被呈周期性的枯荣。水库建成后，水库周围 5300～7800 公里的沙漠沿湖带出现了常年繁盛的植被区，这不仅吸引了许多野生动物，而且有利于稳固湖岸，保持水土，对这个沙漠环绕的水库起了一定的保护作用。

但是，大坝建成后 20 多年，工程的负面作用就逐渐显现出来，并且随着时间的推移，大坝对生态和环境的破坏也日益严重。这些当初未预见到的后果不仅使沿岸流域的生态和环境持续恶化，给全国的经济社会发展带来了负面影响。

（1）大坝工程造成了沿河流域可耕地的土质肥力持续下降。大坝建成前，尼罗河下游地区的农业得益于河水的季节性变化，每年雨季来临时，泛滥的河水在耕地上覆盖了大量肥沃的泥沙，周期性地为土壤补充肥力和水分。可是在大坝建成后，虽然通过引水灌溉可以保证农作物不受干旱威胁，但因为泥沙被阻于库区上游，下游灌区的土地得不到营养补充，所以土地肥力不断下降。

（2）修建大坝后沿尼罗河两岸出现了土壤盐碱化。由于河水不再泛滥，也就不再有雨季的大量河水带走土壤中的盐分，而不断的灌溉又使地下水位上升，把深层土壤内的盐分带到地表，再加上灌溉水中的盐分和各种化学残留物的高含量，导致了土壤盐碱化。

（3）库区及水库下游的尼罗河水水质恶化，以河水为生活水源的居民的健康受到危害。大坝完工后，水库的水质及物理性质与原来的尼罗河水相比明显变差了。库区水的大量蒸发是水质变化的一个重要原因。另一个原因是，土地肥力下降迫使农民不得不大量使用化肥，化肥的残留部分随灌溉水又回流到尼罗河，使河水的氮、磷含量增加，导致河水富营养化，下游河水中植物性浮游生物的平均密度增加，由 160 mg/L 上升到 250 mg/L。此外，土壤盐碱化导致土壤中的盐分及化学残留物大大增加，既使地下水受到污染，又提高了尼罗河水的含盐量。这些变化不仅对河水中生物的生存和流域的耕地灌溉有明显的影响，而且毒化了尼罗河下游居民的饮用水。

（4）河水性质的改变使水生植物及藻类到处蔓延，不仅蒸发掉大量河水，还堵塞河道灌渠等。由于河水流量受到调节，河水混浊度降低，水质发生变化，导致水生植物大量繁衍。这些水生植物不仅遍布灌溉渠道，还侵入了主河道，它们阻碍着灌渠的有效运行，需要经常性地采用机械或化学方法清理。这样，又增加了灌溉系统的维护开支。同时，水生植物还大量蒸腾水分，据埃及灌溉部估计，每年由于水生杂草的蒸腾所损失的水量就达到可灌溉用水的40%。

（5）尼罗河下游的河床遭受严重侵蚀，尼罗河出海口处海岸线内退。大坝建成后，尼罗河下游河水的含沙量骤减，水中固态悬浮物由 1.6‰ 降至 0.05‰，混浊度由 $30\sim300$ mg/L 降为 $15\sim40$ mg/L。河水中泥沙量减少，导致了尼罗河下游河床受到侵蚀。大坝建成后的 12 年中，从阿斯旺到开罗，河床每年平均被侵蚀掉 2 厘米。预计尼罗河河道还会继续变化，大概要再经过一个多世纪才能形成一个新的稳定的河道。河水下游泥沙含量减少，再加上地中海环流把河口沉积的泥沙冲走，导致尼罗河三角洲的海岸线不断后退。一位原埃及士兵说，他曾站过岗的灯塔现在已陷入海中，距离目前的海岸竟然有 $1\sim2$ 公里之遥。

3. 综合评估大坝的利弊

在 20 世纪 60 年代阿斯旺大坝兴建时，人们对大坝的认识还是片面的。阿斯旺大坝建成后陆续出现的生态和环境问题当中，有些是设计时预料到但无法避免或无力解决的；有些则是有所预料但对其后果的严重性估计不足的；还有些问题则是完全没有预料到的。直到今天，人们仍然认为，要精确地预测大坝对生态和环境的影响还是相当困难的。由于在兴建大坝前，要判断大坝工程的后果有很大的不可预测性，因此，目前很多国家的公众舆论和学者专家们往往对超大型水利设施的建设持反对或谨慎的态度。

综合评估大坝的利弊并非易事。首先，大坝对生态和环境的影响很难用资金这个单一标准来综合衡量和测算；其次，目前人类还只是在观测大坝的近期后果，而对大坝的远期影响还很难预测判断，因为有些影响在大坝建成后的几十年内可能还不明显或尚未显露；另外，如何准确可靠地观测生态和环境的变化还是一个难题，例如，河水含沙量、水库鱼产量、水量蒸发率等数据可以比较准确地采集，但是还有很多数据的观测分析还有待探讨研究；还有，究竟以哪些数据信息来对超大型水利设施的效果进行科学公正的评估，如何权衡判断利与弊，到底利多大，弊多深，利能否抵消弊，这些问题尚需深入探讨。到目前为止，世界上所有的超大型水利工程建成后，还没有一处建立起一个完整综合的生态和环境监测系统，上述的困难或许也是原因之一。

例如，从如何评价阿斯旺大坝对流行病发病率的影响这一问题中就可以看出，综合评估大坝的利弊虽然非常必要，却是十分困难的。当年有的专家曾经提出，阿斯旺大坝建成后将会导致血吸虫病患大量增加，主要的理由是寄生钉螺在缓慢的流水中会繁殖迅速。但是，大坝建成后的统计数字却表明，大坝建成前后血吸虫流行指数的差别并不明显，而肠血吸虫则在大坝建成后有所增加，具体原因目前尚不明了，但似与大坝无关。

然而，流行病发病率不仅受环境因素的影响，还受到其他因素，如社会进步、经济发展、人口结构、居住迁移以及医疗卫生水平变化的影响。如果考虑到这些因素，分析大坝建成前后血吸虫流行指数的差别，就显得更为复杂了，也许还需要在埃及找到一个经济、社会、医疗水平还停留在 $30\sim50$ 年代状态的地区，这样才能观察到，在没有明显社会经济进步的情况下建坝对血吸虫流行指数有什么影响。

实际上，仅仅讨论大坝对生态和环境的影响还是不够的，因为大坝对生态和环境的破坏会转变成对人类社会经济的损害。例如，阿斯旺大坝建成后，尼罗河两岸土地肥力的下降迫使农民不得不大量使用化肥，这大大提高了农业成本，降低了农业收益。1982 年有一位土壤学家估计，由于土壤肥力下降、大量使用化肥农药，使得农业净收入下降了 10%。结果，虽然因为水利灌溉条件的改善，使农作物由一年一季变为一年两季，单位土地面积的年产量增加了，但投入成本却增加得更快，导致农民的净收入下降。

如果一个大坝已经建成多年，那么人类该如何面对它带来的种种正面、负面的影响呢？目前，世界各国民众主要有两种相反的看法：一部分环境保护人士主张废掉水库大坝及发电设施，他们认为，大坝所带来的各种效益与其产生的负面作用相比，是微不足道的。但另一部分人则认为，应该对大坝加以改造，既然大坝已经建成了，只好逐步治理相关的种种问题。从保护生态环境的角度来看，人类应该重视大坝对生态和环境的破坏，积极采取措施，设法减缓这些负面影响，"亡羊补牢，犹未晚也"。但是，也要看到，大坝对生态和环境的破坏，有些是持久性的、难以治理的，所以，当我们在考虑大坝的直接经济收益时，万万不可无视大坝的负面后果。

案例讨论：
1. 讨论阿斯旺大坝修建的利弊，并尝试作出综合评价。
2. 总结讨论阿斯旺大坝修建给我们带来的启示。

第 3 章

技术项目的经济评价方法

【重点提示】

◇ 理解资金时间价值的内涵

◇ 掌握资金等值的计算

◇ 掌握各种静态评价指标的计算

◇ 掌握各种动态评价指标的计算

◇ 掌握混合方案的经济性比选方法

阅读材料

平价航空旅行服务

近十年来，价格低廉的平价航空已经彻底改变了欧洲的航空旅行。一改传统的定期航线，平价航空服务创新主要体现在以很低的价格提供更多的定期短程服务，其结果是大大提高了航空旅行的人员数量以及所能够抵达的目的地数量。

但是这并非一项源自欧洲的创新，价格低廉的平价航空服务是由位于美国德克萨斯州的西南航空公司所发起的。西南航空公司成立于 20 世纪 60 年代末期，由赫伯·凯勒尔创建，该公司最早发起了航空旅行的平价航空革命。

在人格魅力极高的创始人赫伯·凯勒尔带领下，公司的前 4 年主要是与当地的竞争者开展司法斗争以获取合法的飞行权利。成功之后，他们则面临着一场价格战，以避免被 Braniff 和其他一些航空公司逐出市场。

西南航空公司最终能够生存下来得益于他们向顾客提供了与传统航班不同的服务组合，主要包括：价格低廉（通常比传统航班低 60%）、飞行频次高、准时起飞率高和直销（没有旅行代理商），同时也消减了一些服务，如餐饮、座位约定、座位等级和转接班机。为了实现这一目的，他们采取的措施有：使用单一的机型（当时和现在均为波音 737 机型）、低价的小型机场、快速转机（通常是 15～20 分钟）、较高的装载系数以及点到点的服务。

平价服务组合造成了一些业务量的流失，但是显著地创造了一些新的业务，尤其是一些休闲和商务旅客，他们放弃了驾车而选择了飞机。正如赫伯·凯勒尔所言，"我们不是在与航空公司竞争，我们是在与地面运输竞争。"

  1978 年美国航空服务开始去管制化，意味着西南航空公司能够更好地在德克萨斯推行他的这项航空服务创新。事实证明，公司的业务量超越了同行平均水平。为了能够更好的拓展业务，公司需要增加航班的运载能力，与一般航空公司增加航线的方式不同，赫伯·凯勒尔是在现有航线上增加飞行频率。

  上述举措的确奏效。西南航空公司现在是已经是美国第五大运输商，也是全国最好的连续盈利的航空公司，并且始终坚持他的创新型商业模式。不仅如此，欧洲航空公司争相效仿，首先是瑞安航空公司（Ryanair），然后是众多的其他航空公司，如 easyJet 和 BMI Baby，从而在整个欧洲大陆掀起了一场航空旅行的低价革命风暴。

  在项目经济评价方法分类中，按是否考虑资金的时间价值，可以把项目经济效果评价方法分为两大类：一类是不考虑资金的时间价值的静态评价方法；另一类是考虑资金的时间价值的动态评价方法。在进行项目的经济评价时，动态评价方法由于其合理且精确而被广泛采用。静态评价方法由于其分析指标和计算方法比较简单，可用于短期投资项目的评价或对长期投资项目进行初始阶段的粗略评价。按照影响项目经济效果的确定程度，可以把经济效果评价方法分为确定性分析和不确定性分析。在确定性分析当中，把所有因素都当做确定的来处理，不存在变数；而在不确定性分析当中，考虑了影响因素变动的可能性，以更好地与现实情况相符合。

  本章首先介绍资金时间价值及其计算方法，然后重点介绍确定性分析当中的静态评价方法和动态评价方法。涉及不确定性分析的分析方法在以后章节中介绍。

3.1 资金时间价值

3.1.1 资金时间价值的概念及其表现形式

1. 资金时间价值的概念

  资金随着时间变化而引起价值量的变化称为资金的时间价值，最简单的理解为资金的时间价值就是利息。

  资金为什么会有时间价值呢？

  从生产者和资金使用者的角度来讲，资金能够带来剩余价值。资金投入生产后，经过一个周期的循环能够形成一个超过原来的更大的资金。因此，资金就具有了时间价值。

  从消费者或资金提供者的角度来看，资金一旦借出去，就不能用于现期的消费，这是一种牺牲，这是一种痛苦，因此，资金的使用者就要对其进行补偿，而补偿的形式就是付给一定的利息，这就是资金的时间价值。

2. 资金时间价值的表现形式及其相对尺度

  资金的时间价值有两种表现形式：

  第一种是把资金投入到生产或者流通领域所产生的增值（称为利润（Profit）或者收益）（Benefit）。例如，投资 100 万元于某工业项目，建成投产后，每年可获得利润 20 万元，这 20 万元就是该 100 万元资本在特定生产经营当中每年所产生的时间价值。

第二种是把资金存入银行所得到的或者向银行借贷所必须支付的利息(Interest)。例如,某人将 1000 元存入银行,年末得到了 100 元的利息,那么这 100 元就是这 1000 元在 1 年当中所产生的时间价值。

资金时间价值也有两种衡量尺度:绝对尺度和相对尺度。

上面讲到的利息、利润或者收益是资金随着时间推移而增值的一个量,因而是一个绝对尺度;相对应地,我们把利息、利润或者收益同投入的资金相比较就会得到一个比率,对应的就是利息率、利润率或者收益率,这被称为时间价值的相对尺度。

在技术经济评价当中对资金的时间价值是高度关注的。一是因为大部分的项目建设费用是非常庞大的,几十万、上百万、以至于上千万都是很正常的,这么大的款项产生的时间价值是非常可观的;二是因为很多建设项目周期都比较长,一般要经过好几个会计年度,"时间就是金钱",也会产生一个很重要的时间价值问题。在项目建设中往往费用发生在前期,收益发生在后期,因此必须加强资金的时间观念,考虑资金的时间价值,采用动态分析的方法,将发生在不同时期的费用和效益折算成同一时点来进行比较。

3.1.2 资金时间价值的计算方法

资金时间价值计算的基本方法有单利法和复利法。

1. 单利法

单利法是仅以本金为基数计算利息,对取得的利息不再计息的一种计算利息的方法。

设 P 代表本金,n 代表期数(通常为年),i 代表利息率,I 代表所支付或者所收到的总利息,F 代表本利和,那么,就有如下的两个重要公式:

n 年末的本利和:

$$F = P(1 + ni)$$

n 年末的总利息:

$$I = P \cdot i \cdot n$$

单利法计算简单,但是由于对以前产生的利息并没有转入计息基数而累计计息,没有全面考虑资金的时间价值,因此实际使用的范围比较小。我国的国库券利息就是以单利法计算的,计息周期为年。

2. 复利法

复利法是以本金与累计利息之和为基数计算利息,即"息上加息"(俗称"驴打滚,利滚利")。利用复利法来计算利息或者本利和的推导过程见表 3.1。

表 3.1 复利计算过程

年份	年初借款	年末利息	年末本利和
1	P	Pi	$P + Pi = P(1 + i)$
2	$P(1 + i)$	$P(1 + i)i$	$P(1 + i) + P(1 + i)i = P(1 + i)^2$
3	$P(1 + i)^2$	$P(1 + i)^2 i$	$P(1 + i)^2 + P(1 + i)^2 i = P(1 + i)^3$
⋮	⋮	⋮	⋮
n	$P(1 + i)^{(n-1)}$	$P(1 + i)^{(n-1)} i$	$P(1 + i)^{(n-1)} + P(1 + i)^{(n-1)} i = P(1 + i)^n$

n 年年末的本利和复利计算公式为

$$F = P(1+i)^n$$

复利法对资金的占用数量、占用时间更加敏感，具有更大的约束力，更充分地反映了资金的时间价值。在技术经济分析当中，如果没有特殊声明，均采用复利法。

【例 3.1】　某人借款 1000 元，年利率为 6%，借款期限为 4 年，分别用单利法和复利法计算 4 年年末还款金额为多少。

解　用单利法计算，有

$$F = P(1+ni) = 1000(1+4 \times 6\%) = 1240(元)$$

利用复利法，则有

$$F = P(1+i)^n = 1000(1+6\%)^4 = 1262.48(元)$$

很显然，同样的借款额、借款利率和借款期限，用单利法和复利法计算出来的结果是不一样的。

3.1.3　资金时间价值的计算公式

常用的资金时间价值复利计算公式有：一次收付终值和现值公式、等额收付系列公式、等差收付系列公式和等比收付系列公式。其中，等额收付系列公式最为重要，是要重点掌握的内容。

1. 一次收付终值和现值公式

顾名思义，"一次收付"是指不管是资金的流入或者是流出，只发生一次，它的计算只是把一个时间点上的资金换算到另外一个时间点上去，有以下两个公式：

（1）一次收付终值公式。假设有一笔资金 P，按照年利率 i 进行投资，n 年后的本利和 F（即终值）为多少（如图 3.1 所示）？

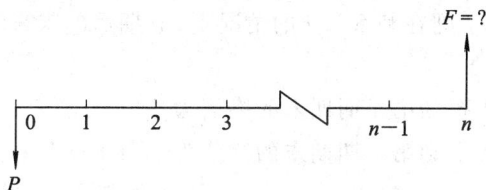

图 3.1　一次收付终值示意图

复利计算公式为

$$F = P(1+i)^n$$

式中，$(1+i)^n$ 称为一次收付终值系数（Future Value Interest Factor），通常记为 $(F/P, i, n)$。

【例 3.2】　某工程项目需要投资，现向银行借款 100 万元，年利率为 10%，借款期为 5 年。一次还清，试求第五年年末一次向银行偿还的本利和为多少。

解　$F = P(F/P, i, n) = 100 \times (F/P, 10\%, 5)$
　　　　$= 100 \times 1.6105$
　　　　$= 161.05(万元)$

（2）一次收付现值公式。与一次收付终值公式相反，即在已知利率 i 的条件下，欲在 n 年年末得到资金 F，则期初应一次投入多少资金（如图 3.2 所示）？

由一次收付终值公式可以推导出：

$$P=F\left[\frac{1}{(1+i)^n}\right]$$

式中，$\dfrac{1}{(1+i)^n}$ 称为一次收付现值系数（Present Value Interest Factor）或贴现系数，用 $(P/F,i,n)$ 表示。

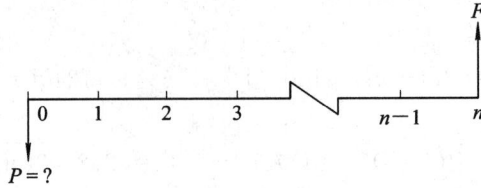

图 3.2　一次收付现值示意图

【例 3.3】　某企业准备在第五年年末从银行取出 20 万元购置一台机器，若年利率为 10%，则现在应存入银行多少钱？

解　$P=F(P/F,i,n)=20\times(P/F,10\%,5)$
$\qquad =20\times0.6209$
$\qquad =12.418（万元）$

2. 等额序列年金等值计算公式

年金是发生在多个时点上若干笔资金的总称，并且多个时点的时间间隔相同。通常间隔时间为一年，故而称之为年金，也可以采用季度、月、旬、日等作为计息周期时间间隔。

等额序列年金同一次收付资金相比具有以下几个特点：资金的流入或者流出发生在多个时点上；多个时点间隔相同；每笔资金的大小相等。

（1）等额序列年金终值公式（年金终值公式）。该公式的适用情况是，若每期期末支付同等数额的资金 A（年金），则在利率为 i 的情况下，n 期后的未来值应该是多少。

公式推导过程如下：

第 1 期期末投入的 A 折到第 n 期期末的终值为 $A(1+i)^{n-1}$；

第 2 期期末投入的 A 折到第 n 期期末的终值为 $A(1+i)^{n-2}$；

$\qquad\vdots$

第 $n-1$ 期期末投入的 A 折到第 n 期期末的终值为 $A(1+i)^1$；

第 n 期期末投入的 A 折到第 n 期期末的终值为 $A(1+i)^0$。

年金的终值就是该 n 笔资金的未来值之和。通过观察可以看出这是一个等比数列，而等比数列的前 n 项和公式为

$$S_n=\frac{a_1(1-q^n)}{1-q}$$

式中，a_1 为等比数列的首项；q 为等比数列的公比，即后一项与前一项的比值；n 为该等比数列的项数。

将上面的等比数列代入终值公式：

$$F=A\frac{1-(1+i)^n}{1-(1+i)}=A\frac{(1+i)^n-1}{i}$$

式中，$\dfrac{(1+i)^n-1}{i}$ 称为等额序列年金终值系数，通常用 $(F/A, i, n)$ 表示，它是一个只和 i，n 有关的常数。

该公式表示的示意图如图 3.3 所示。

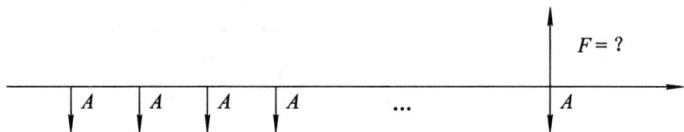

图 3.3 等额序列年金终值示意图

【例 3.4】 某公司每年年末向银行贷款 20 万元，贷款利率为 8%，则 5 年后累计欠银行贷款多少万元？

解 由题可知，$A=20$，$i=8\%$，$n=5$，则有

$$F=A(F/A, 8\%, 5)=20\times 5.867=117.34(\text{万元})$$

（2）等额序列年金现值公式。该公式的适用情况是，若每期期末支付同等数额的资金 A（年金），则在利率为 i 的情况下，该年金系列的现值为多少。

公式推导过程如下：

我们已经知道年末的终值公式为

$$F=A\frac{1-(1+i)^n}{1-(1+i)}=A\frac{(1+i)^n-1}{i}$$

我们只需把 F 折现就可以了，即

$$P=F\frac{1}{(1+i)^n}=A\frac{(1+i)^n-1}{i(1+i)^n}$$

式中，$\dfrac{(1+i)^n-1}{i(1+i)^n}$ 称为等额支付年金现值系数，通常用 $(P/A, i, n)$ 表示。

该公式表示的示意图如图 3.4 所示。

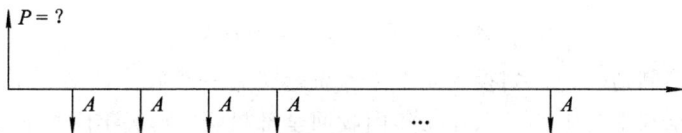

图 3.4 等额序列年金现值示意图

【例 3.5】 某项目建成后预计未来 5 年内每年可以增加收入 10 万元。假如该项目所需资金全部来自于贷款，那么在利率为 8% 的情况下，最多贷款多少时该项目才是有效益的？

解 $P=A(P/A, 8\%, 5)=10\times 3.9927=39.927(\text{万元})$

（3）偿债基金系数。假定 n 年后要偿还一笔款项，现在每年在银行存入相等数额的一笔钱，那么每年要存入多少？

可以看出，偿债基金系数问题实质上就是年金终值系数的逆问题，只需用 F 乘以年金终值系数的倒数就可以了，即

$$A=F\frac{i}{(1+i)^n-1}$$

式中，$\dfrac{i}{(1+i)^n-1}$称为偿债基金系数，用$(A/F,i,n)$表示。

该系数的示意图如图 3.5 所示。

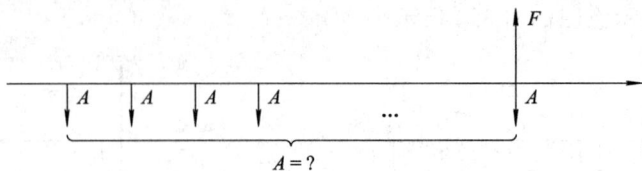

图 3.5　偿债基金系数示意图

【例 3.6】　某企业计划 4 年后购置一台新设备，预计需要资金 20 万元。若银行存款利率为 8%，则从现在起每年应该存入多少钱？

解　　　　　　$A=F(A/F,8\%,4)=20\times0.2219=4.44$（万元）

（4）资金回收系数。假设企业对某一项目期初投入一笔资金，计划在 n 年后全部收回，则每年应等额回收多少？

可以看出，资金回收问题实质上就是年金现值系数的逆问题，只需用 P 乘以年金现值系数的倒数就可以了，即

$$A=P\dfrac{i(1+i)^n}{(1+i)^n-1}$$

式中，$\dfrac{i(1+i)^n}{(1+i)^n-1}$被称为资金回收系数，用$(A/P,i,n)$表示。

该系数的示意图如图 3.6 所示。

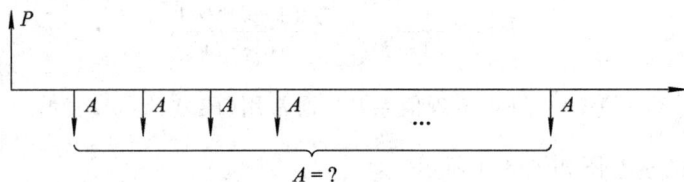

图 3.6　资金回收系数示意图

【例 3.7】　某制造公司计划投入 100 万元资金进行一项技术改造，预计将来每年增加的收入相等，若年利率为 10%，欲在 4 年内收回全部投资，则每年应增加多少净收入？

解　　　　　　$A=P(A/P,i,n)=100\times0.3155=31.55$（万元）

3. 等差序列现金流的等值计算

（1）等差序列现金流终值公式。等差序列现金流的终值示意图如图 3.7 所示。

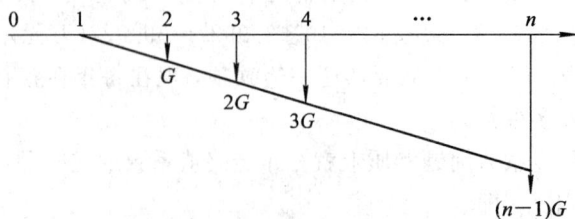

图 3.7　等差序列现金流终值示意图

等差序列现金流量的通项公式如下：

$$A_t = (t-1)G \qquad t=1, 2, \cdots, n$$

式中，A_t 为第 t 期期末的现金流量；t 为时点；G 为等差额。

等差序列现金流量在 n 年末的终值为

$$F = \sum_{t=1}^{n} A_t (1+i)^{n-t} = \sum_{t=1}^{n} G(t-1)(1+i)^{n-t}$$

$$= G[0 + 1 \cdot (1+i)^{n-2} + 2(1+i)^{n-3} + 3(1+i)^{n-4} + \cdots$$
$$+ (n-2)(1+i)^1 + (n-1)(1+i)^0]$$

$$F(1+i) = G[0 + 1 \cdot (1+i)^{n-1} + 2(1+i)^{n-2} + 3(1+i)^{n-3} + \cdots$$
$$+ (n-2)(1+i)^2 + (n-1)(1+i)^1]$$

$$F(1+i) - F = F \cdot i$$

$$= G[1 \cdot (1+i)^{n-1} + 1 \cdot (1+i)^{n-2} + 1 \cdot (1+i)^{n-3} + \cdots$$
$$+ 1 \cdot (1+i)^2 + 1 \cdot (1+i)^1 - (n-1)]$$

$$= G[(1+i)^{n-1} + (1+i)^{n-2} + (1+i)^{n-3} + \cdots$$
$$+ (1+i)^2 + (1+i)^1 + (1-n)]$$

$$= G\left[\frac{1-(1+i)^n}{1-(1+i)} - n\right]$$

$$= G\left[\frac{(1+i)^n - 1}{i} - n\right]$$

$$F = G\left[\frac{(1+i)^n - 1}{i^2} - \frac{n}{i}\right]$$

可见，等差序列现金流的终值 F 取决于 G、i、n 的大小。其中，$\dfrac{(1+i)^n-1}{i^2} - \dfrac{n}{i}$ 称为等差序列现金流量的终值系数，记为 $(F/G, i, n)$。

（2）等差序列现值公式。等差序列现金流量的现值为

$$P = F\frac{1}{(1+i)^n} = G\left[\frac{(1+i)^n - 1}{i^2} - \frac{n}{i}\right]\frac{1}{(1+i)^n}$$

$$= G\left[\frac{(1+i)^n - i \cdot n - 1}{i^2(1+i)^n}\right]$$

式中，$\dfrac{(1+i)^n - i \cdot n - 1}{i^2(1+i)^n}$ 称为等差序列现金流量的现值系数，记为 $(P/G, i, n)$。

【例 3.8】　某公司发行的股票目前市场价值每股 150 元，年股息为 10 元，预计每年股息增加 2 元。如果希望达到 16% 的投资收益率，目前投资购进该公司的股票是否合算？

解　所有股息按照 16% 的折现率折现，计算现值之和是否超过投资 150 元。

$$P = 10(P/A, 16\%, \infty) + 2(P/G, 16\%, \infty)$$

当 $n \to \infty$ 时，有

$$(P/A, i, n) = \frac{(1+i)^n - 1}{i(1+i)^n} = \frac{1}{i}, \quad (P/G, i, n) = \frac{1}{i^2}$$

$$P = 10 \times \frac{1}{0.16} + 2 \times \frac{1}{0.16^2} = 140.625 < 150$$

所以现在投资购进该公司股票是不合算的。

该公式的示意图如图 3.8 所示，虚线之上是等额序列现金流量，虚线之下是等差序列现金流量。

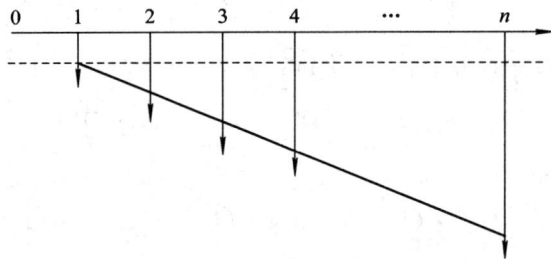

图 3.8　等差序列现金流现值示意图

4. 等比序列现金流量的等值计算

等比序列现金流量图如图 3.9 所示。

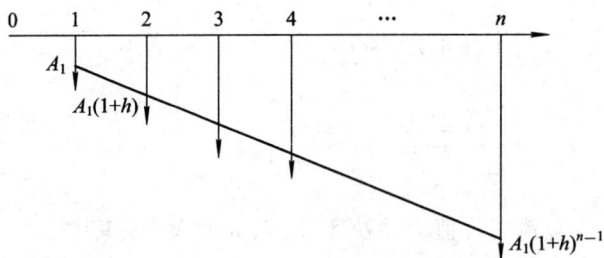

图 3.9　等比序列现金流量

等比序列现金流的通用公式为

$$A_t = A_1(1+h)^{t-1} \qquad t = 1, 2, \cdots, n$$

式中，A_1 表示定值；h 表示增长比例。

因此，等比序列现金流的现值为

$$P = \sum_{t=1}^{n} A_1(1+h)^{t-1}(1+i)^{-t} = \frac{A_1}{1+h} \sum_{t=1}^{n} \left(\frac{1+h}{1+i} \right)^t$$

利用等比数列求和公式可得

$$P = \begin{cases} \dfrac{nA_1}{1+h} & h = i \\ A_1 \dfrac{1 - (1+h)^n(1+i)^{-n}}{i - h} & i \neq h \end{cases}$$

推导过程如下：

$$P = \frac{A_1}{1+h} \frac{1+h}{1+i} \frac{1-(1+h)^n(1+i)^{-n}}{1-\left(\frac{1+h}{1+i}\right)} = A_1 \frac{1-(1+h)^n(1+i)^{-n}}{i-h}$$

【例 3.9】　若租用某仓库，目前年租金为 23 000 元，预计租金水平在今后 10 年内每年将上涨 5%。若将该仓库买下来，则需一次支付 20 万元，但是 10 年后仍可以按照 20 万元的价格出售。按照折现率 15% 计算，该仓库是租合算还是买合算？

解　比较两种方案各自费用的现值，费用现值较小的方案为优选方案。

若租用该仓库，则 10 年内的费用现值为

$$P_1 = 23000 \times \left[\frac{1-(1+0.05)^{10}(1+0.15)^{-10}}{0.15-0.05} \right] = 137\ 393 (元)$$

若购进该仓库，则全部费用的现值为

$$P_2 = 200000 - 200000(1+0.15)^{-10} = 150\ 563 (元)$$

显然，租用该仓库费用更少，更合算。

3.2　静态评价方法

技术经济静态评价方法是指不考虑资金时间的评价方法。静态评价方法不考虑资金产生的利息问题，是比较早，也比较简单的一种评价方法。根据评价指标不同，技术经济效果的静态评价方法主要包括静态投资回收期法、追加投资回收期法、投资效果系数法和追加投资效果系数法。

3.2.1　静态投资回收期法

1. 概念

投资回收期是指项目投产以后获得的净收益抵偿全部投资所需要的时间。投资回收期是反映所投资金回收速度的重要指标，一般以年为单位，计算从投资开始之年算起。

例如，若某一企业准备投资一个项目，该项目原始投资为 10 000 万，第一年现金净流入为 3000 万，第二年现金净流入为 4000 万，第三年现金净流入为 6000 万，则该项目的投资回收期为 2.5 年，因为该企业在第三年的 6 月底即可收回全部投资额，所以投资回收期即为 2.5 年。

静态投资回收期在计算中不考虑资金的时间价值，表达式如下：

$$\sum_{t=1}^{P_t} (S_t - C_t' - T_t) = I$$

式中，P_t 表示静态投资回收期(年)，S_t 为第 t 年的销售收入，C_t' 为第 t 年的经营成本，T_t 为第 t 年的销售税金，I 为项目总投资。

2. 计算方法

(1) 投资回收期计算表。

【例 3.10】　某企业准备投资项目 A，其预计年现金净流量如表 3.2 所示，试计算投资回收期。

表 3.2　某项目的年现金净流量　　　　　　　万元

项目	现金流量	回收额	未回收额
原始投资	−10 000		
第一年净现金流入	1500	1500	8500
第二年净现金流入	5800	5800	2700
第三年净现金流入	6200	2700	0

解　　　　　　　　$$回收期 = 2 + \frac{2700}{6200} = 2.44（年）$$

（2）直接计算法。若项目的现金净流入量每年不等，或原始投资是分几年投入的，则可直接利用下面的公式计算静态投资回收期：

$$P_t = 累计净现金流量开始出现正值的年份 - 1 + \frac{上年累计现金流量的绝对值}{本年净现金流量}$$

如果方案年净收益$(S_t - C_t' - T_t)$为等额序列，则静态投资回收期可直接求得

$$P_t = \frac{I}{S_t - C_t' - T_t}$$

3. 应用

【例 3.11】　建设甲公司有两个投资方案：投资方案 Ⅰ，项目期限为 5 年，原始投资额为 14 400 元，投产以后各年的现金净流量均为 4500 元；投资方案 Ⅱ，项目期限为 4 年，原始投资额为 14 000 元，投产后第一年的现金净流量为 3000 元，第二年为 5000 元，第三年为 8000 元，第四年为 4000 元。试分别计算方案 Ⅰ、Ⅱ 的静态投资回收期。

解　方案 Ⅰ 的静态投资回收期为

$$\frac{14400}{4500} = 3.2（年）$$

方案 Ⅱ 的静态投资回收期为

$$2 + \frac{14000 - 3000 - 5000}{8000} = 2.75（年）$$

4. 注意的问题

在方案静态投资回收期计算中，应注意以下几个问题：

（1）如果 P_t 为静态投资回收期，NCF_t 为第 t 年的净现金流量，则有

$$\sum_{t=1}^{P_t} \text{NCF}_t = 0$$

（2）在单方案评价中，静态投资回收期的计算结果要与标准投资回收期加以比较，只有它小于或等于标准投资回收期时，方案才有实现的可能。如果多方案比较，投资回收期自然是越短越好。

（3）静态投资回收期这一指标具有直观、清晰和简便等优点，它在一定程度上反映了项目效益和风险，是经济评价的重要指标。但是应该看到，它也存在着一些缺点：在静态评价中没有反映资金的时间价值，不符合资金运作的实际情况，尤其是在银行贷款利率较

高或投资额较高时，计算结果偏差很大，同时也不能反映资金投资回收后的情况和真实的效益。因此，静态投资回收期只能作为帮助在决策中正确判断的辅助指标，主要用来测定项目的流动性而非营利性。

3.2.2　追加投资回收期法

1. 概念

追加投资回收期又称差额投资回收期、追加投资返本期，是指用投资较大的方案所节约的年经营成本来偿还其多花的追加投资（或差额投资）所需要的年限。

2. 计算方法

追加投资回收期是利用两个方案直接进行比较，计算出一个相对的回收期指标。按照惯例，在经济活动实践中，一般投资项目较少，生产成本相对较高；投资项目较多，生产成本相对较低。追加投资是指进行比较的两个方案所需投资的差额。追加投资回收期的实质是投资较大的方案用每年生产成本支出的节约资金补偿追加投资的期限。这种方法的主要目的是测定追加投资的经济合理性，计算结果一般用年来表示。

追加投资回收期的计算方法，根据两个方案的年产量是否相同，可分为以下两种：

（1）若两个方案 A、B 的年产量相同，投资额和生产成本不同，则计算公式为

$$P_t = \frac{\Delta I}{\Delta C} = \frac{I_A - I_B}{C_B - C_A}$$

式中，P_t 为追加投资回收期；I_A、I_B 分别为两个方案的投资额，且 $I_A > I_B$；C_A、C_B 分别为两个方案的年生产成本，且 $C_A < C_B$；ΔI 为追加投资；ΔC 为方案 A 比方案 B 年生产成本的节约值。

在使用此方法计算时应注意两点：一是计算结果只有追加投资回收期 P_t 小于标准投资回收期 $[P_t]$ 时，投资额较大的方案较优，否则，投资额较小的方案较优；二是在计算公式中两个方案的年产量必须相等，如不相等，需用累计法进行计算。

【例 3.12】　某项目有两个投资方案可供选择。A 方案总投资额预计为 100 万元，年生产成本为 10 万元；B 方案预计投资额为 92 万元，年生产成本为 12 万元，如果标准投资回收期 $[P_t]$ 为 5 年，试比较两方案的优劣。

解
$$P_t = \frac{\Delta I}{\Delta C} = \frac{I_A - I_B}{C_B - C_A} = \frac{100 - 92}{12 - 10} = 4（年）$$

因为 $P_t < [P_t]$，所以通过追加投资回收期的计算可知，A 方案优于 B 方案。

（2）若两个比较方案的年产量不同，投资额和生产成本也不同，则计算公式为

$$P_t = \frac{I_A / Q_A - I_B / Q_B}{C_B / Q_B - C_A / Q_A}$$

式中，Q_A、Q_B 分别为两个方案的年产量。

由于两个投资方案的年产量不同，直接进行计算则结果已无可比性，因此，必须将产量同等化处理，利用单位产品的投资额和成本加以计算比较，得出新的意义下的追加投资回收期。

3.2.3 投资效果系数法

1. 概念

投资效果系数又称为投资收益率或投资报酬率，是项目投产后年净收益与项目总投资额的比率。不考虑资金的时间价值时则称为静态投资效果系数。

2. 计算方法

投资效果系数是指在项目投产以后，每年获得的纯收入与总投资之比，其表达式为

$$E = \frac{NB}{I}$$

式中，E 为投资效果系数，NB 为项目年纯收入，I 为项目总投资。

用投资效果系数对项目方案进行评价，一般在财务平衡分析中使用。如果纯收入 E 用销售利润表示，则投资效果系数为投资利润率；如果纯收入 E 用销售利润与销售税金之和表示，则投资效果系数为投资利税率。具体计算公式如下：

$$\text{投资利润率}(\%) = \frac{\text{年利润额}}{\text{总投资额}} \times 100\% = \frac{\text{生产期内平均利润额}}{\text{总投资额}} \times 100\%$$

$$\text{投资利税率}(\%) = \frac{\text{年利税额}}{\text{总投资额}} \times 100\% = \frac{\text{生产期内平均年利税额}}{\text{总投资额}} \times 100\%$$

式中，年利润额和年利税额是指项目投产后达到设计能力的一个正常年份的销售利润或销售利税。如果出现销售利润或利税在生产期各年中变化明显，数值相差较大，为使计算更准确和接近实际情况，则必须计算项目生产期内的平均利润额或利税额。

3. 应用

将投资利润率或投资利税率的计算结果与国家或行业规定的相关标准值进行比较，只有计算值大于标准值，才可考虑投资的可能性。根据统计部门提供的投资资料显示，我国投资利润率平均在 9% 左右，投资利税率在 15% 左右。各行业由于自身的性质和特点，所制定的标准值也不尽相同

【例 3.13】 某拟建项目建设期为 2 年，第一年初投资 150 万元，第二年初投入 225 万元，固定资产投资全部为银行贷款，年利率为 8%。该项目的寿命周期为 15 年，生产期第一年达到设计生产能力，正常年份的产品销售收入为 375 万元，总成本费用为 225 万元，增值税率为 14%（设已经扣除进项税部分），忽略其他税金及附加，流动资金为 75 万元。若项目的全部注册资金为 950 万元，则该项目的投资利润率、投资利税率以及资本金利润率各是多少？

解 总投资＝固定资产投资＋建设期借款利息＋流动资金

$$= 150 \times (1+0.08)^2 + 225 \times (1+0.08) + 75 = 492.96(\text{万元})$$

年利润总额＝年产品销售收入－年总成本费用－年销售税及附加

$$= 375 - 225 - (375-225) \times 14\% = 129(\text{万元})$$

年利税总额＝年产品销售收入－年总成本费用＝375－225＝150（万元）

投资利润率＝26.2%

投资利税率＝30.4%

4. 注意事项

运用投资效果系数法评价技术经济效果时要注意以下几点：

（1）利用投资效果系数法计算投资利润率和投资利税率，具有计算快捷、表达清晰等优点，是在静态评价中经常使用的一种方法。

（2）投资效果系数法中也有明显的不足之处：计算生产过程中没考虑资金的时间价值，由此可能引发计算结果与经济运行实践有较大出入；在生产期内，如果收益状况不稳定，将很难找出具有代表意义的正常年份；如果使用平均值，敏感性低，也会影响对方案的正确判断。因此，一般应结合其他评价指标共同完成决策工作。

3.2.4 追加投资效果系数法

1. 概念

追加投资效果系数又称差额投资效果系数，是指用投资较大的方案与投资较小的方案相比所增加的年收益额与两者投资额之差的比率。

2. 计算方法

该系数用于比较两个方案的相对经济性，公式表示如下：

$$E_{2/1} = \frac{\dfrac{C_1}{Q_1} - \dfrac{C_2}{Q_2}}{\dfrac{I_2}{Q_2} - \dfrac{I_1}{Q_1}} = \frac{1}{P_{2/1}}$$

或者

$$E_{2/1} = \frac{\dfrac{Y_2}{Q_2} - \dfrac{Y_1}{Q_1}}{\dfrac{I_2}{Q_2} - \dfrac{I_1}{Q_1}} = \frac{1}{P_{2/1}}$$

式中，$E_{2/1}$ 表示追加投资效果系数，$P_{2/1}$ 为两方案追加投资回收期，C_1、C_2 分别为两个方案的年经营费用，Y_1、Y_2 分别为年收益，Q_1、Q_2 为对应年产量。

显然，当产量 $Q_1 = Q_2$ 时，上式简化为：$E_{2/1} = \dfrac{C_1 - C_2}{I_2 - I_1}$ 或者 $E_{2/1} = \dfrac{Y_2 - Y_1}{I_2 - I_1}$。另外，从上式也可以看出追加投资效果系数与追加投资回收期之间的关系：两者互为倒数。

将计算得到的 $E_{2/1}$ 与基准或行业平均投资利润率 E_s 作比较，若 $E_{2/1} \geq E_s$，则投资额较大的方案 2 较优，否则，方案 1 较优。

3. 应用

【例 3.14】　某企业在扩大生产能力时，有两种技术方案。第一种方案是再建一套现有装置，投资额 $I_1 = 60$ 万元，年经营费用 $C_1 = 40$ 万元；第二种方案是采用一套新型的装置，投资额 $I_2 = 80$ 万元，经营费用 $C_2 = 32$ 万元。两种方案的生产能力相同，问哪种方案经济效益较优（设行业标准投资效果系数为 0.2）？

解
$$E_{2/1} = \frac{C_1 - C_2}{I_2 - I_1} = \frac{40 - 32}{80 - 60} = 0.4 > E_s = 0.2$$

故第二个方案较优。

应注意的是，静态追加投资效果系数仅反映了两种方案的相对经济效益，并没有体现两种方案自身的绝对经济效益。因此，应首先对两个方案的投资效果系数进行计算、分析，以保证方案的可行性。

3.3　技术经济动态评价方法

动态评价方法是指考虑资金的时间价值，采用复利计算方式，把不同时点的支出和收益折算为相同时点的价值，是用于项目经济评价的一种方法。

与静态评价指标相比，动态评价方法具有以下特点：首先，动态指标把不同时点的收入或支出按统一的折现率折算到同一时点，使得不同时期的现金更具可比性，符合投资决策的要求；其次，对于寿命、资本投入时间和提供收益时间不同的投资方案，静态指标缺乏鉴别能力，而动态指标则可以做出正确的决策；最后，动态指标通过折现率的作用在一定程度上可以反映出风险的价值。

技术经济效果的动态评价方法主要包括净现值法、净年值法、内部收益率法、外部收益率法和动态投资回收期法。

3.3.1　净现值法

1. 概念

净现值（NPV）是指拟投资项目按行业的基准收益率或所设定的折现率，将寿命周期内各年净现金流量折现到项目开始的时点上的现金之和。净现值能客观、明确地反映项目计算期内的盈亏状况，是对项目方案分析比较的最重要的动态评价指标之一。

2. 计算方法

$$\text{NPV} = \sum_{t=0}^{n} \text{NCF}_t (1+i_c)^{-t} = \sum_{t=0}^{n} \text{NCF}_t (P/F, i_c, t)$$

式中，NCF_t 为第 t 年的净现金流量，t 为项目寿命期，i_c 为基准折现率。

用净现值判别方案优劣的准则是：对某一项目方案而言，若 $\text{NPV} \geqslant 0$，则该项目可行；多方案比选时，NPV 越大的方案相对越优；若 $\text{NPV} < 0$，则项目应当予以拒绝。

【例 3.15】　某企业准备购进一台设备，需一次投入 80 000 元，如果该设备的使用寿命为 10 年，期末残值为 5000 元，预计前五年每年净收益为 7500 元，后五年每年净收益 9200 元，折现率为 10%，用净现值法判断此方案是否可行。

解　$\text{NPV} = \sum_{t=0}^{n} \text{NCF}_t (1+i_c)^{-t} = \sum_{t=0}^{n} \text{NCF}_t (P/F, i_c, t)$

$= -80000 + 7500 \times (P/A, 10\%, 5) + 9200 \times (P/A, 10\%, 5)$

$\qquad \times (P/F, 10\%, 5) + 5000 \times (P/F, 10\%, 10)$

$= -80000 + 7500 \times 3.791 + 9200 \times 3.791 \times 0.6209$

$\qquad + 5000 \times 0.3855$

$= -80000 + 28432.5 + 21655.25 + 1927.5$

$= -27\ 984.74 \text{（元）}$

因为 NPV$=-27\,984.74$ 元，所以此方案在财务上不可行。

【例 3.16】　其项目的各年现金流量如表 3.3 所示，试用净现值法评价其经济效益，折现率为 10%。

表 3.3　某项目的现金流量表　　　　　　　万元

年份 项目	0	1	2	3	4～10
1. 投资支出	30	500	100	300	450
2. 除投资以外的支出					
3. 收入				450	700
4. 净现金流量(3-1-2)	-30	-500	-100	150	250

解

$$NPV = \sum_{t=0}^{n} NCF_t(1+i_c)^{-t} = \sum_{t=0}^{n} NCF_t(P/F,\ i_c,\ t)$$

$$=-30-500(P/F,\ 10\%,\ 1)-100(P/F,\ 10\%,\ 2)+150(P/F,\ 10\%,\ 3)$$

$$+\sum_{t=4}^{10} 250(P/F,\ 10\%,\ t)$$

$$=459.96(万元)$$

因为 NPV>0，故项目在经济效果上是可以接受的。

3. 现值指数法

净现值法的优点是充分考虑了资金的时间价值，将方案计算期内的每年净现金流量都集中在期初某一时点上，因而能够全面、客观、准确地反映方案的经济效果。净现值法的不足之处是：必须先确定一个符合经济现实的基准收益率，而基准收益率的确定往往比较复杂；在互斥方案评价时，净现值必须慎重考虑互斥方案的寿命，如果互斥方案寿命不等，则必须构造一个相同的研究期，才能进行各个方案之间的比选；净现值计算结果只能反映经济效果的绝对数值，不能说明资金利用的相对经济效果。

为了弥补净现值法的不足，把净现值与总投资额联系起来，更好地反映资金利用的效率，在此引入净现值指数(净现值率)指标，记作 NPVR，它是净现值指数与总投资现值之比，用公式表示为

$$NPVR = \frac{NPV}{I_P} = \frac{NPV}{\sum_{t=0}^{n} I_t(1+i_c)^{-t}}$$

式中，NPVR 为净现值指数；I_P 为总投资现值。

【例 3.17】　使用现值指数法计算例 3.16 的现值指数。

解　由于已知 NPV$=459.96$ 万元，则现值指数为

$$NPVR = 459.96 \div [30+500(P/F,\ 10\%,\ 1)+100(P/F,\ 10\%,\ 2)$$

$$+300(P/F,\ 10\%,\ 3)+450(P/A,\ 10\%,\ 7)(P/F,\ 10\%,\ 3)]$$

$$=0.19$$

净现值率指标实质上是单位投资所获得的收益，数值当然越大越好，但在实际经济评价中，应根据项目投资额的大小，将净现值与净现值率两个指标结合使用。

3.3.2 净年值法

1. 概念

净年值法就是将所有现金流量换算为与其等值的等额年金或年成本(不考虑收入时),并以此等额序列值评价方案经济效果的技术经济分析方法。

2. 计算方法

净年值法(NAV)是通过资金等值换算,将项目净现值分摊到寿命周期每一年(从第 1 年到第 n 年)的等额年值。其表达式由净现值 NPV 按一定折现率等值换算而成,即

$$NAV = NPV(A/P, i, n)$$

式中,NAV 为净年值。

净年值与净现值一样,都是投资方案技术经济效果评价的重要指标,不过二者也有明显的区别:净现值是整个寿命期内全部收益的期初现值,净年值是寿命期内每年净收益年值;在时间范围,资金的时点和收益含义等方面都不同;此外,净年值表现出更大的灵活性,如对寿命期不同的方案选优,采用净年值比净现值更为简单、合理,故在经济评价中经常使用净年值。

应用净年值法评价方案的标准为:对单方案,若 NAV≥0,则该方案可行;多方案比选时,NAV 越大的方案相对越优;若 NAV<0,则不符合要求,该方案不可行。

【例 3.18】 投资方案 A 的初始投资额、年收入、年费用和寿命期如表 3.4 所示,设定折现率为 8%,试评价方案的可行性。

表 3.4 投资方案 A

方案	初始投资/万元	年收入/万元	年费用/万元	寿命期/年
A	140	100	60	10

解 $NAV = NPV(A/P, i, n) = 100 - 60 - 140(A/P, 8\%, 10)$

$= 100 - 60 - 140 \times 0.14903 = 19.14(万元)$

因为 NPV>0,所以方案 A 在财务上可行。

与净现值指数(NPVR)相类似,在年值法的计算中也有净年值指数指标(NAVR),计算式也与净现值指数相类似,即

$$NAVR = \frac{NAV}{I_P} = \frac{19.14}{140} = 0.14$$

3.3.3 内部收益率法

1. 概念

内部收益率(IRR)是指项目投资方案在计算期内各年净现金流量的现值累计为零时的折现率。内部收益率法是评价比较投资方案经济效果的另一种动态评价的重要方法,在实际经济活动中经常采用这一方法。

如果某个投资项目,其每年净现金流量和寿命期都确定,则项目所选定的折现率(i)与净现值(NPV)之间一定存在着一定的函数关系:i 越小,NPV 越大;i 越大,NPV 越小,

如图 3.10 所示，将 NPV 随折现率的变化而变化的这种关系称作净现值函数。在折现率由小变大的过程中必定存在着一个点，在这一点上 i 值使净现值恰好等于零，此时的折现率即为内部收益率。内部收益率表明项目本身对贷款利率的最大承受能力，这种能力来自项目内部。其经济含义是在此利率之下，到投资项目寿命期结束时，每年的净收益恰好将所有投资全部补偿完毕。因此，内部收益率指标在经济评价中有极其重要的作用。

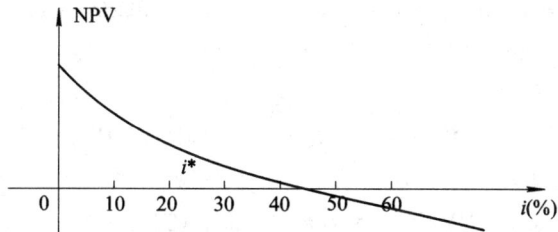

图 3.10　净现值函数曲线

内部收益率的表达式如下：

$$NPV = \sum_{t=0}^{n} NCF_t (1 + IRR)^{-t} = 0$$

式中，NCF_t 为该项目第 t 年的净现金流量，IRR 为内部收益率。

2. 计算方法

内部收益率如按表达式直接计算，实际上就是解关于 IRR 的一个高次方程，运算相当复杂，很难掌握。所以在具体计算时，通常采用试算法求内部收益率，具体步骤如下：

（1）利用较低折现率计算净现值，如果出现的结果为正值且比零大很多，则再适当提高折现率，直至所求的净现值为接近零的正数时为止。

（2）继续小幅度提高折现率，直至计算出接近于零的负数时为止。

（3）根据上述两个接近于零的正、负净现值的折现率，利用插值法求得内部收益率 IRR。

计算内部收益插值法的计算公式为

$$IRR = i_1 + \frac{NPV_1 \times (i_2 - i_1)}{NPV_1 + | NPV_2 |}$$

式中，i_1 为试算中较小折现率，i_2 为试算中较大折现率，NPV_1 为采用 i_1 计算出的净现值（正值），NPV_2 为采用 i_2 计算出的净现值（负值），$|NPV_2|$ 为 NPV_2 的绝对值。

注意：在计算中，所设结果接近于零的正、负净现值的两个折现率，差距不应大于 5%，最好在 2% 左右，否则会影响计算结果的准确性。

【例 3.19】 某工程项目初始投资为 2000 万元，分两年平均投入，第二年末开始获利，每年利润为 500 万元，项目寿命为 6 年，期末残值为 750 万元，求此方案的内部收益率。设最低期望报酬率 MARR＝15%，试评价此方案的可行性。

解　设 i＝15%，计算净现值：

$$NPV = -1000 - 1000(P/F, 15\%, 1) + 500(P/A, 15\%, 5)(P/F, 15\%, 1)$$
$$+ 750(P/F, 15\%, 6)$$

$$= -1000 - 1000 \times 0.8696 + 500 \times 3.352 \times 0.8696 + 750 \times 0.4323$$

$$=-1000-869.6+1457.4+324.2$$

$$=-88(万元)$$

由于 NPV$=-88<0$，因此降低 i 值，取 $i=12\%$ 再进行计算：

$$\text{NPV} =-1000-1000(P/F,12\%,1)+500(P/A,12\%,5)(P/F,12\%,1)$$
$$+750(P/F,12\%,6)$$
$$=-1000-1000\times0.8929+500\times3.605\times0.8929+750\times0.5066$$
$$=-1000-892.9+1609.5+413$$
$$=129.6(万元)$$

通过两次试算，得出下列数值：$i_1=12\%$，$i_2=15\%$，$\text{NPV}_1=129.6$，$\text{NPV}_2=-88$。利用插值法求出内部收益率：

$$\text{IRR} =i_1+\frac{\text{NPV}_1\times(i_2-i_1)}{\text{NPV}_1+|\text{NPV}_2|}=12\%+\frac{129.6\times(15\%-12\%)}{129.6+|-88|}$$
$$=12\%+1.79\%=13.79\%$$

因为 IRR$=13.79\%<$MARR，所以该方案不可行。

内部收益率的优点在于能反映投资方案的最大利息偿还能力，可用百分数表示，它直观、明确，在经济评价中被广泛使用。但是这种方法在使用中也有不足之处，如计算复杂，如果项目在生产期又多次投资，则内部收益率的计算结果可能不是唯一的。同时，只用内部收益率这一相对数指标进行效果评价，可能使投资额大、收益额小、IRR 偏低的方案落选。

3.3.4 外部收益率法

1. 概念

外部收益率（ERR）是指当投资方案原投资额的终值与各年的净现金流量按基准收益率或设定的折现率计算的终值之和相等时的收益率。

外部收益率既是按统一的收益率计算各年净现金流量形成的增值，又可避免非常规方案的多个内部收益率问题，可弥补内部收益率指标的不足。

2. 计算方法

外部收益率的计算公式为

$$\sum_{t=0}^{n}K_t(1+\text{ERR})^{n-t}=\sum_{t=0}^{n}R_t(1+i_c)^{n-t}$$

式中，K_t 表示 t 年净收益，R_t 表示 t 年净投资。上式左边是项目各年的投资按 ERR 计算的终值之和，右边是项目每年净收益按基准收益率再投资的终值之和。这意味着项目各年投资 K_t 的收益能力（按 ERR 折算到 n 年末的终值）与把项目每年的净收益 R_t 以基准收益率进行再投资，直到 n 年末所得到的终值之和相等。

外部收益率可以说是对内部收益率的一种修正，计算外部收益率与内部收益率均需假定建设项目在计算期内所获得的净收益全部用于再投资，但不同的是假定再投资的收益率等于基准收益率。其经济含义是：建设项目在基准收益率的利率下，在建设项目寿命终了时，以每年的净收益率恰好把投资全部收回。

3. 应用

【**例 3.20**】　设某投资方案的现金流如下：初始投资为 20 000 元，一至五年每年年末的净现金流量为 5600 元，第五年年末项目结束时收回变卖固定资产的余额为 4000 元（设要求达到的最低收益率为 10%）。求该项目的外部收益率为多少？

解　按要求达到的最低收益率计算各年净现金流入量到寿命期终了时的终值之和：

$$5600 \times (F/A, 10\%, 5) + 4000 = 38\ 188(元)$$

上述终值之和相当于原投资额至方案寿命期终了时的本利和，可据以推算原投资额在方案寿命期内取得的收益率。

终值系数：

$$(F/P, ERR, 5) = 38\ 188 \div 20\ 000 = 1.9094$$

从复利终值表中找出在相同期数里与上述系数相邻的折现率，再依据两个相邻的折现率和已计算的终值系数，用内插法计算出方案的收益率为 13.807%。

3.3.5　动态投资回收期法

1. 概念

动态投资回收期是指在考虑货币时间价值的条件下，以投资项目净现金流量的现值抵偿原始投资现值所需要的全部时间，即动态投资回收期是项目从投资开始起到累计折现现金流量等于 0 时所需的时间。

投资者一般都十分关心投资的回收速度，为了减少投资风险，都希望越早收回投资越好，动态投资回收期是一个常用的经济评价指标。动态投资回收期弥补了静态投资回收期没有考虑资金的时间价值这一缺点，使其更符合实际情况。动态投资回收期法根据年收益额是否为等额序列有着不同的计算方法。

2. 计算方法

（1）其他计算方法。如果项目一次性初始投资为 I，一年后开始盈利并保持等额序列 R，设折现率为 i，则可推导出投资回收期的计算公式为

$$R(P/A, i, P_t) = I$$

即

$$\frac{(1+i)^{P_t} - 1}{i(1+i)^{P_t}} = \frac{I}{R}$$

$$P_t = \frac{\lg R - \lg(R - Ii)}{\lg(1+i)}$$

式中，P_t 为动态投资回收期。

（2）动态投资回收期现金流量表计算法。如果投资项目的各年净收益不是等额序列，而呈无规则变化，计算动态投资回收期应利用该时点方案净现值为零的特点，计算累计净现值，然后利用插值法计算出具体年限，用公式表示如下：

$$\begin{matrix} 动态投资 \\ 回收期 \end{matrix}(P'_t) = \begin{matrix} 累计净现金流量现值 \\ 开始出现正值的年份数 \end{matrix} - 1 + \frac{上年累计净现金流量现值绝对值}{当年净现金流量现值}$$

3. 应用

【例 3.21】 某工程项目计划从银行贷款 220 万元，一年后投产，预计每年创收 20 万元，若贷款利率为 8%，则用全部利润还款需多少年？

解 动态投资回收期为

$$P_t = \frac{\lg R - \lg(R - Ii)}{\lg(1+i)} = \frac{\lg 20 - \lg(20 - 220 \times 8\%)}{\lg(1+8\%)} = 27.55 (\text{年})$$

由上述例题可以看出，动态投资回收期为 27 年多的方案，而用静态回收期计算，不考虑资金的时间价值，仅用 11 年 (I/R)。可见，在技术经济评价中是否考虑时间价值，结果相差甚多，这一现象在决策中要特别加以注意。

【例 3.22】 已知某方案的净收益如表 3.5 所示，设 $i = 10\%$，计算动态投资回收期。

表 3.5　方案收益情况　　　万元

年份	0	1	2	3	4	5	6	7
净收益	−1000	−1000	700	700	800	800	900	900

解 采用累计法列表计算。由表 3.6 可知，动态投资回收期应在 4～5 年之间，利用插值法求出：

$$P_t = 4 + \frac{258.31}{496.72} = 4.52 (\text{年})$$

所以，该方案的动态投资回收期为 4.52 年。

表 3.6　各方案收益具体情况　　　万元

年份	0	1	2	3	4	5
净现值流量	−1000	−1000	700	700	800	800
现值系数	1	0.9091	0.8264	0.7513	0.6830	0.6209
净现值	−1000	−909.1	578.48	525.91	546.4	496.72
累计净现值	−1000	−1909.1	−1330.62	−804.71	−258.31	238.41

应当注意，动态投资回收期的计算结果应与行业规定的标准投资回收期进行比较，最后决定方案是否可行。

3.4　投资方案的比较和选优

通过静态和动态的评价方法，对拟建项目某一方案进行技术经济效果的评价，是投资决策的重要步骤。但是在实际评价和决策中，同一项目的备选方案往往不止一个，对多个方案比较和选择，合理地找出最优方案，这才是可行性研究的中心环节和投资决策的关键内容。投资方案的多样性、评价方法的多样化，增加了方案比较难度和复杂性。为了正确、顺利地完成这一工作，首先必须明确方案之间的相互关系，然后才能准确选择相应的评价指标和方法，以达到决策的目的。

3.4.1　投资方案的相互关系与分类

在项目投资方案评价过程中，常见的方案相互关系可分为三类，即独立方案、互斥方案和混合方案。

1. 独立方案

独立方案是指方案之间无直接连带关系，形式互不干涉，效果互不影响，自由组合的方案。例如，准备投资化工厂的 A 方案与投资食品厂的 B 方案，从中可以选择的组合形式有："只选 A 方案"、"只选 B 方案"、"A 方案和 B 方案都选"、"A 方案和 B 方案都不选"。对于这种情况，A 方案和 B 方案称为独立方案。

2. 互斥方案

互斥方案是同一个项目的不同方案通过比较、筛选，只保留其中的一个，其他都不能入围，这种为争取唯一位置并互相排斥的方案称为互斥方案。例如，对城市某一地区进行投资开发，拟建项目方案有三个：方案 A，建商品房；方案 B，建娱乐城；方案 C，建饭店。对同一块地的利用，A、B、C 三方案不能同时实现，因此三个方案属于排斥关系的方案。再如，某企业欲购买一台设备，有四家生产厂可以提供，因为只能从一家购入，所以它们属于互斥方案。

3. 混合方案

混合方案是实际工作中经常遇到的一类问题，分析和选择方法也比较复杂，是兼有独立方案和互斥方案两种形式的方案。例如，某企业为提高经济效益要投资更新生产设备，其中包括 A、B 两个互斥方案，同时投资改善运输条件，也包括 C、D 两个互斥方案。由于"更新生产设备"和"改善运输条件"两项目中的方案是互不干预的独立方案，因此，企业面临多种混合方案的选择。

投资方案的相互关系不同，技术经济评价的指标和方法的选择也必然不同。因此，明确方案的相互关系，选择适当的指标和方法进行经济分析，对提高可行性分析的准确性、项目决策的合理性具有重要意义。只有这样，才能将人力、物力和财力等资源配置得合理有效，为获得最佳的经济效益打下良好的基础。

3.4.2　互斥方案的比较和选优

该类型方案的经济效果评价包括绝对效果检验和相对效果检验，绝对效果检验考察备选方案中各方案自身的经济效果是否满足评价准则的要求，相对效果检验考察备选方案中哪个方案相对较优。该类型方案经济效果评价的特点是要进行多方案比选，故应遵循方案间的可比性。为了遵循可比性原则，下面分方案寿命期相等、方案寿命期不等两种情况讨论互斥方案的经济效果评价。采用的经济评价方法主要有净现值法、净年值法和内部收益率法。

在方案互斥的决策结构形式下，经济效果评价包含两部分内容：一是各方案自身的经济效果检验；二是考察哪个方案相对较优，即进行相对经济效果检验。

两种检验的目的和作用不同，通常缺一不可。

1. 寿命期相等的互斥方案经济效果评价

对于寿命期相等的互斥方案，通常将方案的寿命期设定为共同的分析期，这样在利用资金等值原理进行经济效果评价时，方案在时间上就具有可比性。

1）净现值法和净年值法

在寿命期相等的情况下采用净现值法时，可直接依据该法的评价准则对互斥方案进行优选，即只要计算出各方案自身现金流的净现值，再将其直接比较就可判定有无最优可行方案。例如，互斥方案甲、乙、丙的净现值分别如下：

$$NPV_{甲} = 300（万元）$$
$$NPV_{乙} = 180（万元）$$
$$NPV_{丙} = -60（万元）$$

虽然，甲、乙为可行方案，但由于 $NPV_{甲} > NPV_{乙}$，因此应接受甲方案，拒绝乙、丙方案，只有通过绝对效果检验的最优方案才是唯一应接受的方案。对于净现值法而言，其判别准则为：净现值大于或等于零且净现值最大的方案是最优可行方案。

由于净现值法与净年值法在项目评价的结论上总是一致的，即它们是等效的评价方法，而且应用年值法时无需考虑项目的分析期，因此，同样可以应用年值法对寿命期相等的互斥方案进行评价，其判别准则为：净效益年值大于或等于零且净效益年值最大的方案是最优可行方案。

2）内部收益率法

前面已讲过内部收益率法，并指出该法只适用于单一项目方案的评价。那么我们能否采用内部收益率法对寿命期相等的互斥方案进行评价？是否可认为内部收益率越大的方案就越好？其评价结论是否与净现值或净年值法一致？下面通过一个例子来说明这个问题。

【例 3.23】 有两个经济比较互斥方案，其各项经济指标列入表 3.7 中，若最低期望收益 MARR＝9％，试对方案进行评价选择。

表 3.7 甲、乙方案的具体情况

各项指标 方案	一次投资/万元	均匀年收益/万元	使用年限/年
甲	4000	639	20
乙	2000	410	20

解 首先计算两方案的绝对效果指标：$IRR_{甲}$、$IRR_{乙}$，由方程式

$$\begin{cases} -4000 + 639(P/A, IRR_{甲}, 20) = 0 \\ -2000 + 410(P/A, IRR_{乙}, 20) = 0 \end{cases}$$

解得：$IRR_{甲} = 15\%$，$IRR_{乙} = 20\%$。

因为两者均大于最低期收益率（9％），故方案甲、乙均是可行方案。在进行相对效果检验时，由于在两个互斥方案中选优，我们采用的准则是内部收益率大的方案优，因此根据 $IRR_{乙} > IRR_{甲}$，得到方案乙优于方案甲的结论。若我们再采用净现值法进行评价，就会发现：

$$NPW_{甲} = -4000 + 639(P/A, 9\%, 20) = 1833.11（万元）$$

$$\mathrm{NPW_Z} = -2000 + 410(P/A, 9\%, 20) = 1742.69(万元)$$

即 $\mathrm{NPW_{甲}} > \mathrm{NPW_Z}$，故按净现值应认为甲是最优方案，而不是内部收益率大的方案乙。本例表明，按照净现值最大和内部收益率最大准则选择方案可能会产生相互矛盾的结论。

可以验证，利用内部收益率法对互斥方案进行评价，其评价结论会随着条件的变化而变化。当基准折现率 $i_0 = 10\%$ 时，内部收益率最大准则将与净现值最大准则评价的结论一致。

由此可知，内部收益率法无法对互斥方案进行相对效果检验。因此，我们采用内部收益率法的另一种表达形式——差额内部收益率来解决此问题。

3）差额内部收益率法

差额内部收益率（记作 ΔIRR）法比选的实质是将投资大的方案和投资小的方案进行对比，考察增量投资能否被其增量收益抵消或抵消有余，即对增量现金流的经济性作出判断。在方案寿命期相等的情况下，计算差额内部收益率的表达式为

$$\sum_{t=0}^{n} (\mathrm{NCF_1} - \mathrm{NCF_2})(1 + \Delta\mathrm{IRR})^{-t} = 0$$

式中，$\mathrm{NCF_1}$ 为投资大的方案年净现金流量，$\mathrm{NCF_2}$ 为投资小的方案年净现金流量，ΔIRR 为差额内部收益率。

差额内部收益率比选方案的判别准则如下：

若 $\Delta\mathrm{IRR} > I_0$（基准收益率），则投资（现值）大的方案为优；若 $\Delta\mathrm{IRR} < I_0$，则投资（现值）小的方案为优。

用差额内部收益率法评价互斥方案的步骤和方法如下：

（1）根据每个方案的净现金流，计算每个方案的内部收益率。

（2）淘汰内部收益率小于基准折现率 i_0 的方案，即淘汰通不过绝对效果检验的方案。

（3）按费用的大小，从小到大顺序排列经绝对效果检验保留下来的方案。

（4）计算增量方案的费用年效益。

（5）计算增量方案的 ΔIRR。

（6）若增量方案的内部收益率 $\Delta\mathrm{IRR} > I_0$，则选择费用高的方案；若 $\Delta\mathrm{IRR} < I_0$，则选择费用低的方案。

【例 3.24】　某公司为了增加生产量，计划进行设备投资，有三个互斥的方案，寿命均为 6 年，不计残值，基准收益率为 10%，各方案的投资及现金流量如表 3.8 所示，试分别用净现值与内部收益率法对方案进行选优。

表 3.8　A、B、C 方案的具体情况

方案	0/年	1～6/年	NPW/万元	IRR/(%)
A	−200	70	104.9	26.4
B	−300	95	113.7	22.1
C	−400	115	100.9	18.2

根据 NPW 的判别标准与 ΔIRR 的判别准则，其评价结论是一致的。

2. 寿命期不等的互斥方案经济效果评价

对寿命期不等的互斥方案进行比选，最常用的方法是净年值法。如果采用净现值法，则需对各比较方案的计算期做适当处理后才能进行比较。如果采用差额内部收益率法比选，则参评方案应满足适当的条件。

1）年金法（净年值法）

由于年值法应用时不必考虑比较方案是否有相同的寿命期，因此该法相对其他评价方法更为简便。净年值法的判别准则为：净效益年金大于或等于零且净效益年金最大的方案是最优可行方案。

用净值法进行寿命期不等的互斥方案比选，实际上隐含着作出这样一种假定：各备选方案在其寿命结束时均可按方案重复实施或与原方案经济效果水平相同的方案接续。因为一个方案无论重复实施多少次，其净效益年金是不变的，所以以年金法实际上假设被选方案可以无限多次重复实施。在这一假设前提下，净年值法以年为时间单位比较各方案的经济效果，从而使寿命不等的互斥方案间具有可比性。

【例 3.25】 某项目有两个设计方案，其投资和收支情况见表 3.9，基准折现率 i_0 为 10%，试用净年值比较并选择最优方案。

表 3.9 两方案的投资和收支情况

方案	投资额/万元	年收入/万元	年支出/万元	计算期/年
A	3500	1900	645	4
B	5000	2500	1383	8

对于仅有或仅需计算费用现金流的互斥方案，可以用计算等额费用年金（EUAC）的方法来进行比选。判别准则为：等额费用年金小的方案为优。

2）净现值法

在应用净现值法时最难处理的问题之一就是分析期问题。当比较方案寿命期相等时，分析期可以与寿命期取为一致，处理起来较简单。当互斥方案寿命期不等时，一般情况下，各方案在各自寿命期内的净现值不具有可比性。因而在用净现值法时，需将各方案设定一个共同的分析期，以致各方案能在可比的时间基础上进行评价。分析期的设定应根据决策的需要和方案的技术经济特征来决定，常用的方法包括：最小公倍数法、核定资金法、研究期法。这里重点介绍常用的最小公倍数法。

最小公倍数法是在假定方案可以重复实施的基础上，以各方案寿命期的最小公倍数作为共同分析期的一种使方案分析期一致的手段。这种方法一般只适用于方案的使用寿命之间是整数倍比关系的情况，否则共同的分析期会很长。

用最小公倍数法计算出的净现值用于寿命期不等互斥方案评价的判别准则是：净现值大于或等于零且净现值最大的方案是最优可行方案。对于仅有或仅需计算费用现金流的互斥方案，可以照上述方法计算费用现值进行比选，判别准则是：费用现值最小的方案为最优方案。

【例 3.36】 某公司为了提高工作效率，欲购置办公室自动化设备一台，现有两种购买方案，其经济指标见表 3.10。设折现率 $i_0 = 6\%$，试用净现值法对方案作出选择。

表 3.10　两方案的投资和收支情况

设备	一次购置费/元	均匀年效益/元	使用年限/年	残值/元
A	2000	500	5	300
B	5000	900	10	700

对于仅有或仅需计算费用现金流的互斥方案，可以用计算等额费用年金的方法来进行比选。判别准则为：等额费用年金小的方案为优。

3.4.3　独立方案的经济效果评价方法

独立方案的采纳与否，只取决于方案自身的经济效果，因此独立方案的评价与单一方案的评价方法相同。只要资金充裕，凡是能通过自身效果检验（绝对效果检验）的方案都可采纳。常用的方法有净现值法、净年值法、内部收益率法等。

独立方案是指在经济上互不相关的方案，即接受或放弃某个方案，并不影响其他方案的取舍，因此独立方案也称为彼此相容的方案。从多项独立方案中，我们可以选择一项以上的方案付诸实施。例如，在一条河的几个支流上，只要资金足够，可以同时建造几个大坝，它们相互并不排斥。如果决策的对象是单一方案，则可以认为是独立方案的特例。

根据独立方案的特性可知，独立方案的采用与否只取决于方案自身的经济性，因此，多个独立方案的评价判别标准应与单一项目（方案）的一致，而不同于多个方案比选时的评价标准。通常前面讲过的各种评价方法均适用于独立方案的检验。

用经济效果的评价标准（如 NPW≥0，NAW≥0，IRR≥i_0）检验方案自身的经济性叫做绝对效果的检验。凡通过绝对效果检验的方案，就认为经济效果是可以接受的，否则应予以拒绝。

【例 3.27】　某企业有两个计划项目，在资金条件许可的情况下，企业准备分期实施。两个项目的投资、年收益及寿命期如表 3.11 所示，当 $i=10\%$ 时，试判断其经济可行性。

表 3.11　两方案的投资和收支情况

项目	投资/万元	年收益/万元	寿命期/年
A	1000	400	4
B	2000	550	6

通过上面的例题分析可知，对多个独立方案进行评价时，不论采用净现值法、净年值法还是内部收益率评价方法，均不需要考虑统一的分析期，且评价结论都是一样的。

3.4.4　相关方案的经济效果评价方法

1. 相关方案的概念和类型

所谓相关方案，是指在多个方案之间具有一定经济或技术联系的方案，即这些方案的特点是：如接受（或拒绝）某一方案，会显著改变其他方案的现金流量，或者会影响其他项目的接受（或拒绝）。例如，由于资金、能源和原材料的可用量有限，致使选择某些项目方案就不得不放弃另外一些方案。

方案相关的类型主要有以下几种：

（1）相互依存和互补型。如果两个或多个方案之间，某一方案的实施要求以另一方案（或另几个方案）的实施为条件，则这两个（或若干个）方案具有相互依存性，或者说具有完全互补性。例如，汽车总厂建设生产车间和与其装配车间的项目就是这种类型的相关方案。

（2）现金流相关型。即使方案间不完全互斥，也不完全互补，如果若干方案中任何一个方案的取舍会导致其他方案的现金流量的变化，那么这些方案也具有相关性。例如，某地区为加速本地区的经济发展，提高人民的生活水平，在国家政策范围内进行房地产的开发建设：一是加强城市第三产业用房的建设方案；二是加快城市居民商品房的建设方案。即使这两个方案间不存在互不相容的关系，但任何一个方案的实施或放弃都会影响另一个方案的收入，从而影响方案经济效果评价的结论。

（3）资金约束导致方案相关。如是没有资金总额限制，各方案具有独立相容性，但在资金有限的情况下，接受某些方案则意味着不得不放弃另外一些方案，从而使这些方案有相关的特点。

（4）混合相关型。在方案众多的情况下，方案间的相关关系可能包括多种类型，既有相斥方案又有互补方案，对此，称为混合相关型。

2. 财务相关方案选择方法

1）互斥组合法

在资金有限的情况下，局部看来不具有互斥性的独立方案也成了相关方案。在这种情况下方案选择的任务就在于，根据现有的资金总额，适当选取能够带来总收益最多的一组方案。通常，能保证实现最优选择的可靠方法是互斥方案组合法，该方法的主要步骤如下：

（1）对于 m 个非直接互斥的项目方案，列出全部的相互排斥组合方案，共 2^m 个（包括维持现状的零方案）。

（2）保留投资额不超过投资限额且净现值大于等于零的组合方案，淘汰其余组合的方案。保留的组合方案中净现值最大的即为最优可行方案。

【例 3.28】 现有 A、B、C 三个独立的投资方案，其初始投资及各年净收益如表 3.12 所示。投资限额为 500 万元，基准折现率为 8％，求各方案的净现值，并用互斥方案组合法选取最优组合方案。

表 3.12　三个独立方案的经济指标　　　　　　　万元

方案	第 0 年投资	1～8 年净收益	净现值
A	−150	36	56.89
B	−300	80	159.76
C	−250	68	140.80

解　　　　$\text{NPW}_A = -150 + 36(P/A, 8\%, 8) = 56.89$

$\text{NPW}_B = -300 + 80(P/A, 8\%, 8) = 159.76$

$\text{NPW}_C = -250 + 68(P/A, 8\%, 8) = 140.80$

由题意可知 $m=3$，故互斥组合方案共有 $2^3 = 8$ 个，这 8 个方案彼此互不相容、互相排斥，其具体构成及相应的指标列于表 3.13 中。

表 3.13　A、B、C 的互斥组合方案　　　　　万元

互斥组合方案序号	组合状态			第 0 年的投资	1～8 年净收入	净现值
1	0	0	0	0	0	0
2	A	0	0	−150	36	56.89
3	0	B	0	−300	80	159.76
4	0	0	C	−250	68	140.80
5	A	B	0	−450	116	216.65
6	A	0	C	−400	104	197.69
7	0	B	C	−550	148	300.56
8	A	B	C	−800	184	357.45

注意：0 表示对应方案不入选，字母表示对应方案入选。

分析：由于投资限额为 500 万元，因此组合方案 7、8 为不可行方案，首先淘汰掉，其余保留的可行方案中，以第 5 组合方案的净现值最大（且大于零），即最优可行方案为 $(A+B)$ 方案。

2）线性规划法

线性规划法是将投资目的和约束条件模拟成线性函数模型，求得在一定约束条件下目标函数值最大或最小化（即最优解）的一种方法。本方法适用范围很广，所有可以模拟成线性模型的投资都可以采用，不仅可以用于投资项目的选择，也可以用于投资项目完成情况的评价。由于线性规划法手工计算比较繁琐，因此一般都借助计算机进行求解，模型比较复杂且具备条件的企业可以开发专门的规划求解软件，也可以直接采用 Excel 软件中的规划求解功能。

对于混合方案的经济性比较，我们通常利用 0-1 整数规划求解，该模型以净现值最大为目标函数，在该目标函数及一定的约束条件下，力图寻求某一项目组合方案，使其净现值比其他任何可能的组合方案的净现值都大，即

$$\max Z = \sum_{j=0}^{n} \text{NPV}_j X_j$$

式中，j 代表项目方案序号，$j=1,2,\cdots,m$；X_j 表示决策变量，$x_j=0$ 时拒绝 j 方案，$x_j=1$ 时接收 j 方案。

该目标函数表明，模型将在 m 个待选方案中选择净现值最大的组合方案。

该模型将影响项目方案相关性的各种因素以约束方程的形式表达出来，如 ① 资金可用量的约束；② 方案之间的互斥性约束；③ 方案的不可分性约束。

（1）资金的可用量约束满足下列条件：

$$\sum_{j=0}^{n} C_{jt} X_j \leqslant b_t \qquad t = 1,2,\cdots,n$$

式中，C_{jt} 表示方案 j 在第 t 年资金需用量；b_t 表示第 t 年的资金可用量。

（2）方案之间的互斥性约束满足下列条件：

$$X_a + X_b + \cdots + X_k \leqslant 1$$

式中，X_a，X_b，$\cdots$，X_k 是 m 个待选方案中的互斥方案 a，b，$\cdots$，k 对应的决策变量。该式表明，互斥方案至多选一个。

（3）方案的不可分性约束满足下列条件：

$$X_j = 0, 1 \qquad j = 1, 2, \cdots, m$$

即任一方案 j 或被选取（$X_j = 1$），或被拒绝（$X_j = 0$），不允许只取完整方案的一个局部而舍去其余部分，用数学语言表述即不允许 X_j 为一个小数。

0-1 整数规划用于项目群优选，其原理与互斥组合法是完全相同的，都是从可行的组合方案中选取经济效果最好的组合方案，但两者在对问题的描述方式和解答效率上有明显的差别。下面举一个简单的例子，通过对比分析说明 0-1 整数规划方法与互斥组合法的异同。

【例 3.29】 现有 A、B、C、D 四个项目，每个项目仅有一个项目方案，其净现金流量如表 3.14 所示。当全部投资的限额为 2400 万元时，应当如何根据经济效益最佳原则进行决策（基准折现率为 12%）？

表 3.14 净现金流量 万元

项目	第 0 年初始投资	第 1～10 年净收益	净现值（$i = 12\%$）
A	−800	160	104
B	−1000	200	130
C	−1100	220	143
D	−1500	300	195

解 构造纯整数规划模型，即欲使所选项目的净现值之和最大：

$$\begin{aligned}
\max \mathrm{NPV} = &[-800 + 160(P/A, 12\%, 10)]X_A \\
&+ [-1000 + 200(P/A, 12\%, 10)]X_B \\
&+ [-1100 + 220(P/A, 12\%, 10)]X_C \\
&+ [-1500 + 300(P/A, 12\%, 10)]X_D
\end{aligned}$$

并满足资金的可用量约束：

$$800X_A + 1000X_B + 1100X_C + 1500X_D \leqslant 2400（万元）$$

式中，X_A、X_B、X_C、X_D 为 0-1 决策变量。利用整数规划计算机软件上机求解，得 $X_A = X_D = 1$，$X_B = X_C = 0$，即接受 A、D 项目，拒绝 B、C 项目，目标函数 NPV 为 299 万元。

讨论与复习题

1. 某项目的现金流量如表 3.15 所示，试计算该工程项目的静态和动态投资回收期、内部收益率、外部收益率和费用效益比（折现率 $i = 18\%$）。

表 3.15　项目的现金流量表　　　　　万元

年序	0	1	2	3	4	5	6
现金流量	−500	−950	167	295	390	545	545
年序	7	8	9	10	11	12	
现金流量	545	545	545	545	545	843	

2. 某部门正在考虑表 3.16 所示的收入和支出投资方案,计算这项投资的净现金流量,然后求它的净现值(基准贴现率为 12%)。

表 3.16　某部门的投资方案　　　　　万元

年末	支出	收入
0	−100	0
1	−15	5
2	−20	20
3	−5	45
4	0	60
5	0	30

3. 某油井开采方案如下:第 0 年投资 500 万元,以后每年的产油净收入为 200 万元,估计可开采 12 年,油井在第 12 年年末报废时需开支 500 万元,试计算内部收益率。

4. 某项目初始投资为 8000 元,期末无残值,假定每年净收益为 1260 元,试问:

(1) 若使用 8 年,IRR 为多少?

(2) 如果 $i=10\%$,则该仓库至少使用多少年才值得投资?

5. 某企业有资金 1 亿元,在今后 5 年内可考虑的投资项目有 4 项(A、B、C、D)。项目 A,从第 1 年年初到第 4 年年初需要投资,这些投资均可于次年年末回收,利润率为 150%;项目 B,第 3 年年初投入,第 5 年年末利润率为 125%,但最大投资资金不超过 400 万元;项目 C,第 2 年年初投入,到第 5 年年末利润率为 140%,投资限额不超过 300 万元;项目 D,企业把余资拆借给金融机构,年初借出年末归还,年息为 6%。问该企业应当如何给这些项目分配投资金额,使到第 5 年年末拥有的资金最多?

6. 用 15 000 元能够建造一个任何时候均无残值的临时仓库,估计年收益为 2500 元,加入基准贴现率为 12%,仓库能使用 8 年。问这项投资是否满意? 如果不满意,那么临时仓库至少使用多少年这项投资才是满意的?

案例分析

固特异轮胎公司投资项目经济评价

固特异轮胎公司经过长期细致的研发工作,于近期研制出了一种新轮胎——超级胎面,现需要对生产和销售超级胎面的投资必要性进行决策。

这种新轮胎除了能用于一般的快车道外,对行驶于湿滑路面和野地也非常适合。到目前为止，该公司为研制超级胎面已花费了 1000 万美元的成本，此后，又花费了 500 万美元的市场调研费用，得出了一个这样的结论：超级胎面牌轮胎有相当大的市场，上市后至少可在市场销售 4 年。

固特异轮胎公司需要马上投资 1.2 亿万美元购买生产设备以制造超级胎面，此设备预计有 7 年的使用寿命，第 4 年末时可以以 5142.85 万美元出售。固特异公司打算在以下两类市场上销售超级胎面。

(1) 初级设备制造商(OEM)市场。OEM 市场包括为新车购买轮胎的主要大汽车公司(如通用汽车公司)。在 OEM 市场上，超级胎面预计能以 36 美元/只的价格出售，生产轮胎的变动成本为 18 美元/只。

(2) 更换市场。更换市场包括所有汽车出厂后购买的轮胎。这个市场上的利润较高，估计售价为 59 美元/只，变动成本与 OEM 市场相同。

汽车行业分析家预测，汽车制造商今年将生产出 200 万辆新车，此后产量以每年 2.5% 的速度增长，每辆新车需要 4 只轮胎，固特异公司能占有 11% 的 OEM 市场。

行业分析家预测，更换轮胎市场今年的规模为 1400 万只，且每年增长 2%，固特异公司期望能占有市场 8% 的份额。

固特异公司打算以高于通货膨胀率 1% 的速度提高价格，可变成本也以同样的速度增加。另外，超级胎面项目第一年将会有 2500 万美元的销售和管理费用(在以后年份将以通货膨胀率的速度增加)。

固特异公司的所得税税率为 40%，年通货膨胀率预计保持在 3.25%，公司使用 16% 的折现率来评价新产品决策，假设采用直线折旧，期末无残值。

案例讨论：

假设你是固特异公司的财务分析师，请运用所学的有关项目投资决策知识，对超级胎面项目进行评估并提供一份是否进行投资的建议书，同时回答以下问题：

(1) 对净营运资本进行需求分析(假设初始营运资本需求为 1100 万美元，此后的净营运资本需求为销售额的 15%)；

(2) 计算此项目的 PP 和 AAR；

(3) 计算此项目的 NPV、PI 和 IRR；

(4) 提出你对上述问题的分析思路。

第 4 章

技术项目的社会评价方法

【重点提示】
◇ 技术项目社会评价的概念和目的
◇ 技术项目社会评价的特点与内容
◇ 技术项目社会评价的程序与步骤
◇ 技术项目社会评价的各种方法
◇ 技术项目社会评价的常用指标

📖 阅读材料

厦门 PX 项目事件始末：化学科学家推动 PX 迁址

岁末的厦门再次激荡出不平静，备受关注的 PX 项目争议事件又有了新的进展。

种种迹象表明，面对几乎一致反对的声音，政府在对项目的态度上出现了松动。

12 月 8 日，福建省厦门市在网站上开通了"环评报告网络公众参与活动"的投票平台。12 月 13 日，厦门市政府开启公众参与的最重要环节——市民座谈会，市民参与踊跃。

有媒体报道，福建省日前召开了省委所有常委参加的专项会议，会议形成一致意见：决定迁建厦门 PX 项目，预选地将设在漳州市漳浦县古雷半岛。同时，厦门市委、市政府高层官员当晚已同翔鹭集团高层初步达成迁建意向。

这个消息目前尚未得到权威部门的证实。

有评论指出，这是一场民意的胜利。

喷薄而出的民众意见，阻挡了一个庞大的化工项目。回顾一年多来有关 PX 项目的激烈争论，事件之初，正是厦门大学的一名教授，以科学家的社会责任，告诉了民众什么是 PX 工程。

她就是赵玉芬，全国政协委员，中国科学院院士，厦门大学化学系教授。赵玉芬从小在台湾长大，1971 年考取美国纽约州立大学石溪分校，1975 年获化学博士学位并开始从事博士后研究工作，1979 年赵玉芬毅然回到了祖国，先后在中国科学院化学研究所及清华大学工作。

赵玉芬不是第一个知道 PX 危害的人，但她是最先站出来的人。

2006 年 11 月，赵玉芬从厦门本地的媒体上看到一则 PX 项目开工的新闻。"由于 PX 是对二甲苯化学名的缩写，当时我一下子也没有意识到，后来才清楚是对二甲苯。"

对于一个从事化学研究的专业人士来说，不留心都会忽略 PX。赵玉芬想，普通民众肯定不知道 PX 是怎样的一个项目。

赵玉芬忧心忡忡，觉得必须通过正面渠道解决问题，同时把这个情况跟同在厦门大学的其他几位科学家作了沟通。

2006 年 11 月底，赵玉芬被邀请参加厦门市部分干部的科普学习会议。由于事先被要求不要在会上提及 PX，作为到会的三位专家之一，她如坐针毡。

随后，赵玉芬、田中群、田昭武、唐崇惕、黄本立、徐洵 6 位院士联名写信给厦门市领导，从专业的角度力陈项目的弊端。

2006 年 12 月 6 日，还是这几位院士，面对面与厦门市主要领导座谈，未能取得进展。

2007 年 3 月的全国两会上，赵玉芬联合百余名全国政协委员提交了《关于厦门海沧 PX 项目迁址建议的提案》。

提案中提到，"PX 全称对二甲苯，属危险化学品和高致癌物。在厦门海沧开工建设的 PX 项目中心 5 公里半径范围内，已经有超过 10 万的居民，该项目一旦发生极端事故，或者发生危及该项目安全的自然灾害乃至战争与恐怖威胁，后果将不堪设想。"

这份 105 名全国政协委员联名的提案中，有几十所著名高校的校长以及十多名院士。

至今还不被外界知晓的是，在这次两会上，赵玉芬准备了三份风格及内容截然不同的材料。

一份是她在参加小组讨论时针对 PX 项目的发言稿，一份是提交的提案，还有一份是提供给《政协信息》的材料。三份材料虽都是针对 PX 项目，但角度各有不同，一份比一份理性。

后来被广为流传的是她的发言稿，这是一次很煽情的发言。"虽然这份发言稿上包含的数据远不如其他两份，但起到了意想不到的效果。"赵玉芬说。

"从专业的角度说，我更清楚其中的严重性。反映出来的数据和观点，都是以学术的态度进行了专业的论证，既然要想正面地解决这件事，不是光扯着嗓子喊上两句就可以的。"

即便是赵玉芬在开完两会回到厦门大学后，她和其他几位科学家还针对 PX 项目做了第二次论证。

他们检索了国内外大量的资料，分析 PX 项目中化学物品对大气和环境的影响，最后形成的报告虽然只有几页纸，却花费了他们大量的时间和精力。

在这场影响深远的 PX 项目争论中，并不是赵玉芬一个人在战斗。在她的身后，有一群可亲可敬的科学家，以他们的治学为人之道和对社会的责任，力阻 PX 项目落户厦门。

厦门大学环境科学研究中心教授袁东星是其中之一。对项目可能产生的危害性，她进行了艰难的求证，从一遍遍的模拟实验到繁琐的资料收集。

袁东星教授的一些担忧在提案中没有被具体提到的，但这绝对是一组让人震惊的数字。根据初步估算，加上翔鹭石化在厦门已经投产的 PTA（苯二甲酸）项目，一旦 PX 也开始生产，每年将有大约 600 吨的化学物质不可避免地泄漏到大气中。

"哪怕这个项目采用的是世界上最好的环保生产设备和工艺，这 600 吨的泄漏也是无法控制的，这个被称为是化工企业的跑冒滴漏现象。"

　　她说，就比如我们在家里炒菜时往锅里添加酒或者醋一样，尽管我们是往锅里添加，但鼻子却能嗅到酒或醋的味道。因为在我们添加的过程中，已有少量的酒精和醋挥发到了空气中。化工企业在生产的时候，各种流程和环节不可能避免这种泄漏。

　　对于从事环境化学研究的袁东星来说，专业领域有一个共识，那就是化学物低剂量的长期暴露是相当危险的。因为到现在为止，很少有专家或者机构对这种长时间跨度下化学物的影响及危害进行过全面深入的研究。

　　除此之外，还有化学物泄漏后与一些不确定物质结合在一起产生的协同效应和加和效应，它们带来的危害可能远远比单纯的单一化学物挥发要厉害得多。

　　"这个项目每天大约要消耗 5000 吨左右的煤，这一点对厦门空气质量的影响也不容小视。"赵玉芬告诉记者。

　　"我们并不反对 PX 项目，而是认为它应该迁址到一个合适的地方。"赵玉芬和其他科学家们在向公众传递了有关 PX 项目的信息之后，并没有停止他们的责任。

　　在经过求证和了解之后，他们向厦门市政府提出了几个迁址的建议：一个是湄洲湾，一个是州漳浦的古雷半岛。

　　湄洲湾已经是一个比较成熟的石化基地，接纳 PX 项目有可行性。漳浦的古雷半岛是一个直径为 20 公里左右的海岛，周边荒凉，岛上只有一个盐场，最适合 PX 项目。

　　由于 PX 项目每年能给厦门带来 800 亿元的 GDP，这些科学家们思考起了经济学的问题，他们建议厦门市政府通过"飞地"的形式来解决 PX 项目的争议，即政府在外买地，或者总部设在厦门，企业在漳州，项目带来的利益两地共享。

　　这一切体现了科学家们的责任，而这些责任却并不应该由他们来承担。

　　出乎意料的是，当这场持久的 PX 项目之争即将结束，民众将迎来胜利曙光之时，这些科学家们又悄然隐退。12 月 21 日，记者致电赵玉芬院士，她的助手婉拒了记者的采访请求。事实上，在 6 月 1 日之后，她再也没接受过媒体采访，而她此前在接受记者采访时频频提到的"学者的社会责任"至今还在这个年度中回响。

4.1　技术项目社会评价概述

　　社会评价是研究项目与实现国家或地方各项社会发展目标所做的贡献与影响，包括项目与当地社会环境的相互影响的一种评价方法，是优化项目建设实施方案、规避投资项目社会风险的重要工具和手段。

　　由于社会评价的复杂性，到目前为止，世界上还没有哪个国家制定了类似于经济评价、环境评价那样完整规范的社会评价方法和标准。由此，社会评价因出发点不同或关注的问题不同而存在着不同的理解。例如，社会评价在英国叫社会分析(Social Analysis)，在美国被称为社会影响评价(Social Impact Analysis)，这些与世界银行开发投资项目中推行的社会分析基本上属于一类，着重于分析评价项目对当地社会的影响；加拿大推行的社会评价包括环境质量与国防能力等方面的影响；巴西的社会评价则指项目的国家宏观经济分析；法国的社会分析方法从宏观角度分析项目的投入产出效果和社会开发效果。社会评价基础理论以及方法的研究还是一个未完成的工作。

4.1.1　社会评价的基本概念与目的

从各种社会评价方法的发展来看，社会评价方法的内容源于对社会发展过程的不断认识与理解，源于各国发展经济中克服项目带来的种种社会问题的需要。因此，各国的社会评价方法受各国社会科学理论发展、经济制度以及社会发展水平的制约，又受各国项目评价理论方法与实践经验的影响而各不相同。

一般来讲，任何一个技术投资项目的建设和运营，不仅形成一定的经济效益，还必然形成一定的社会效益和环境效益。对项目的经济效益进行考察和评价是经济评价；对项目的环境效益进行考察是环境评价；而对项目的社会效益的考察则形成社会评价。社会评价旨在系统调查和预测拟建技术项目的建设、运营产生的社会影响与社会效益，分析项目所在地区的社会环境对项目的适应性和可接受程度。通过分析项目涉及的各种社会因素，评价项目的社会可行性，提出项目与当地社会的协调关系，规避社会风险，促进项目顺利实施。

我国技术项目社会评价以各项社会政策为基础，分析评估项目为实现国家和地方的各项社会发展目标所作的贡献与影响，以及项目与社会的相互适应性和项目社会风险。这是一种系统的调查、研究与分析评估，评估项目的社会可行性。

社会发展目标一般应包括经济、政治、文化、艺术、教育、卫生、安全、国防、环境等社会各个生活领域的目标。技术项目要实现的社会发展目标主要是经济增长速度、收入公平分配、自力更生能力、劳动就业程度、科技进步及其他社会变革等。

国家和地方的各项社会发展目标的实现，有赖于各项社会政策的贯彻执行，如就业政策、公平分配政策、扶贫政策、社会福利政策和社会保障政策等。在我国，目前与项目有关的社会政策内容主要包括有关项目评估、项目选址、项目移民、项目辅助社会基础设施和对项目内部职工的社会服务及社会保障等方面的社会政策。

项目对各项社会发展目标的贡献是指由于项目的实施给社会所创造的效益。项目对社会发展目标的社会影响包括对人口、劳动形式、劳动组织、社会就业、社会政治、社会程序、社会稳定、人民生活收入和生活质量等的影响，这些影响有近期影响和远期影响，显在影响和潜在影响。

项目与社会的相互适应性分析，研究的是项目与社区人民的相互影响和相互适应问题，不仅要分析项目是否适应当地社区人民的需要与需求，项目对社区人民的文化是否可接受，同时也要分析社区对项目的适应程度。项目与当地社会的相互适应性会影响项目的社会费用和社会效益，也直接或间接地关系到实现社会发展目标所作的贡献与影响。

社会评价的主要目的是消除或尽量减少因项目实施所产生的社会负面影响，使项目的内容和设计符合项目所在地区的发展目标、当地具体情况和目标人口的具体发展需要，为项目地区的人口提供更广阔的发展机遇，提高项目实施的效果，并使项目能为项目地区的区域社会发展目标作出贡献，促进社会经济与社会的协调发展。

开展项目社会评价对国家经济社会发展有重大意义。技术项目与人民、社会的需要相适应有利于国家经济与社会发展目标的顺利实现，社会评价的应用有利于提高项目的效益水平及持续性，减轻项目对社会的不利影响，保持社会的稳定。在项目决策中重视人的因素，注重社会需要，有利于全面分析研究项目，提高项目决策及管理水平，促进人类社会的发展。

4.1.2　项目社会评价的特点

1. 重在人文分析

项目社会评价贯彻社会发展以人为中心的观点，主要研究项目与人的关系，以实现在投资项目全过程中，项目与项目有关的群体相互协调，促进项目的持续性，从而促进社会经济协调和人类社会不断进步。

2. 多层次分析

社会评价研究项目的社会效益与影响，是针对国家、地方及当地社区各个层次的社会发展目标，以各层次的社会政策为基础展开的。各层次的发展目标是根据其社会发展战略与发展任务制定的，各层次发展战略与发展任务不同，其发展目标也就有所差别。因此，项目的社会评价需要分别从国家、地方、社区三个不同层次进行分析，即社会评价有国家层次的宏观分析、针对地方发展的中观分析、针对社区发展目标的微观分析。这一点，显然不同于只进行微观分析的财务评价和进行宏观分析的经济评价。

3. 多目标

社会评价的内容涉及国家、地方、社区多个层次社会生活中各个领域的发展目标，必须分析多个社会发展目标、多个有关的社会政策效用、多种与项目有关的人的观点、心态等，属于多目标分析。

4. 难量化

项目的社会因素多种多样，比较复杂，有的可以定量计算，如就业、收入分配等，但多数社会因素不能或难于定量计算，如项目对社区文化的影响、对社会稳定安全的影响、项目的持续性等，常常不能以一定的公式进行定量计算。因此，项目社会评价宜采用定量与定性分析相结合的方法，其中，定性分析在社会评价中占有重要地位，是社会评价方法发展的趋势。

5. 注重调查分析

项目社会评价中的社会资料和社会信息都需要通过社会调查取得，社会评价人员对社会情况的把握程度直接影响甚至决定其分析判断的结果，因此，社会评价要把搞好社会调查和对调查资料的分析研究以及对存在问题进行科学分析放在重要地位，高度重视。

6. 评价指标多样性

不同行业、不同类型项目对国家各层次社会发展目标的贡献与影响有很大的差异，各个项目中的因素也千差万别。如农业、林业、水利项目，社会因素都比较复杂，影响面广，评价指标差异很大。工业项目的社会因素与农、林、水利部门的差别更大，工业内部各行业（如冶金、化工、煤炭、石油项目）的社会因素也各不相同。同一行业不同类型的项目社会因素也各异，例如，大型项目一般涉及国家各项社会发展目标的社会因素多；中型项目可能涉及省、市社会发展目标多；而小型项目其社会影响可能只涉及所在社区，并以群众参与为主要分析方法。因此，项目社会分析一般只能部分内容的指标统一，部分内容要结合该项目的特点，具体项目具体分析。

4.2 技术项目社会评价的内容

目前，我国的项目社会评价从以人为本的原则出发，基本内容可以概括为三大部分：项目为实现社会发展目标所产生的社会效益与影响评估、项目与社会的互适性分析和社会的风险分析。

4.2.1 项目的社会效益和影响评估

项目的社会效益和影响评估是指由于项目的建设与实施，对社会环境、自然与生态环境、自然资源及社会经济四方面，从国家、地区和项目三个层次进行的社会效益与影响分析。

一般地说，项目评估中对国家与地区（省、市）的分析属于项目的宏观影响分析，而项目与社区的相互影响分析属于项目的微观影响分析。

项目的社会效益和影响分析旨在分析、预测项目可能产生的正面影响（通常称为社会效益）和负面影响，具体包括下列几方面内容：

（1）项目对所在地区居民收入的影响：分析预测由于项目实施可能造成当地居民收入增加或者减少的范围、程度及原因；收入分配是否公平，是否扩大贫富收入差距，并提出促进收入公平分配的措施建议。

（2）项目对所在地居民生活水平和生活质量的影响：分析预测项目实施后居民居住水平、消费水平、消费结构、人均寿命的变化及原因。

（3）项目对所在地区居民就业的影响：分析预测项目的建设、运营对当地居民就业结构和就业机会的正面影响与负面影响。其中，正面影响是指可能增加就业机会和就业人数；负面影响是指可能减少原有就业机会及就业人数，以及由此引发的社会矛盾。

（4）项目对所在地区不同利益群体的影响：分析预测项目的建设和运营使哪些人受益或受损，以及对受损群体的补偿措施和途径。

（5）项目对所在地区弱势群体利益的影响：分析预测项目的建设和运营对当地妇女、儿童、残疾人员等的利益的正面影响或负面影响。

（6）项目对所在地区文化、教育、卫生的影响：分析预测项目建设和运营期间是否可能引起当地文化教育水平、卫生健康程度的变化及对当地人文环境的影响，提出减少不利影响的措施建议。

（7）项目对当地基础设施、社会服务容量和城市化进程等的影响：分析预测项目建设和运营期间，是否可能增加或者占用当地的基础设施（包括道路、桥梁、供电、给排水、供汽、服务网点）以及产生的影响。

（8）项目对所在地区少数民族风俗习惯和宗教的影响：分析预测项目建设和运营是否符合国家的民族和宗教政策，是否充分考虑了当地民族的风俗习惯、生活方式或者当地居民的宗教信仰，是否会引发民族矛盾、宗教纠纷，是否影响当地社会安定。

通过以上分析，对项目的社会影响作出评价，并编制项目社会影响分析表，见表 4.1。

表 4.1　项目社会影响分析表

序号	社 会 因 素	影响的范围、程度	可能出现的后果	措施建议
(1)	对居民收入的影响			
(2)	对居民生活水平与生活质量的影响			
(3)	对居民就业的影响			
(4)	对不同利益群体的影响			
(5)	对弱势群体的影响			
(6)	对地区文化、教育、卫生的影响			
(7)	对地区基础设施、社会服务容量和城市化进程的影响			
(8)	对少数民族风俗习惯和宗教的影响			

4.2.2　项目与社会的互适性分析

项目与社会的互适性分析主要分析项目与当地社会的相互适应性，同时根据项目的性质、功能、规模及重要性，分析项目与国家和地方(省、市)发展重点的适应性问题。分析的目的是双向性的，既要使项目与社会相适应，防止发生社会风险，以保证项目生存发展的持续性；同时也要使社会适应项目的生存与发展，以促进社会的发展与进步。

互适性分析主要是预测项目能否为当地的社会环境、人文条件所接纳，以及当地政府、居民支持项目存在与发展的程度，考察项目与当地社会环境的相互适应关系。具体包括：

(1)分析预测与项目直接相关的不同利益群体对项目建设和运营的态度及参与程度，选择可以促使项目成功的各利益群体的参与方式，对可能妨碍项目存在与发展的因素提出防范措施。

(2)分析预测项目所在地区的各类组织对项目建设和运营的态度，可能在哪些方面、在多大程度上对项目予以支持和配合。对需要由当地提供交通、电力、通信、供水等基础设施条件，粮食、蔬菜、肉类等生活供应条件，医疗、教育等社会福利条件的，分析当地是否能够提供，是否能够保障。

(3)分析预测项目所在地区现有技术、文化状况能否适应项目建设和发展。主要为发展地方经济、改善当地居民生产生活条件而兴建的水利项目、公路交通项目、扶贫项目，应分析当地居民的教育水平能否适应项目要求的技术条件，能否保证实现项目的既定目标。

通过项目与所在地的互适性分析，就当地社会对项目的适应性和可接受程度作出评价，并编制社会对项目的适应性和可接受程度分析表，见表 4.2。

表 4.2　社会对项目的适应性和可接受程度分析表

序号	社 会 因 素	适应程度	可能出现的问题	措施建议
(1)	不同利益群体			
(2)	当地组织机构			
(3)	当地技术文化条件			

4.2.3　项目的社会风险分析

项目的社会风险分析是对可能影响项目的各种社会因素进行识别和排序，选择影响面大、持续时间长，并容易导致较大矛盾的社会因素进行预测，分析可能出现这种风险的社会环境和条件。那些可能诱发民族矛盾、宗教矛盾的项目要注重这方面的分析，并提出防范措施。例如，进行大型水利枢纽工程的建设，就要分析项目占用地的移民安置和受损补偿问题。如果移民群众的生活得不到有效保障或生活水平大幅降低，受损补偿又不尽合理，群众抵触情绪就会滋生，从而会直接导致项目工期的推延，甚至会给项目预期社会效益的实现带来社会风险。

编制项目社会风险分析表，见表4.3。

表 4.3　项目社会风险分析表

序号	风险因素	持续时间	可能导致的后果	措施建议
(1)				
(2)				
(3)				
(4)				
(5)				

4.3　技术项目社会评价的指标体系与评价步骤

4.3.1　社会评价指标体系

项目的社会影响就内容而言可分为：对社会经济的影响、对自然资源的影响、对自然与生态环境的影响、与社会环境的相互影响，而这四类指标又分别由一系列低一层次的指标构成。例如，项目对社会经济的影响可以进一步分解为：对社会经济增长的影响、对社会收入分配的影响、对社会就业的影响等，而上述这些次级指标又可进一步分解成更低层次的一些指标。例如，对社会经济增长的影响就可通过投资效果系数、社会经济增长率等指标来反映。由于社会评价内容的多样性，因此模型指标不仅种类繁多(涉及政治、经济、社会、环境等)，而且性质各异。既有定量指标，又有定性指标；既有客观实测、预测的指标，也有主观、经验判断指标等，这在很大程度上增加了社会综合评价的困难。

设置项目社会评价指标，应能全面反映建设项目的技术经济和社会特征，并能充分体现不同类型项目的特殊特点，力求做到科学、实用和简便易行。在选择社会评价指标时，不同行业、不同类型的项目应有所差别。表4.4列出了比较普遍使用的项目社会评价指标体系，在实际运用时可视具体情况有所取舍。

表 4.4　项目社会评价指标体系

一级指标	二级指标	三级指标
1. 对社会的影响	1.1 对就业效益的影响	1.1.1 安排直接就业 1.1.2 吸收间接就业 ……
	1.2 对收入分配的影响	
	1.3 对资源节约效益的影响	
	1.4 对社区发展和城市建设的影响	1.4.1 增加社区服务设施 1.4.2 改善城市基础设施 ……
	1.5 对人民身心健康的影响	
	1.6 对社会环境的影响	
	1.7 对社区福利和社会保障的影响	
	1.8 对社区组织机构和地方管理机构的影响	
	……	
2. 项目的互适性	2.1 当地政府对项目的态度	2.1.1 地方政府财政支持 2.1.2 地方政府加强宣传力度 ……
	2.2 当地群众对项目的态度	
	2.3 当地各类组织机构对项目的态度	
	2.4 当地的基础设施支持条件	
	2.5 当地的技术支持条件	
	2.6 当地的文化教育水平	2.6.1 当地科研院所众多 2.6.2 科技人员素质较高 ……
	2.7 群众的参与积极性	
	……	
3. 项目的社会风险	3.1 对弱势群体的影响	3.1.1 对妇女的影响 3.1.2 对儿童的影响 ……
	3.2 对风俗习惯、宗教信仰、民族团结和文化多样性的影响	
	3.3 对受损群体的安置和补偿的影响	
	……	

4.3.2　项目社会评价的程序与步骤

对于大中型技术建设项目,在可行性研究阶段进行全面的社会评价时,必须遵循基本工作程序,具体可分为以下 9 个工作步骤:

（1）筹备与计划。项目社会评价应由独立的、经国家批准的、有资格的咨询评估单位来承担，在项目评估机构的统一领导下组成社会评估小组，熟悉项目的基本情况，落实调研地点和内容，制定工作计划，做好分析评估的准备工作。

（2）确定项目的目标和评价范围。根据项目投资的任务和功能，运用逻辑框架法，分析研究项目的内外关系，明确项目的评价目标，分析研究评价范围，包括项目直接影响的空间范围和时间范围。空间范围是指项目所在的社区、县、市或更广泛的地域；时间范围是指项目的寿命期及影响年限。

（3）选择评价指标。根据国家（地方）的社会发展目标与社会政策，结合项目的功能、产出等具体情况，确定项目可能产生的效益与影响，项目与社会相互适应的各种因素，选择适当的定量与定性评价指标。

（4）调查预测，确定评价基准。项目社会评价首先要进行详细深入的社会调查，预测项目寿命期（或影响年限）内的社会变化，以此来作为分析评价的基本资料。其主要内容包括项目建设实施前的基准线确定情况，预测项目所在地社区的基本社会经济情况等，调查了解项目所在地区的社会环境等方面的资料。调查的内容包括：项目所在地区的人口统计资料、基础设施与服务设施状况，当地的风俗习惯、人际关系，各利益群体对项目的反应、要求与接受程度，各利益群体参与项目活动的可能性，可能参与的形式、时间，妇女在参与项目活动方面有无特殊情况等。社会调查可采用多种调查方法，如查阅历史文献、统计资料，问卷调查，现场访问、观察，开座谈会等。

分析社会调查获得的资料，并对项目涉及的各种社会因素进行分类，一般可以分成三类：影响人类生活和行为的因素；影响社会环境变迁的因素；影响社会稳定与发展的因素。从中识别与选择影响项目实施和项目成功的主要社会因素，作为社会评价的重点和论证比选方案的内容之一。

（5）制定备选方案。根据项目确定的目标，对项目的建设地点、厂址选择、资源、工艺技术等方面提出若干可供选择的备选方案。

（6）社会分析评价。依据调查预测资料，对每个备选方案进行定量和定性的分析评价。首先，计算各项社会效益与影响的定量指标，运用"有无对比法"评估其优劣；其次，对项目与社会相互适应性的因素进行定性分析；再次，分析判断各项定量与定性指标对项目实施与社会发展目标的重要程度，确定效益指标与影响因素的权重和排序；最后，采用多目标综合分析评价法对各备选方案进行社会综合分析评价。

（7）论证比选最优方案。对项目可行性研究拟定的建设地点、技术方案和工程方案中涉及的社会因素进行定性、定量分析，比选，推荐社会正面影响大、负面影响小的方案。对各备选方案的综合评价结果，重点抓住关键指标进行对比分析，选出最优方案，并结合项目的财务和经济评估结果，选出财务、经济和社会效益均好，不利影响最小，受损群众最少，社会补偿措施费用最低和社会风险最小的方案为最优方案。如果各项要求产生矛盾，则须通过方案调整，对不利因素和社会风险采取补救措施和解决办法，并将估算的各项费用计入项目总投资中。

（8）进行专家论证。按照项目的不同情况与要求，分别召开不同类型、专题和规模的专家论证会，选出最优方案进行论证，并根据专家论证意见，对优选方案进行修改、调整与完善。

（9）评价总结，编写《项目社会评价报告》。针对上述调查、预测、分析、优选方案的过程，分析、论证中的重要问题与有争议的问题、尚未解决的遗留问题，以及防止社会风险的措施与费用等情况，写出书面报告，提出项目社会评价的优劣和项目在社会上是否可行的结论与建议，编写《项目社会评价报告》，作为项目可行性研究评价报告的重要组成部分，上报主管部门、审批单位或委托单位。

4.4　技术项目的社会评价方法

一般来讲，用数据说话比较客观、科学，可比性强。项目的社会因素多而复杂，有的社会因素可以采用一定的计算公式定量计算，如就业效益、收入分配效益等。但多数因素是无形的，甚至是潜在的，对这些因素都进行定量的计算难度很大，如人们对项目的态度，项目对生态环境的影响，项目对人素质提高的影响等。正是由于这个原因，各国项目社会评价的方法有很大差别，我国吸收各国社会评价的经验，提出采用定量分析与定性分析相结合、参数评价与经验判断相结合的方法。项目涉及的社会因素、社会影响和社会风险不可能用统一的指标、量纲进行评价，因此社会评价应根据项目的具体情况采用灵活的评价方法。

定量分析一般有统一量纲、一定的计算公式与判别标准（参数），通过数量演算反映评价结果。定性分析方法基本上采用文字描述来说明事物的性质，但定性分析与定量分析的区分也不是绝对的。定性分析在需要与可能的情况下，应尽量采用直接或间接的数据，以便更准确地说明问题的性质或结论。如分析项目对地区文化水平的影响，可以采用有无项目对比当地中小学生入学率，人均拥有大学毕业生的数目加以说明。进行定性分析时要制定定性分析的核查提纲，以利于调查与分析的深入进行，在衡量影响重要程度的基础上，对各种指标进行权重的排序，以便于进行综合评价。

4.4.1　确定评估的基准线调查法

基准线是指对拟建项目开工前的社会经济状况及其在项目计算期内可能变化的情况加以预测调查、估计和确定。基准线用以核实项目实施前预期的目的、投资、效益和风险，查清项目拟建地区的人文、自然资源和社会环境现状，预测有无项目时对项目所在地区可能带来的效益和影响，作为项目实施后各阶段社会评估的对比基准。

4.4.2　有无对比分析法

有无对比分析法是指有项目情况与无项目情况的对比分析，这是社会评价中经常采用的分析评价方法。社会评价通过有无对比分析可以确定拟建项目引起的社会变化，预测各种效益和影响的性质、范围和程度。在社会评价中，无项目情况就是指没有拟建项目的情况下研究区域的社会情况；有项目情况就是考虑拟建项目建设运营中对社会产生各种社会经济变化后的社会经济状况。有项目情况减去同一时刻的无项目情况，就是由项目建设引起的社会影响。例如，某一农业项目在没有项目情况时只有纯种植业一种经营活动，如果该农业项目的重点是为了开发林果业，那么，项目区内的农业经营将由原来一种种植业经营活动变为既有种植业又有农林复合经营活动。如果采取有无对比分析方法，可以分析这种经营方式发生变化所产生的效益对农村社会变化的影响。如果在某一项目区内拟安排农业加工项目，也可以采取这种方法分析有无项目时农业劳动力就业结构发生变化所产生的影响。这种分析方法可以采取一系列评价方法进行对比分析，然后通过一定的统计分析方法得出令人满意的结果。这种评价可以丰富项目评价的内容，同时为类似的项目提供一定的评价标准。

如果很难确定拟建项目本身的作用，则可确定一个与项目所在地区条件基本相同，又无其他项目建设的区域作为参比中的"无项目区"来进行行有无对比，有无对比分析可采用表4.5 所示的分析模式进行综合分析。

表 4.5   有无对比综合分析模式

效益 ＼ 项目	有项目	无项目	差别	分析
财务效益				
经济效益				
经济影响				
环境影响				
社会影响				
综合结果				

4.4.3 逻辑框架分析法

逻辑框架分析是一种计划方法。所谓逻辑关系，简单说就是有什么原因就产生什么结果。该方法用逻辑关系分析项目的一系列相关变化过程，从而明确项目的目标及其相关联的假设条件(或先决条件)，以改善项目的设计方案。

逻辑框架分析法一般可以用矩阵模式(见表 4.6)表示。

表 4.6   逻辑框架分析法的矩阵模式

预期目标	验证指标	验证方法	假设条件
宏观目标	达到目标的测定	信息来源、采用方法	目的-目标的条件
目的	项目的最终状况	信息来源、采用方法	产出-目的的条件
产出	计划产出、完工期具体范围	信息来源、采用方法	投入-产出的条件
投入	投入/预算、资源必要成本、性质、水平和开工期	信息来源	项目的原始条件

表 4.6 的矩阵图表示了逻辑框架分析法的结构模式，它由 4×4 的模式组成。在垂直方向各横行代表项目目标层次，它按照因果关系，自下而上地列出项目的投入、产出、目的和宏观目标等四个层次，包括达到这些目标所需的验证方法与指标，说明目标层次之间的因果关系和重要的假定条件与前提；在水平方向各竖行代表如何验证这些不同层次的目

标是否达到,自左到右列出各目标层次的预期目标和实际达到的考核验证指标、信息资源的验证方法,以及相关的重要外部假设条件。

其中,宏观目标指项目实施后在最高层次的结果,一般指项目的国家或省级目标,即从宏观层次考虑的项目的目标。如有数量要求,在指标框内填上增加国民收入等的数量要求。目的指项目的活动和投入的资源可达到的一种结果,指建设本项目的直接目的。产出指项目通过管理产生的具体结果,也就是项目产出的具体范围。投入(活动)指项目如何进行项目活动。在验证指标栏中填入投资预算数额,可获得程度或项目的活动内容。指标指界定达到目标的程度。验证方法指明确用什么方法检查考核项目达到的目标,一般应包括收集考核资料所需要的信息渠道。假设条件主要指项目需要的外部条件,即假设解决了所需的外部条件,则可达到什么结果。

整个逻辑框架分析的结构逻辑关系是由下到上的,就是从一个项目的投入(活动)在什么条件下能产生什么,有了这些产出,在什么外部假设条件下又可以达到项目的直接目的,而达到了这个目的后又在什么客观假设的必要或充分条件下最终达到项目的预期宏观社会经济目标。逻辑框架法可用来总结项目的投入、产出、目的和目标诸多因素,分析项目实施运行过程中各方面的因果关系,评估项目发展方向,对项目进行全面的分析评价。

4.4.4 综合分析评价法

1. 矩阵分析总结法

矩阵分析总结法是将社会评价的各项定量与定性分析指标按权重排列顺序,列于项目社会评估综合表(见表 4.7)中;然后由评估者对此表所列的各项指标进行分析,阐明每个指标的评估结果及其对项目的社会可行性的影响程度,将一般可行而且影响小的指标逐步排除,着重分析和考察影响大和存在风险的问题和指标,充分权衡其利弊得失,并说明补偿措施和费用情况;最后进行分析和归纳,指出对项目社会可行性具有关键作用和影响的决定性因素,从而得出对项目社会可行性做出的总结评价,并指出项目从社会因素方面考虑是否可行。

表 4.7 项目社会评估综合表

序号	社会评估指标 (定量与定性指标)	分析评估结果	简要说明(包括措施、补偿及费用)
1			
2			
3			
4			
5			
...	...	...	...
	总结评估		

2. 多目标分析综合评估法

多目标分析综合评估法可采用德尔菲法、层次分析法和多层次模糊综合评价法等具体方法,可由评估人员根据项目定量与定性分析指标的复杂程度和评估要求进行选择。评估程序一般是组织若干专家,根据国家和部门(地区)有关社会发展的政策目标,结合具体情况,对各分项指标进行评分,确定每个指标在项目评估中的重要程度,给予相应的权重,最后按加权平均法(或期望值法)计算出项目的综合社会效益。

在多目标综合分析评价中,项目的有利影响可视为效益,不利影响作为负效益。社会适应性分析部分的定性指标,如对社区居民收入的分配是否公平,参与、组织机构分析结论如何等等,也可根据分析结论适当按权重评分。但这种项目与社区的互适性分析,其目的是研究如何采取措施使项目与社会相互适应,以取得较好的投资效果。所以,综合分析评价得出项目社会评价的总分后,在方案比较中,除了要看总分高低,还要看各方案措施实施的难易程度和所需费用的高低以及风险的大小情况,才能得出各方案社会可行性的优劣。有些项目可能因某些方案社会风险大或受损群众数量较大,又难以减轻某项重大的不利影响而决定改变方案。因此,对于项目社会评价来说,多目标分析综合评价方法得出的结果,往往只能作为一种分析总结的参考数据,不能据此决策。

3. 专家评分法

专家评分法是出现较早且应用较广的一种评价方法,是在定量、定性分析的基础上以打分等方式做出的定量评价,其结果具有数理统计特征。它首先根据评价对象的具体要求选定若干个评价项目,再根据评价项目制订出评价标准,聘请若干代表性专家凭借自己的经验按此评价标准给出各项目的评价分值,然后对其进行综合分析。

1)专家评分法的特点

专家评分法的最大特点是在缺乏足够统计数据和原始资料的情况下,可以做出定量估价,并得到文献上还来不及反映的信息,特别是当方案的价值在很大程度上取决于政策和人的主观因素而不是主要取决于技术性能时,专家评分法较其他方法更为适宜。专家评分法具有简单、直观性强的特点,但理论性、系统性不够,一般难以保证评价结果的客观性和准确性。

2)专家评分法的计算方法

(1)加法评价型:将评价各指标项目所得的分值加法求和,按总分来表示评价结果。此法用于指标间关系简单者,公式如下:

$$W = \sum_{i=1}^{n} W_i$$

式中,W 表示评价对象总分值,W_i 表示第 i 项指标得分值,n 表示指标项数。

该法有两种方式:连加评分法和分计加法评价法,如表 4.8、表 4.9 所示。

表 4.8 连 加 评 分 法

评价项目	评 价 分 数				
	标准分数	可行方案得分			
		I	II	III	IV
A	40	40	35	30	40
B	30	25	30	30	30
C	20	15	15	10	15
D	10	5	10	5	10
总分	100	85	90	75	95

表 4.9 分计加法评价法

评级项目	评价等级	评 价 分 数				
		标准分数	可行方案得分			
			Ⅰ	Ⅱ	Ⅲ	Ⅳ
A	(1)级	40	40		40	40
	(2)级	30		30		
	(3)级	20				
	(4)级	10				
B	(1)级	30		30		30
	(2)级	20	20		20	
	(3)级	10				
C	(1)级	20	20	20		
	(2)级	15				15
	(3)级	10			10	
D	(1)级	10		10		10
	(2)级	5	5		5	
总分		100~15	85	90	75	95

(2) 连积评价型：将各个项目的分值连乘，并按其乘积大小来表现评价结果。这种方法的灵敏度很高，被评价对象各指标间的关系特别密切，其中一项的分数连带影响到其他各项的总结果，即具有某项指标不合格就对整体起否定作用的特点。公式如下：

$$W = \prod_{i=1}^{n} W_i$$

(3) 和数相乘评价型：将评价对象的评价指标分成若干组，先计算出各组评分值之和，然后再将各组评分值连乘，所得即是总的评分。这是考虑到各因素之间的关系密切程度不同和相互影响方式不同来确定的。公式如下：

$$W = \prod_{i=1}^{m} \sum_{j=1}^{n} W_{ij}$$

式中，W_{ij} 表示评价对象中第 i 组第 j 项指标值，m 表示评价对象的组数，n 表示 i 组中含有的指标项数。

表 4.10 为和数相乘评价表。

(4) 加权评价型：将评价对象中的各项指标项目依照评价指标的重要程度，给予不同的权重，即对各因素的重要程度做区别对待。公式如下：

$$W = \sum_{i=1}^{n} A_i W_i$$

式中，A_i 表示第 i 指标项的权值，且 $\sum_{i=1}^{n} A_i = 1 (0 < A_i \leqslant 1)$。

表 4.10　和数相乘评价表

评级项目	评价等级	标准分数	可行方案得分			
			I	II	III	IV
A	(1)级	3	3		3	3
	(2)级	2		2		
	(3)级	1				
B	(1)级	3		3		3
	(2)级	2	2		2	
	(3)级	1				
C	(1)级	3	3	3		
	(2)级	2				2
	(3)级	1			1	
D	(1)级	3				3
	(2)级	2		2		
	(3)级	1			1	
连乘合计	最高81分，最低1分					

（5）功效系数法：这是化多目标为单目标的方法，由评价者对不同的评价指标分别给予不同的功效系数，则总功效系数 $d = \sqrt[n]{d_1 d_2 d_3 \cdots d_n}$。其中，$d_j = 1$ 表示第 j 个目标效果最好；$d_j = 0$ 表示第 j 个目标效果最差；$0 \leqslant d_j \leqslant 0.3$ 是不可接受的范围；$0.3 < d_j \leqslant 0.4$ 是边缘范围；$0.4 < d_j \leqslant 0.7$ 是次优范围；$0.7 < d_j \leqslant 1$ 是最优范围。

4. 多层次灰色评价法

客观世界中常常遇到信息不完全的系统，如参数信息不完全、结构信息不完全、关系信息不完全等等，这种信息部分明确、部分不明确的系统为灰色系统。项目的社会评价分析大多是多目标决策问题，下面主要介绍多层次灰色评价法。

根据层次分析原理，一个三层评价指标体系按最高层（目标 W）、中间层（一级指标 F_i，$i = 1, 2, \cdots, m$）和最低层（二级指标 F_{ij}，$i = 1, 2, \cdots, m$；$j = 1, 2, \cdots, n_i$）的形式排列。设被评者序号为 $s(s = 1, 2, \cdots, q)$；F 代表一级指标 F_i 的集合，记为 $F = \{F_1, F_2, \cdots, F_m\}$；$F_i$ 代表二级指标 F_{ij} 的集合，记为 $F_i = \{F_{ij}\}$。

多层次灰色评价法的具体步骤如下：

（1）制定评价指标 F_{ij} 的评分等级标准。通过制定评价指标评分等级标准，并赋予一定分值，将定性指标 F_{ij} 转化成定量指标。

（2）确定评价指标 F_i 的权重。可用层次分析法等方法确定指标 F_i 和 F_{ij} 的权重。

（3）组织评价者评分并建立评价样本矩阵。设评价者序号为 $k(k = 1, 2, \cdots, p)$，请评价者对第 s 个被评者按指标 F_{ij} 评分等级标准打分，并填写评价者评分表。根据第 k 个评价

者的评分 $d_{ijk}^{(s)}$ ，求得其评价样本矩阵 $\boldsymbol{D}^{(s)}$ 。

$$\boldsymbol{D}^{(s)} = (d_{ijk}^{(s)})_{(n_1 + n_2 + \cdots + n_m) \times p} \quad (i = 1, 2, \cdots, m; \ j = 1, 2, \cdots, n_i; \ k = 1, 2, \cdots, p)$$

（4）确定评价灰类。设评价灰类序号为 $e(e = 1, 2, \cdots, g)$ ，若将评价灰类取为"高"、"中"、"低"三级，则 $g = 3$ 。其中，第 1 灰类为"高" $(e = 1)$ ，灰数 $\otimes_1 \in [d_1, \infty]$ ，白化权函数为 f_1 ；第 2 灰类为"中" $(e = 2)$ ，灰数 $\otimes_2 \in [0, d_2, 2d_2]$ ，白化权函数为 f_2 ；第 3 灰类为"低" $(e = 3)$ ，灰数 $\otimes_3 \in [0, d_3, 2d_3]$ ，白化权函数为 f_3 。

（5）计算灰色评价系数。对指标 F_{ij} ，第 s 个被评者属于第 e 个评价灰类的灰色评价系数 $x_{ije}^{(s)} = \sum\limits_{k=1}^{p} f_e(d_{ijk}^{(s)})$ ，第 s 个被评者属于各个评价灰类的总灰色评价系数 $x_{ij}^{(s)} = \sum\limits_{e=1}^{g} x_{ije}^{(s)}$ 。

（6）计算灰色评价权向量及权矩阵。评价者就指标 F_{ij} 对第 s 个被评者主张第 e 个灰类的灰色评价权 $r_{ije}^{(s)} = \dfrac{x_{ije}^{(s)}}{x_{ij}^{(s)}}$ ，第 s 个被评者的评价指标 F_{ij} 对于各灰类的灰色评价权向量 $\boldsymbol{r}_{ij}^{(s)} = (r_{ij1}^{(s)}, r_{ij2}^{(s)}, \cdots, r_{ijg}^{(s)})$ ，将第 s 个被评者的 F_{ij} 对于各评价灰类的灰色评价权向量综合后，得到第 s 个被评者的 F_{ij} 对于各评价灰类的灰色评价权矩阵 $\boldsymbol{R}_i^{(s)}$ 。

（7）对 F_i 作综合评价。对第 s 个被评者的 F_i 作综合评价的结果如下：

$$\boldsymbol{B}_i^{(s)} = \boldsymbol{A}_i \cdot \boldsymbol{R}_i^{(s)} = (b_{i1}^{(s)}, b_{i2}^{(s)}, \cdots, b_{ig}^{(s)})$$

式中，A_i 代表初始评价集合。

（8）对 F 作综合评价。由 $\boldsymbol{B}_i^{(s)}$ 得第 s 个被评者的 F 所属指标 F_i 对于各评价灰类的灰色评价权矩阵 $\boldsymbol{R}^{(s)}$ ，对第 s 个被评者的 F 作综合评价的结果记为 $\boldsymbol{B}^{(s)}$ ，则有

$$\boldsymbol{B}^{(s)} = \boldsymbol{A} \cdot \boldsymbol{R}^{(s)} = (b_1^{(s)}, b_2^{(s)}, \cdots, b_g^{(s)})$$

（9）计算综合评价值并排序。若按取最大原则确定被评者所属灰类等级，有时会因丢失信息太多而失效，尤其是 $\boldsymbol{B}^{(s)}$ 不能直接用于被评者间的排序选优。应使 $\boldsymbol{B}^{(s)}$ 单值化，计算第 s 个被评者的综合评价值 $W^{(s)}$ 。

设将各灰类等级按"灰水平"赋值，则各评价灰类等级值化向量 $\boldsymbol{C} = (d_1, d_2, \cdots, d_g)$ ，求出综合评价值 $\boldsymbol{W}^{(s)} = \boldsymbol{B}^{(s)} \cdot \boldsymbol{C}^{\mathrm{T}}$ ，则可根据 $W^{(s)}$ 的大小对 q 个被评者排出优劣次序。

5. 数据包络分析法

数据包络分析法（Date Envelopment Analysis，DEA）是由美国著名运筹学家 A. Charnes 和 W. W. Cooper 发展起来的，它以"相对效率"概念为基础，根据多指标投入和多指标产出对相同类型的单位或部门进行相对有效性或效益评价的一种新的系统分析方法。它应用数学规划模型计算比较决策单元之间的相对效率，对评价对象提出评价。DEA 方法发展到现在不仅可解决多输入、单输出问题，还能够解决多输入、多输出问题。通过对输入、输出信息的综合分析，得到每个方案综合效率的数量指标，据此排队确定有效方案，并可同时指出其他方案非有效的原因和程度。

其基本原理如下：在社会、经济和管理领域中，常常需要对相同类型的部门、企业或者同一单元不同时期的相对效率进行评价，这些部门、企业或时期称为决策单元（Decision Making Units，DMU）。评价的依据是决策单元中一组投入指标数据和一组产出指标数据。投入指标是决策单元在社会、经济和管理中投入的经济量；产出指标是决策单元在某种投

人要素组合下，表明经济活动产出成效的经济量。指标数据是实际观测结果。设某个 DMU 在某一项生产活动中的输入向量为 $\boldsymbol{x}=(x_1, x_2, \cdots, x_j)$，输出向量为 $\boldsymbol{y}=(y_1, y_2, \cdots, y_j)$。现设有 n 个 $\mathrm{DMU}_j(1\leqslant j\leqslant n)$，$\mathrm{DMU}_j$ 对应的输入、输出向量分别为

$$\boldsymbol{x}_j=(x_{1j}, x_{2j}, \cdots, x_{mj})^{\mathrm{T}} \qquad j=1, 2, \cdots, n$$

$$\boldsymbol{y}_j=(y_{1j}, y_{2j}, \cdots, y_{sj})^{\mathrm{T}} \qquad j=1, 2, \cdots, n$$

而且 $x_{ij}>0$，$y_{rj}>0$，$i=1, 2, \cdots, m$；$r=1, 2, \cdots, s$，即每个决策单元有 m 种类型的输入以及 s 种类型的输出。x_{ij} 为第 j 个决策单元对第 i 种类型输入的投入量，y_{rj} 为第 j 个决策单元对第 r 种类型输入的产出量，x_{ij} 和 y_{rj} 为已知的数据，可以根据历史资料得到，也可以是实际观测到的数据。

由于在生产过程中各输入和输出之间的地位与作用不同，因此要对 DMU 进行评价，需对各输入和输出进行综合，即把它们看做只有一个总体输入和一个总体输出的生产过程，这样就需要赋予每个输入、输出恰当的权重。在一般情况下对输入、输出量之间的信息结构了解较少，或者它们之间的相互代替性比较复杂，为了避免分析者主观意志的影响，可以不先给定输入、输出权向量，而是把它们看做变量，$\boldsymbol{v}=(v_1, v_2, \cdots, v_m)^{\mathrm{T}}$，$\boldsymbol{u}=(u_1, u_2, \cdots, u_s)^{\mathrm{T}}$，在这里，$v_i$ 为第 i 种类型的一种度量（权），u_r 为第 r 种类型输出的一种度量（权）。每个决策单元 DMU_j 都有相应的效率评价指数：

$$h_j=\frac{\sum_{r=1}^{s} u_r y_{rj}}{\sum_{i=1}^{m} v_i x_{ij}} \qquad j=1, 2, \cdots, n$$

可以适当地选取权系数 $\boldsymbol{v}$ 及 $\boldsymbol{u}$，使其满足 $h_j\leqslant 1(j=1, 2, \cdots, n)$。现在对第 $j_0(1\leqslant j_0\leqslant n)$ 个决策单元进行效果评价，以权系数 $\boldsymbol{v}$ 和 $\boldsymbol{u}$ 为变量，以第 j_0 个决策单元的效率指标为目标，以所有决策单元的效率指数 $h_j\leqslant 1(j=1, 2, \cdots, n)$ 为约束，构成以下最优化模型：

$$(\mathrm{C}^2\mathrm{R})\begin{cases}\max \dfrac{\sum_{r=1}^{s} u_r y_{rj_0}}{\sum_{i=1}^{m} v_i x_{ij_0}} \\[4mm] \mathrm{s.\,t.} \ \dfrac{\sum_{r=1}^{s} u_r y_{rj}}{\sum_{i=1}^{m} v_i x_{ij}}\leqslant 1 \qquad j=1, 2, \cdots, n \\[4mm] \boldsymbol{v}=(v_1, v_2, \cdots, v_m)^{\mathrm{T}}\geqslant \boldsymbol{0} \\[2mm] \boldsymbol{u}=(u_1, u_2, \cdots, u_s)^{\mathrm{T}}\geqslant \boldsymbol{0}\end{cases}$$

当对第 j_0 个部门进行相对有效性评价时，有如下最优化模型：

$$(\overline{\mathrm{P}})\begin{cases}\max h_0=\dfrac{\boldsymbol{u}^{\mathrm{T}} \boldsymbol{y}_0}{\boldsymbol{v}^{\mathrm{T}} \boldsymbol{x}_0} \\[3mm] \mathrm{s.\,t.} \ h_j=\dfrac{\boldsymbol{u}^{\mathrm{T}} \boldsymbol{y}_j}{\boldsymbol{v}^{\mathrm{T}} \boldsymbol{x}_j}\leqslant 1 \qquad j=1, 2, \cdots, n \\[3mm] \boldsymbol{v},\ \boldsymbol{u}\geqslant \boldsymbol{0}\end{cases}$$

式中，h_0 即表示 h_{j_0}（其他类同），其含义为第 j_0 个部门的效果评价指数，利用 Charnes -
Cooper 变换，可以将上式转化为一个等价的线性规划问题：

$$(\overline{P})\begin{cases} \max \ \boldsymbol{\mu}^{T}\boldsymbol{y}_0 \\ \text{s. t. } \ \boldsymbol{\omega}^{T}\boldsymbol{x}_j - \boldsymbol{\mu}^{T}\boldsymbol{y}_j \geqslant \boldsymbol{0} \\ \boldsymbol{\omega}^{T}\boldsymbol{x}_0 = 1 \\ \boldsymbol{\omega}, \ \boldsymbol{\mu} \geqslant \boldsymbol{0} \end{cases}$$

关于评价决策单元 DMU_j 是否 DEA 有效，有如下定义：

若线性规划 $(\overline{P})$ 的最优解中存在 $\boldsymbol{\omega}_0 > \boldsymbol{0}$，$\boldsymbol{\mu}_0 > \boldsymbol{0}$，并且目标值 $\boldsymbol{\mu}^{T}\boldsymbol{y}_0 = 1$，则称 DMU_j 为
DEA 有效。

由以上分析可知，在应用 DEA 进行有效性测度时，如果决策单元评价值为 1 就有效，
否则即为无效。但是，无效的 DMU 之间的优劣性无法简单地从评价值的大小进行排序对
比分析，为了克服以上缺陷，对使用 DEA 方法进行有效性测度提出改进：在对所有 DMU
进行第一次评价后，提出有效的 DMU，对其余无效的 DMU 进行第二次评价，如此重复进
行，当所剩余的 DMU 均无效或有效时停止。其中，第一次评价值为 1 的 DMU 为第 1 级有
效，第二次评价值为 1 的 DMU 为第 2 级有效，其余依此类推，就可以得到 DEA 分级的有
效评价结果。

6. 层次分析法

层次分析法即解析递解过程（Analytical Hiervarchy Process，AHP），是美国运筹学家
T. L. Satty 教授在 20 世纪 70 年代提出的一种实用的多准则决策方法，用于解决多因素复
杂系统，特别是难以定量描述的社会系统。运用 AHP 决策，决策者可以将定性分析和定
量分析相结合，把复杂对象的决策思维过程系统化、模型化、数学化。它既可用于多目标、
多准则问题的决策，也可用于复杂结构、甚至没有明显结构问题的决策。

用层次分析法作系统分析，首先要把问题层次化，根据问题的性质和要达到的总目
标，将问题分解为不同的组成因素，并按照因素间的相互关联影响以及隶属关系将因素按
不同层次聚集组合，形成一个多层次的分析结构模型，最终把系统分析归结为最低层（供
决策的方案、措施等）相对于最高层（总目标）的相对重要性权值的确定和相对优劣次序的
排序问题。AHP 的结构如图 4.1 所示。

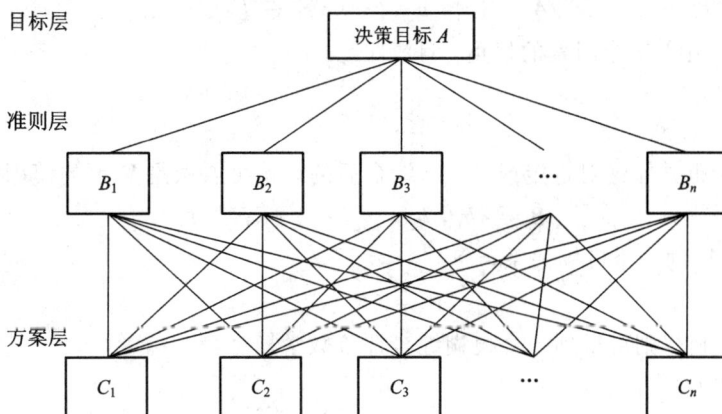

图 4.1　AHP 结构图

　　在排序计算中，每一层次的因素相对上一层次某一因素的单排序问题又可简化为一系列成对因素的判断比较。为了将比较判断定量化，层次分析法引入 1～9 比率标度方法，并写成矩阵形式，即构成判断矩阵。形成判断矩阵后，即可通过计算判断矩阵的最大特征根及其对应的特征向量，计算出某一层次元素相对于上一层次某一个元素的相对重要性权值。在计算出某一层次相对于上一层次各个因素的单排序权值后，用上一层次因素本身的权值加权综合，即可计算出某层因素相对于上一层整个层次的相对重要性权值，即层次总排序权值。这样，依次由上而下即可计算出最低层因素相对于最高层的相对重要性权值或相对优劣次序的排序值。

7. 模糊综合评价法

　　模糊综合评价的基本思想是利用模糊线性变换原理和最大隶属度原则，考虑与被评价事物相关的各个因素，对其作出合理的综合评价。由于对项目的技术评价和社会评价指标的好、坏、优、劣的判断往往带有一定的模糊性，为了对这种模糊性进行定量的分析，可以采用模糊综合评价对项目进行社会评价，得到比较客观的评价结论，有利于技术投资项目决策。

　　模糊综合评价包括单因素评价和多层次模糊综合评判。

　　1）单因素评价

　　项目社会评价中的数量指标，是由国家根据各行业的具体情况确定各等级的标准，即由国家或有关主管部门，根据国家社会经济发展政策和目标，结合各行业的特点，根据各项评价指标的具体性质和统计资料确定指标的各个等级模糊分布函数，这样就可以对指标进行单因素模糊评价。

　　设有两个论域

$$U = \{u_1, u_2, \cdots, u_n\}$$
$$V = \{v_1, v_2, \cdots, v_m\}$$

式中，U 代表综合评价的多种因素组成的集合，称为因素集；V 为多种判断构成的集合，称为评价集或评语集。

　　一般地，因素集中各因素对被评价事物的影响是不一致的，所以因素的权重分配是 U 上的一个模糊向量，记为

$$A = \{a_1, a_2, \cdots, a_n\} \in F(U)$$

式中，a_i 表示 U 中第 i 个因素的权重，且满足

$$\sum_{i=1}^{n} a_i = 1$$

此外，m 个评价也并非绝对肯定或否定，综合后的评价可看做是 V 上的模糊集，记为

$$B = \{b_1, b_2, \cdots, b_m\} \in F(V)$$

设 R 是从 U 到 V 的一个模糊关系，令

$$R = (R_{ij})_{n \times m}$$

R 是一个模糊矩阵，则可得到一个模糊综合评价数学模型：

　　（1）因素集 $U = \{u_1, u_2, \cdots, u_n\}$

　　（2）评价集 $V = \{v_1, v_2, \cdots, v_m\}$

（3）构建模糊变换 $T_R : F(U) \rightarrow F(V)$

这样，由 $(U, V, \boldsymbol{R})$ 三元体构成一个模糊综合评价数学模型，此时输入一个权重分配

$$\boldsymbol{A} = \{a_1, a_2, \cdots, a_n\} \in F(U)$$

就可以得到一个综合评价

$$\boldsymbol{B} = \{b_1, b_2, \cdots, b_m\} \in F(V)$$

即

$$(b_1, b_2, \cdots, b_m) = (a_1, a_2, \cdots, a_n) \circ \begin{Bmatrix} r_{11} & r_{12} & \cdots & r_{1m} \\ r_{21} & r_{22} & \cdots & r_{2m} \\ \vdots & \vdots & & \vdots \\ r_{n1} & r_{n2} & \cdots & r_{mn} \end{Bmatrix}$$

其中：

$$b_j = \bigvee_{i=1}^{n} (a_i \wedge r_{ij}) \quad j = 1, 2, \cdots, m$$

如果

$$b_k = \max(b_1, b_2, \cdots, b_m)$$

则综合评价结果为对该事物作出决断 b_k。

2）多层次模糊综合评价

由于每一评价因素是由第一层次的若干因素决定的，因此每一因素的单因素评价是以第一层次的多因素综合评判的。这样，根据社会评价的层次指标结构和多级模糊综合评价模型公式，由低到高逐层确定权重并进行该级综合评价，将其结果构造出高层次的模糊矩阵，进行高层次的综合评价，最终得出总的评价结果。

将评价因素组成因素集 U，并将 U 分成若干组 $U = \bigcup U_i (U_i \bigcap U_j = \varnothing, i \neq j)$，则子因素集 $U_i = \{u_{i1}, u_{i2}, \cdots, u_{in}\}$。各个子集包含的因素个数各不相同，于是有

$$U = \{u_{11}, u_{12}, \cdots, u_{1n_1}; u_{21}, \cdots, u_{2n_2}; \cdots; u_{p1}, \cdots, u_{pn_p}\}$$

再令

$$\overline{U} = \{u_1, u_2, \cdots, u_n\}$$

称 $\overline{U}$ 为第二层因素元素集，u_i 为第一层因素集 U 的子集。设评价集 $V = \{v_1, v_2, \cdots, v_m\}$，对 $U_i = \{u_{i1}, u_{i2}, \cdots, u_{in}\}$ 中诸因素分别进行单因素评价，确定隶属度函数，得出隶属度，建立模糊映射：

$$\widetilde{f}_i : U_i \rightarrow F(V)$$

$$\widetilde{f}_i(u_{ik}) : (r_{k1}^{(i)}, r_{k2}^{(i)}, \cdots, r_{km}^{(i)}) \in F(V)$$

得到模糊评价矩阵 $\boldsymbol{R}_i$。以 $(U_i, V, \boldsymbol{R}_i)$ 为原始模型，U_i 中给出诸因素的权重分配：

$$\boldsymbol{W}_i = \{w_{i1}, w_{i2}, \cdots, w_{in}\}$$

各因素的权重之和为 1，即可以求得综合评价结果：

$$\boldsymbol{S}_i = \boldsymbol{W}_i \circ \boldsymbol{R}_i \in F(V) \qquad i = 1, 2, \cdots, n$$

归一化 S_i 为 S_i'。

再考虑二层因素集 $\overline{U} = \{u_1, u_2, \cdots, u_n\}$，以 $\boldsymbol{S}_i'$ 作为因素 U_i 的单因素评价，建立模糊映射：

$$\widetilde{f}_i : U_i \rightarrow F(v), U_i \rightarrow \widetilde{f}_i(U_i) = \boldsymbol{S}_i'$$

得到二层评价矩阵：

$$\boldsymbol{R} = (\boldsymbol{S}_1', \, \boldsymbol{S}_2', \, \cdots, \, \boldsymbol{S}_n')^{\mathrm{T}}$$

以 $(\bar{U}, \, V, \, \boldsymbol{R})$ 为原始模型，在 $\bar{U}$ 中给出诸因素的权重分配：

$$\boldsymbol{W} = (w_1, \, w_2, \, \cdots, \, w_n)$$

其中：

$$\sum_{i=1}^{n} w_i = 1$$

则可求得又一层的综合评价结果：

$$S = \boldsymbol{W} \circ \boldsymbol{R} \in F(V)$$

更多层的评价依次类推，可求得总体综合评价结果。将总体综合评价结果归一化，在归一化的评价中，根据最大隶属度原则可得出内部控制的最后评价。

8. 利益群体分析法

项目利益群体是指与项目有直接或间接关系的利害关系，并对项目的成功与否有直接或间接的影响的所有有关各方，如项目的受益人、受害人、与项目有关的政府组织和非政府组织等。利益群体的划分一般是按各群体与项目的关系及其对项目的影响程度与性质或其受项目影响的程度与性质决定的。

项目利益群体一般划分为：项目受益人、项目受害人、项目受影响人和其他利益群体，包括项目的建设单位、设计单位、咨询单位、与项目有关的政府部门与非政府组织。

利益群体分析的主要内容有：根据项目单位的要求和项目的主要目标，确定项目所包括的主要利益群体；明确各利益群体的利益所在以及与项目的关系；分析各个利益群体之间的相互关系；分析各利益群体参与项目的设计、实施的各种可能方式。

利益群体分析一般按下列步骤进行：

（1）构造项目群体列表。

（2）评价各利益群体对项目成功与否所起作用的重要程度。

（3）根据项目目标，对项目各利益群体的重要性作出评价。

（4）根据以上各步的分析结果，提出在项目实施过程中对各利益群体应采取的措施。

📖 讨论与复习题

1. 简述项目社会评价的含义和特点。
2. 简述项目社会评价的内容和重点。
3. 简述社会评价的工作程序。
4. 简述社会评价指标如何设置。
5. 简述项目社会评价方法，分析每种方法的利弊和适用条件。

📖 案例分析

天津市某水利工程项目具有防洪、输水、旅游、环保、景观等综合功能，在该项目评价中，采用模糊综合评价方法进行社会评价，得到较为全面的评价结论。评价步骤如下：

(1) 选择项目社会评价因素。该项目社会评价因素包括三个方面，结合我国国情，每一方面又选择出若干影响因素，它们之间存在着如图 4.2 所示的层次关系，构成了该项目的社会评价指标体系。

- 社会评价 A
  - 社会影响方面 B_1
    - 社会稳定、安全 C_1
    - 人民生活质量提高 C_2
    - 就业与公平分配 C_3
    - 当地文教卫生事业 C_4
    - 妇女地位 C_5
  - 生态环境方面 B_2
    - 环境污染治理 C_6
    - 水土流失影响 C_7
    - 植物群的影响 C_8
    - 动物群的影响 C_9
    - 自然景观 C_{10}
  - 经济发展方面 B_3
    - 促进国民经济发展 C_{11}
    - 促进地区经济发展 C_{12}
    - 自然资源合理利用 C_{13}
    - 技术进步 C_{14}
    - 节约时间 C_{15}

图 4.2　社会评价指标体系

(2) 应用层次分析法(AHP)确定各组因素的权重。首先，分层次构造评价指标判断矩阵，给出两两指标间的相对重要性，用自然数 1，2，…，9 及其倒数表示。1 表示两个指标同等重要；3 表示前者比后者稍微重要；5 表示前者比后者明显重要；7 表示前者比后者强烈重要；9 表示前者比后者极端重要；而 2、4、6、8 介于相邻评价指标之间。然后，计算各组指标的权重，并进行一致性检验。计算数据如表 4.11～表 4.14 所示。

表 4.11　社会评价因素权重表

评价指标	社会影响	生态环境	经济发展	权重 W_0
社会影响	1	3	5	0.633
生态环境	1/3	1	3	0.261
经济发展	1/5	1/3	1	0.106

一致性检验：$\lambda_{max}=3.037$，CI=0.018，CR=0.03<0.1，满足要求。

表 4.12　社会影响因素权重表

评价指标	社会稳定	生活质量	公平分配	文教卫生	妇女地位	权重 W_1
社会稳定	1	2	3	5	6	0.432
生活质量	1/2	1	3	3	4	0.274
公平分配	1/3	1/3	1	2	2	0.132
文教卫生	1/5	1/3	1/2	1	3	0.103
妇女地位	1/6	1/4	1/2	1/3	1	0.059

一致性检验：$\lambda_{max}=5.163$，CI=0.041，CR=0.04<0.1，满足要求。

表 4.13　生态环境因素权重表

评价指标	环境治理	水土流失	植物群	动物群	自然景观	权重 W_2
环境治理	1	2	5	5	4	0.427
水土流失	1/2	1	4	4	3	0.279
植物群	1/5	1/4	1	3	3	0.141
动物群	1/5	1/4	1/3	1	2	0.083
自然景观	1/4	1/3	1/3	1/2	1	0.070

一致性检验：$\lambda_{max}=5.380$，CI$=0.095$，CR$=0.08<0.1$，满足要求。

表 4.14　经济发展因素权重表

评价指标	国民经济	地区经济	自然资源	技术进步	节约时间	权重 W_3
国民经济	1	3	4	5	6	0.485
地区经济	1/3	1	2	3	4	0.227
自然资源	1/4	1/2	1	2	3	0.143
技术进步	1/5	1/3	1/2	1	2	0.089
节约时间	1/6	1/4	1/3	1/2	1	0.056

一致性检验：$\lambda_{max}=5.097$，CI$=0.024$，CR$=0.02<0.1$，满足要求。

（3）建立评语集和进行单因素评价。建立项目社会效益评语集为 $V=$（很好，较好，一般，较差，很差）$=(1,2,3,4,5)$。选择 10 位专家对第一层次的评价因素进行评价，所组成评价人集为 $P=(P_1,P_2,P_3,P_4,P_5,P_6,P_7,P_8,P_9,P_{10})$。

社会评价各单因素评价情况如表 4.15 所示。

表 4.15　社会评价各单因素评价表

	C_1	C_2	C_3	C_4	C_5	C_6	C_7	C_8	C_9	C_{10}	C_{11}	C_{12}	C_{13}	C_{14}	C_{15}
P_1	1	1	1	2	1	1	1	1	1	1	3	2	1	4	1
P_2	1	2	1	4	2	2	2	1	2	1	2	1	3	2	4
P_3	2	1	1	2	4	1	1	2	3	1	1	1	1	2	3
P_4	1	2	1	2	2	2	1	2	1	2	1	3	2	4
P_5	1	2	1	2	1	2	2	3	2	1	1	1	1	4	2
P_6	2	2	1	3	3	1	2	1	2	1	3	2	1	2	1
P_7	1	2	1	2	2	1	2	4	1	1	1	2	3	3
P_8	1	2	1	2	2	2	1	3	1	2	1	2	1	4	3
P_9	1	1	2	1	2	3	1	1	2	1	2	1	1	4	3
P_{10}	1	1	1	3	1	1	1	2	3	1	2	1	1	3	4

由评价表得出模糊评价矩阵如下：

$$\boldsymbol{R}_{B_1} = \begin{bmatrix} 0.8 & 0.2 & 0 & 0 & 0 \\ 0.6 & 0.4 & 0 & 0 & 0 \\ 0.9 & 0.1 & 0 & 0 & 0 \\ 0.2 & 0.5 & 0.2 & 0.1 & 0 \\ 0.3 & 0.4 & 0.2 & 0.1 & 0 \end{bmatrix}$$

$$\boldsymbol{R}_{B_2} = \begin{bmatrix} 0.4 & 0.5 & 0.1 & 0 & 0 \\ 0.8 & 0.2 & 0 & 0 & 0 \\ 0.4 & 0.5 & 0.1 & 0 & 0 \\ 0.2 & 0.4 & 0.3 & 0.1 & 0 \\ 0.8 & 0.2 & 0 & 0 & 0 \end{bmatrix}$$

$$\boldsymbol{R}_{B_3} = \begin{bmatrix} 0.4 & 0.4 & 0.2 & 0 & 0 \\ 0.7 & 0.2 & 0.1 & 0 & 0 \\ 0.6 & 0.2 & 0.2 & 0 & 0 \\ 0 & 0.3 & 0.3 & 0.4 & 0 \\ 0.2 & 0.2 & 0.4 & 0.2 & 0 \end{bmatrix}$$

计算第一层次单因素评价结果如下：

$$\boldsymbol{B}_1 = \boldsymbol{W}_1 \cdot \boldsymbol{R}_{B_1} = \begin{bmatrix} 0.667 & 0.284 & 0.032 & 0.016 & 0.000 \end{bmatrix}$$

$$\boldsymbol{B}_2 = \boldsymbol{W}_2 \cdot \boldsymbol{R}_{B_2} = \begin{bmatrix} 0.523 & 0.387 & 0.082 & 0.008 & 0.000 \end{bmatrix}$$

$$\boldsymbol{B}_3 = \boldsymbol{W}_3 \cdot \boldsymbol{R}_{B_3} = \begin{bmatrix} 0.450 & 0.306 & 0.197 & 0.047 & 0.000 \end{bmatrix}$$

第二层次综合评价结果为

$$\boldsymbol{B} = \boldsymbol{W}_0 \cdot \boldsymbol{R}_B$$

$$= \begin{bmatrix} 0.633 & 0.261 & 0.106 \end{bmatrix} \cdot \begin{bmatrix} 0.667 & 0.284 & 0.032 & 0.016 & 0.000 \\ 0.523 & 0.387 & 0.082 & 0.008 & 0.000 \\ 0.450 & 0.306 & 0.197 & 0.047 & 0.000 \end{bmatrix}$$

$$= \begin{bmatrix} 0.607 & 0.313 & 0.063 & 0.017 & 0.000 \end{bmatrix}$$

经以上计算得出模糊综合评价结果如下：

该工程社会效益很大和较大的评价占 61.1％＋31.1％＝92.2％，社会效益一般的评价占 6.3％，社会效益较差的评价占 1.5％。这说明该项目具有很好的社会效益。

建设项目的社会评价内容涉及国家、地方与当地社区各层次的社会发展目标，属于多层次分析。同时，评价的内容还涉及各层次社会生活各个领域的发展目标，如就业、扶贫、妇女地位、文化、教育、卫生保健等，属于多目标分析。项目的社会因素多种多样，比较复杂，大多数社会因素不能或难于定量计算，如项目对社区文化的影响、对社会稳定的影响、人们对参与项目的态度、项目的持续性等，一般不能用数学公式进行定量计算，因此，通常采用定性分析的方法。

模糊综合评价方法可以用来评价社会经济活动中一些难以量化的模糊问题，是一种行之有效的定量分析方法，可以用于确定项目建设全过程中遇到的许多关键问题，如项目方案的比选、投标决策、可行性研究和项目完成后的社会影响评价、环境影响评价等。它应用模糊数学提供的数学语言和量化方法，综合诸多定性因素，进行定量分析并得出科学合理的结论。这对于客观、科学地评价已建成工程项目的社会效益，总结经验和教训，提高新建工程项目的决策水平，有着一定的实用价值。

案例讨论题：

1. 对案例当中指标体系的设置作出评价。

2. 结合上述案例总结模糊综合评价的步骤与过程。

第 5 章
技术项目不确定性评价方法

【重点提示】

◇ 盈亏平衡分析

◇ 敏感性分析

◇ 概率分析

◇ 风险决策

阅读材料

互联网泡沫（1995—2001）

互联网泡沫始于 20 世纪 90 年代中期，是基于互联网技术的又一次投机狂热。2000 年 3 月是这次互联网泡沫的高峰期，此时美国股市也到达了巅峰。这一时期的重要标志是出现了大量互联网上市公司，即著名的"dot.coms"。此次泡沫中成长起来的公司，要么提供由互联网带来的新型服务，要么用互联网方式提供传统服务，许多商业活动尚未经实践证实，存在高度的投机性。一系列因素组合助长了此次泡沫，其中包括唾手可得的热衷于互联网领域的风险资本、普遍蔓延的互联网公司前景预期的乐观主义情绪以及大量出现的新型的过度乐观的商业模式。这种商业模式经常以所谓的网络效应为理论依据，要求企业快速争夺市场份额，而无视企业的盈利能力。2001 年互联网泡沫的破裂，标志着经济活动开始急转直下。

20 世纪 90 年代早期互联网技术的广泛利用，如亚马逊公司利用互联网提供商业服务，极大地鼓励了风险资本家支持互联网公司的上市。互联网上市公司股票一时严重供不应求，股价节节攀升，尽管事实上大多数公司根本尚未盈利。受快速上升的股价鼓舞，风险资本家快速运作，比以往也有失谨慎。1998 年到 1999 年的超低利率也提高了资本的可获得性。不排除一些企业家有现实的运营计划，技术知识和管理能力也为计划的实现提供保证。许多公司并不具备上述条件，但是受互联网传奇的影响以及相应的公司估值困难，他们总是有办法说服潜在投资者进行投资。

互联网泡沫高潮时，投资者痴迷于从互联网新技术当中获利，把许多新上市公司的股价推升到了令人吃惊的高度。在这一过程当中，许多年轻的创业家一夜暴富。和以往的经济繁荣时期一样，许多公司以及高层管理人员，过着奢侈的生活。然而，许多公司股票严重高估，几乎没有任何盈利记录。从历史角度来看，互联网泡沫和以往的许多技术革新带来的经济繁荣非常相似，如18世纪40年代的铁路热以及19世纪20年代的汽车和广播热。

互联网泡沫过去之后，大量互联网公司纷纷破产、停业，这其中也包括了一些通信领域的企业，他们为了支持所谓的"新经济"，在互联网基础设施上进行了过多的投资。至2002年10月，美国科技类公司5万亿市值蒸发，并导致了经济的衰退。但是一些大的互联网公司，不仅从互联网泡沫当中生存下来，而且公司蒸蒸日上，比如亚马逊公司和ebay公司。最近的研究表明，有近50%的互联网公司从互联网泡沫当中生存了下来，而且那些小公司最有能力度过金融危机困难期。人们也找到了一些引发互联网泡沫破裂的因素，包括利率的上升（可能是最主要的原因）、联邦政府对微软公司垄断的法院诉讼以及互联网零售商1999年圣诞节欠佳的销售业绩。

在前面介绍第3章内容时，我们有一个重要的假设前提，即不存在不确定因素，方案评价时能得到完全信息。但是，未来实际发生的情况与事先的估算、预测很可能有相当大的出入。为了提高经济评价的准确度和可信度，尽量避免和减少投资决策的失误，有必要对投资方案做不确定性分析，为投资决策提供客观、科学的依据。

5.1　盈亏平衡分析

5.1.1　盈亏平衡分析概述

盈亏平衡分析法也称为量-本-利分析法，是一种在企业里得到广泛应用的决策分析方法。在项目运行中，投资、成本、产品价格、寿命周期的变化会影响投资方案的经济效果，当这些因素的变化达到某一临界值时，就会影响到方案的盈利或者亏损。盈亏平衡分析的目的就是找出这些临界值，判断投资方案对这些不确定因素变化的承受能力，为决策提供依据。

独立方案盈亏平衡分析的目的是通过分析产品产量、成本与方案盈利能力之间的关系，找出决定方案盈亏的产量、价格、单位产品成本等的界限值，以判断在各种不确定因素作用下方案的风险情况。

1. 销售收入、成本费用与产品产量的关系

产品总的销售收入与产品产量的关系有以下两种情况：

（1）项目的销售收入不会明显影响到市场的供求状况，符合完全竞争的市场状况，即产品价格不会随该项目的销售量的变化而变化，可以看做是一个常数。销售收入与产品销售量成线性关系，即

$$B = P \cdot Q$$

式中，B 表示销售收入；P 表示产品价格；Q 表示产品销售量。

（2）该项目的生产销售活动将明显地影响市场供求状况，随着该项目产品销售量的增

加，产品价格将有所下降，这时产品销售收入和产品销售量之间不再是线性关系，对应于销售量 Q_0，销售收入为

$$B = \int_0^{Q_0} P(Q) \cdot Q_0$$

项目投产后总成本费用和产品产量的关系：项目投产以后，其总成本费用可以分为固定成本和变动成本两部分，固定成本是指在一定的生产规模内不随产量的变动而变动的费用，变动成本是指随产品产量的变动而发生变动的费用。总成本费用与产量可以近似地认为是线性关系，即

$$C = F + V \cdot Q$$

式中，C 表示总成本；F 表示固定成本；V 表示单位变动成本；Q 表示产品销售量。

2. 盈亏平衡点及其确定

（1）在产品价格和成本已经确定的情况下，做出盈亏平衡分析图（见图 5.1），以求出盈亏平衡产量。

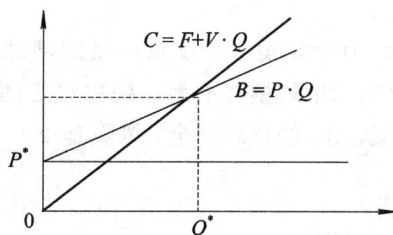

图 5.1 盈亏平衡分析示意图

在盈亏平衡点上，销售收入应与生产成本相等，所以有

$$P \cdot Q^* = F + V \cdot Q^*$$

$$Q^* = \frac{F}{P - V}$$

其中，Q^* 代表达到盈亏平衡时的产量。

（2）盈亏平衡生产能力利用率。通常，我们会用生产能力利用率（通常是指项目的设计生产能力 Q_c）这个概念来表示达到盈亏平衡所需要的条件，达到盈亏平衡时的生产能力利用率经常用 E^* 来表示，即

$$E^* = \frac{Q^*}{Q_c} \times 100\% = \frac{F}{(P - V)Q_c}$$

（3）在产量、成本已经确定的情况下，盈亏平衡价格（产量通常是指项目的设计生产能力 Q_c）为

$$PQ = F + VQ$$

$$P^* = \frac{F}{Q_c} + V$$

其中，P^* 代表盈亏平衡价格。

（4）在产量（通常是设计生产能力 Q_c）和销售价格一定的情况下，盈亏平衡变动成本

$$PQ = F + V \cdot Q$$

$$V = P - \frac{F}{Q_c}$$

3. 盈亏平衡分析的作用

盈亏平衡分析主要有以下功能：

(1) 研究产量变化、成本变化和利润变化的关系。这是盈亏平衡分析法的基本功能，其他的功能都是由此而产生的。由于企业的任何决策都可能引起产量、成本、价格等因素的变化，利用盈亏平衡分析法这一工具，就能方便地分析各种因素的变化对利润的影响，从而为决策提供依据。

(2) 确定盈亏平衡点产量。盈亏平衡点是指企业不亏不盈时的产量(此时企业的总收入等于总成本)。企业家从事企业经营的目的就是为了获得利润，影响利润的因素很多，但最不确定的因素是销售量，所以管理者总是希望抛开销售量的因素，先找出本企业盈亏平衡点产量是多少，然后看技术方案带来的销售量是多少。如果方案的销售量大于盈亏平衡点产量，就说明该方案有利可图；否则就会亏本，是不可取的，所以盈亏平衡点产量也是决策的一个重要依据。盈亏平衡点分析法研究产量、成本等因素对利润的影响，更把重点放在寻找盈亏平衡点的产量上。

(3) 确定企业的安全边际。在确定盈亏平衡点产量的基础上，可以进一步确定企业的安全边际。安全边际是指企业预期销售量与平衡点销售量之间的差额。这个差额越大，说明企业越能经得起市场需求的波动，经营越安全，风险越小。

5.1.2 盈亏平衡分析方法

1. 图解法

如图 5.2 所示，BEP 为盈亏平衡点，BEP(f)为生产能力利用率的盈亏平衡点，BEP(s)为经营安全率的盈亏平衡点。

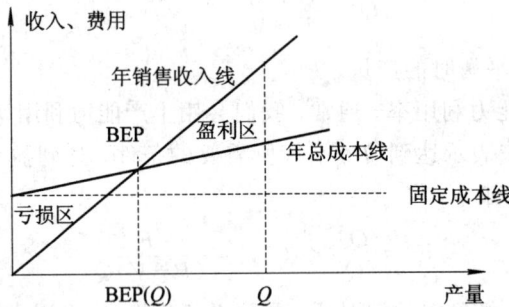

图 5.2 图解法求解盈亏

设 Q_0 表示年设计生产能力，Q 表示年产量或销量，P 表示单位产品售价，F 表示年固定成本，V 表示单位变动成本，t 表示单位产品销售税金，单位为万元，则根据经济学原理，可建立以下方程。

总收入方程：

$$TR = P \cdot Q$$

总成本支出方程：

$$TC = F + V \cdot Q + t \cdot Q$$

利润方程：

$$B = \mathrm{TR} - \mathrm{TC} = (P - V - t) \cdot Q - F$$

令 $B = 0$，解出的 Q 即为 BEP(Q)。

$$\mathrm{BEP}(Q) = \frac{F}{P - V - t}$$

假如 $F = 10\ 000$，$P = 220$，$V = 15$，$T = 5$，$Q_0 = 150$，则有

$$\mathrm{BEP}(Q) = \frac{F}{P - V - t} = \frac{10000}{220 - 15 - 5} = 50$$

进而解出生产能力利用率的盈亏平衡点：

$$\mathrm{BEP}(f) = \frac{\mathrm{BEP}(Q)}{Q_0} \times 100\% = \frac{50}{150} \times 100\% = 33.3\%$$

经营安全率：

$$\mathrm{BEP}(s) = 1 - \mathrm{BEP}(f) = 1 - 33.3\% = 66.7\%$$

注意：平衡点的生产能力利用率一般不应大于 75%，经营安全率一般不应小于 25%。

2. 代数法

代数法就是用代数式来表示产量、成本、利润之间的关系，并通过代数计算求出所需要的数据。

（1）计算盈亏平衡点产量 Q^*。

假设产品的产量能全部销售，即产量等于销售量，用 Q 表示，P 为单位产品的价格，则销售收入为

$$S = P \cdot Q$$

假设成本是产量的函数，其中可变成本按比例随着产量的变化而变化，固定成本在某一规模下不变，则单位产品的总成本为

$$C = F + V \cdot Q$$

式中，C 为总成本，F 为固定成本，V 为单位产品变动成本。

当盈亏平衡时，有

$$\text{企业的销售收入} = \text{总成本}$$

即有

$$P \cdot Q^* = F + V \cdot Q^*$$

所以盈亏平衡点产量为

$$Q^* = \frac{F}{P - V}$$

（2）计算盈亏平衡时的年生产能力利用率 E^*。

$$E^* = \frac{Q^*}{Q_{\max}} = \frac{F}{(P - V) Q_{\max}}$$

式中，$Q_{\max}$ 为设计生产能力。

E^* 的经济含义是保本时必须达到的最低限度的生产能力。保本时的生产能力利用率越小，项目的抗风险能力就越大。

（3）以销售收入表示盈亏平衡点 S^*。

$$S^* = P \cdot Q^* = \frac{P \cdot F}{P - V}$$

S^* 的经济含义是保本时必须达到的最低限度的销售收入。若此收入与按设计生产能力计算的收入差距越大，则说明项目的抗风险能力越大。

（4）以达到设计生产能力时的产品单价表示盈亏平衡点 P^*。

$$P^* = V + \frac{F}{Q_{\max}}$$

P^* 的经济含义是盈亏平衡时，单位产品的最低售价应等于产品的单位成本。

若单位产品的成本越低，即单位产品的最低售价越低，则项目承受价格波动的能力越大（即抗风险的能力越大）。

（5）计算安全边际和安全边际率。

$$安全边际 = Q_{\max} - Q^*$$

$$安全边际率 = \frac{安全边际}{Q^*}$$

安全边际和安全边际率较大，说明市场需求大幅度下降时，企业仍可能免于亏损，故经营较为安全。

从上述盈亏平衡点的性质可以看出，无论哪一种表现形式，其盈亏平衡点值总是越小越好。从图 5.2 中也可看出，盈亏平衡点的值低，项目的亏损区就小，盈利区就大。

5.1.3 盈亏平衡分析的应用

1. 判断企业经营状况

【例 5.1】 某旅行社经办到风景点 A 地的旅游业务，往返 3 天，由旅行社为旅客提供交通、住宿和伙食。往返一次所需成本数据如表 5.1 表示。

表 5.1 成 本 数 据 元

固 定 成 本		变 动 成 本	
折旧	1200	每个旅客的住宿伙食费	475
职工工资（包括司机）	2400	每个旅客的其他变动成本	25
其他	400	每个旅客的全部变动成本	500
往返一次固定成本	4000		

问题：

（1）如果向每位旅客收费 600 元，至少多少旅客才能保本？如果收费 700 元，至少多少旅客才能保本？

（2）如果收费 600 元，预计旅客数量为 50 人；如果收费 700 元，预计旅客数量为 40 人。收费 600 元和 700 元时的安全边际和安全边际率各为多少？

解 （1）如果定价 600 元，则有

$$Q^* = \frac{F}{P - V} = \frac{4000}{600 - 500} = 40（人）$$

所以保本的旅客数为 40 人。

如果定价 700 元，则有

$$Q^* = \frac{F}{P-V} = \frac{4000}{700-500} = 20(人)$$

所以保本的旅客数为 20 人。

（2）如果定价 600 元，则有

$$安全边际 = Q_{max} - Q^* = 50 - 40 = 10(人)$$

$$安全边际率 = \frac{安全边际}{Q^*} = \frac{10}{50} = 20\%$$

如果定价 700 元，则有

$$安全边际 = Q_{max} - Q^* = 40 - 20 = 20(人)$$

$$安全边际率 = \frac{安全边际}{Q^*} = \frac{20}{40} = 50\%$$

定价 700 元时的安全边际率大于定价 600 元时的安全边际率，说明企业在经营中定价 700 元比定价 600 元更为安全。

【例 5.2】　某生产性建设项目的年设计生产能力为 5000 件，每件产品的销售价格为 1500 元，单位产品的变动成本为 900 元，每件产品的税金为 200 元，年固定成本为 120 万元。试求该项目建成后的年最大利润、盈亏平衡点和生产能力利用率。

解　当达到设计生产能力时年利润最大，因而最大利润为

$$E = P \cdot Q - (F + Q \cdot V)$$
$$= 5000 \times 1500 - [1200000 + 5000 \times (900 + 200)]$$
$$= 800\,000(元)$$

盈亏平衡点产量为

$$Q^* = \frac{F}{P-V} = \frac{1200000}{1500-(900+200)} = 3000(件)$$

$$\text{BEP} = \frac{Q^*}{Q_0} \times 100\% = \frac{3000}{5000} \times 100\% = 60\%$$

2. 价格决策

【例 5.3】　某工业项目设计年生产 A 产品 3 万件，已知固定成本为 3000 万元，单位可变成本是 1600 元/件，求该企业产品在市场上销售价格起码达到多少元才不至于亏损？

解　已知 $F = 3000$ 万元，$V = 1600$ 元，$Q_{max} = 3$ 万件，则有

$$P^* = V + \frac{F}{Q_{max}} = 1600 + \frac{3000}{3} = 2600(元/件)$$

所以，该产品至少以 2600 元/件的价格出售才不至于亏本。

3. 选择最优方案

【例 5.4】　一种产品的市场价格为 4 元，可以用三种不同的技术方案来生产。A 方案的技术装备程度最低，所以固定成本较低，为 20 000 元，但变动成本较高，为 2 元；B 方案的技术装备程度是中等，其固定成本为 45 000 元，单位变动成本为 1 元；C 方案的技术水平最高，固定成本为 70 000 元，单位变动成本为 0.5 元。问：

（1）假如将来预计的销售量在 12 000 件左右，应选择哪个方案？

（2）假如预计的销售量在 25 000 件以内，应选择哪个方案？在 25 000～50 000 件之间，应选择哪个方案？超过 50 000 件，应选择哪个方案？

解 （1）分别求出三个方案的盈亏平衡点的产量。

方案 A：

$$Q_A = \frac{F}{P-V} = \frac{20000}{4-2} = 10\,000（件）$$

方案 B：

$$Q_B = \frac{F}{P-V} = \frac{45000}{4-1} = 15\,000（件）$$

方案 C：

$$Q_C = \frac{F}{P-V} = \frac{70000}{4-0.5} = 20\,000（件）$$

由于预计销售量在 12 000 件左右，小于方案 B 和方案 C 的盈亏平衡点产量，因此不宜选方案 B 和 C，但是大于方案 A 的盈亏平衡点产量，所以应选方案 A。

（2）计算出这三种方案在不同产量上的利润，可得表 5.2。

表 5.2　不同产量上的利润

预计销售量/件	利润/元		
	方案 A	方案 B	方案 C
10 000	盈亏平衡点	−15 000	−35 000
15 000	10 000	盈亏平衡点	−175 000
20 000	20 000	15 000	盈亏平衡点
25 000	30 000	30 000	17 500
30 000	40 000	45 000	35 000
40 000	60 000	75 000	70 000
50 000	80 000	105 000	105 000
60 000	100 000	135 000	140 000

根据表 5.2 所示的利润的多少，可以看出：

（1）当销售量在 25 000 件以内时，A 方案为最优。

（2）当销售量在 25 000～50 000 件时，B 方案为最优。

（3）当销售量超过 50 000 件时，C 方案为最优。

5.2　敏感性分析

5.2.1　敏感性分析的概念及其用途

1. 敏感性分析的概念

敏感性分析是通过分析、预测投资方案主要因素发生变化时对经济评价指标的影响，从中找出敏感因素，并确定其影响程度。所谓敏感因素，就是当该因素的量值发生很小变化时，就对评价指标产生很大影响，甚至使投资方案变为不可行的因素。因此，敏感因素对投资方案的风险影响是最大的。

敏感性分析通常是分析不确定性因素中某一因素单独变化、其他因素保持原有预测数值不变时对经济评价指标的影响，如对净现值、内部收益率等指标的影响；亦可分析不确定性因素中某几个因素发生变化、其他因素保持原有预测数量不变时对经济评价指标的影响。投资方案经济评价指标对某种因素的敏感程度可以表示为，该因素按一定比例变化时使评价指标变动的幅度，也可以表示为评价指标达到临界点，如投资方案的内部收益率等于基准收益率，净现值为零时，允许某个因素变化的最大幅度，即极限变化。

2. 敏感性分析的用途

敏感性分析的用途有以下几点：

（1）比较选择方案。通过对各个方案的敏感性分析，比较敏感程度大小，可以选择敏感性程度小即风险较小的方案。

（2）调整完善方案。对于经济效果好而敏感性程度高的方案，可以吸收其他方案的优点，进一步调整完善方案，力求减少风险。

（3）控制不利因素。决策者可全面了解主要因素变化引起项目经济评价指标的变动，从而掌握风险程度，采取积极措施，控制不利因素，以避免损失。

下面用一个具体的例子说明敏感性分析的意义。

【例 5.5】　某地区最近发现铁矿石矿床，如果该矿床有开发价值，则进行投资。根据调查和分析，其基本情况是：初期投资（设备、铁路、公路、基础设施等）约需 5.4 亿美元；含铁量为 60% 以上有开采价值的铁矿石储量为 30 亿吨；根据市场预测，每年的销售量可达 1000 万吨，即该矿床可持续开采 300 年；按现在的物价水平，作业费用（以年生产并销售 1000 万吨计）每年约为 2.4 亿美元，其中，固定费用为 1.2 亿美元；产品的销售价格为每吨 30 美元。若该矿床开发后有支付利息和偿还能力，则银行可予以贷款，贷款的利率 $i=10\%$。试对该投资方案进行敏感性分析。

解　按现在的预测值，每年折旧和支付利息前的净收益为

$$1000 \text{ 万吨} \times 30 \text{ 美元/吨} - 2.4 \text{ 亿美元} = 0.6 \text{ 亿美元}$$

其现金流量图如图 5.3 所示。

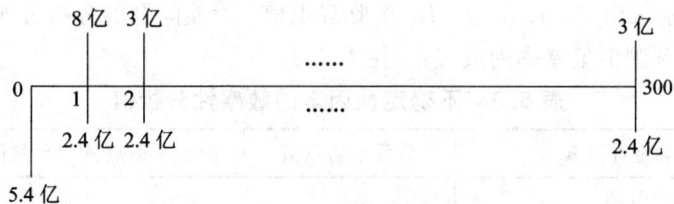

图 5.3　项目现金流量图

当所有数值都与预测值相同时，该投资方案的净现值为

$$\text{NPV} = 0.6 \times (P/A, 10\%, 300) - 5.4 = 0.6（亿美元）$$

对于长期投资方案而言，不确定性是难免的，其中储量和年市场需求量的预测值令人不安。因此，下面对该两个因素进行敏感性分析，看该两个因素单独变化时对经济评价指

标值(在这里为净现值)的影响程度。

当储量比预测值小，如仅为 3 亿吨时，该投资方案的净现值为

$$NPV=0.6\times(P/A,10\%,30)-15.4=0.256(亿美元)$$

上述计算结果说明，当储量发生了不利于投资方案的重大变化，即由预测储量 30 亿吨变为 3 亿吨，其他预测数值不变时，该项投资仍然是可行的(净现值大于零)。因而，储量不是敏感性因素，储量的变化不会产生致命的威胁，方案对储量变化的风险抵抗能力很强。

当需求量比预测值 1000 万吨少 10% 时，销售收益为 2.7 亿美元，此时的作业费用为

$$1.2+1.2\times(1-0.1)=2.28(亿美元)$$

假如其他所有量值保持预测值不变，则此时投资方案的净现值为

$$NPV=(2.7-2.28)\times(P/A,10\%,300)-5.4=-1.2(亿美元)$$

可见方案变为不可行，这说明需求量的敏感度大，即使有 10% 的偏差也会给投资方案以致命的打击。

按照以上的思路，也可对其他不确定性因素进行类似的分析，从而搞清哪些因素是敏感性因素，哪些因素是不敏感性因素，以此判定投资方案对各个不确定性因素的抗风险能力。

为了对该投资方案的特点有更为清醒的认识，求出各个不确定性因素变化至何种程度时投资方案变至可行与不可行的临界状态，即盈亏平衡点值，将给投资方案各因素的抗风险能力分析带来极大的方便。下面就进行这种分析。

设年销售量为 X，单位产品的销售价格为 P，年固定经费为 f，可开采的年限为 n，初期的投资额为 K_0，资本利率为 i，则本题的预测值分别为 $X=1000$ 万吨，$P=30$ 美元/吨，$q=12$ 美元/吨，$f=1.2$ 亿美元，$n=300$ 年，$i=10\%$。此时，应有下式成立：

$$(P-q)X=f+K_0(A/P,i,n)$$

以年销售量 X 为例求盈亏平衡点值。此时设除 X 值之外，所有的其他量值都与预测值相同，则有下述等式的关系存在：

$$(30-12)X-1.2-5.4\times(A/P,10\%,300)=0$$

解上式可得：$X=967$(万吨)，即当每年的销售数量为 967 万吨时，该投资方案处在可行与不可行的临界点上。

同理，可分别求出 P、q、n、f、K_0 的临界点值。为使问题的分析方便、清晰，现将上述结果和该值与预测值偏差率列成表格(见表 5.3)。

表 5.3　不确定性因素的敏感性分析值

不确定性因素	盈亏平衡点值	盈亏平衡点值与预测值的偏差率
X：年销售量/万吨	967	−3.3%
P：销售单价/(美元)	29.4	−2.0%
q：作业费用/(美元/吨)	12.6	+3.3%
n：寿命期/年	24	−92%
f：年固定费用/亿美元	1.26	+5%
K_0：初期投资额/亿美元	6	+11%

根据表 5.3 即可判定投资方案对各个不确定性因素的抗风险能力。表 5.3 中盈亏平衡点值与预测值的偏差率是盈亏平衡点值减去预测值后的差值与预测值的比值，如年销售量的该值为：$(967-1000)\times100\%/1000=-3.3\%$。该值越大，说明该不确定性因素的变化对经济评价指标值的影响越小，方案越安全，抗该因素风险的能力越强；该值越小，说明该不确定性因素越敏感，方案对该因素变化的抗风险能力越差。

5.2.2　单因素敏感性分析

敏感性因素分析有单因素敏感性分析和多因素敏感性分析。单因素敏感性分析是假设某一不确定性因素变化时，其他因素不变，即各因素之间是相互独立的，并分析单个因素变化对某项目的某项经济评价指标的影响程度，从中找出对经济效果影响最严重的关键因素。多因素敏感性分析是指多个因素同时变，它们可按相同程度变，也可按不同程度变，几个因素可按同一方向变，也可按不同方向变，以致它们的变化可以全部或部分的互相抵消，因此分析起来比较复杂。下面通过例题来说明单因素敏感性分析的具体操作步骤。

（1）确定研究对象（选最有代表性的经济效果评价指标，如 IRR、NPV）。

（2）选取不确定性因素（关键因素，如 R、C、K、n）。

（3）设定因素的变动范围和变动幅度（如 $-20\%\sim+20\%$，10% 变动）。

（4）计算某个因素变动时对经济效果评价指标的影响。

① 计算敏感度系数并对敏感因素进行排序。敏感系数的计算公式为

$$\beta=\frac{\Delta A}{\Delta F}$$

式中，β 为评价指标 A 对于不确定因素 F 的敏感度系数；ΔA 为不确定因素 F 发生 ΔF 变化率时，评价指标 A 的相应变化率（%）；ΔF 为不确定因素 F 的变化率（%）。

② 计算变动因素的临界点。临界点是指项目允许不确定因素向不利方向变化的极限值，超过极限值，项目的效益指标将不可行。

（5）绘制敏感性分析图，做出分析。

【例 5.6】　设某项目基本方案的基本数据估算值如表 5.4 所示，试就年销售收入 B、年经营成本 C 和建设投资 I 对内部收益率进行单因素敏感性分析（基准收益率 $i_c=8\%$）。

表 5.4　基本方案的基本数据估算表

因素	建设投资 I/万元	年销售收入 B/万元	年经营成本 C/万元	期末残值 L/万元	寿命 n/年
估算值	1500	600	250	200	6

解　（1）计算基本方案的内部收益率 IRR：

$$-I(1+\text{IRR})^{-1}+(B-C)\sum_{t=2}^{5}(1+\text{IRR})^{-t}+(B+L-C)(1+\text{IRR})^{-6}=0$$

$$-1500(1+\text{IRR})^{-1}+350\sum_{t=2}^{5}(1+\text{IRR})^{-t}+550(1+\text{IRR})^{-6}=0$$

采用试算法得

$$\text{NPV}(i=8\%)=31.08(万元)>0$$

$$\text{NPV}(i = 9\%) = -7.92(\text{万元}) < 0$$

采用线性内插法可求得

$$\text{IRR} = 8\% + \frac{31.08}{31.08 + 7.92}(9\% - 8\%) = 8.79\%$$

（2）计算销售收入、经营成本和建设投资变化对内部收益率的影响，结果见表 5.5。

表 5.5　因素变化对内部收益率的影响

内部收益率/（%）　　变化率 不确定因素	−10%	−5%	基本方案	+5%	+10%
销售收入	3.01	5.94	8.79	11.58	14.30
经营成本	11.12	9.96	8.79	7.61	6.42
建设投资	12.70	10.67	8.79	7.06	5.45

内部收益率的敏感性分析图见图 5.4。

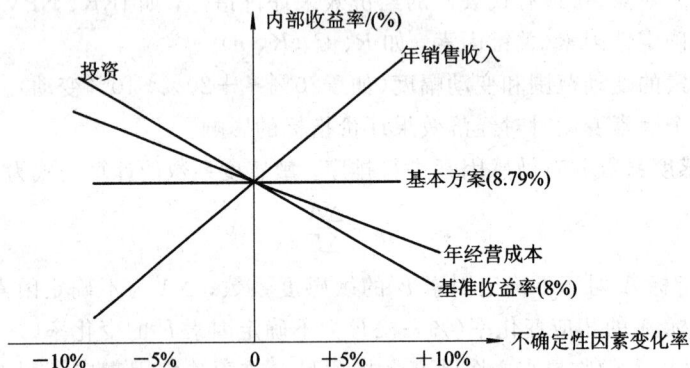

图 5.4　单因素敏感性分析图

（3）计算方案对各因素的敏感度。

平均敏感度的计算公式如下：

$$\beta = \frac{\text{评价指标变化的幅度（\%）}}{\text{不确定性因素变化的幅度（\%）}}$$

$$\text{年销售收入平均敏感度} = \frac{14.30 - 3.01}{20} = 0.56$$

$$\text{年经营成本平均敏感度} = \frac{|6.42 - 11.12|}{20} = 0.24$$

$$\text{建设投资平均敏感度} = \frac{|5.45 - 12.70|}{20} = 0.36$$

敏感性分析是通过研究不确定性因素对经济评价指标程度的影响找出敏感性因素，这有助于决策者了解方案的风险情况，预先采取对策，控制敏感因素变化对经济效益的影响。但是敏感性分析没有考虑各种不确定因素在未来变动时的概率，这就会影响分析结论的准确性。实际上，各种不确定性因素在未来发生变动的概率一般是不同的。有时通过敏感性分析找出的敏感因素未来发生不利变动的概率可能性很小，因此带来的风险也很小；而另一种不太敏感的因素未来发生变动的可能性很大，因此实际代理的风险也很大。这是敏感性分析所不能解决的。

5.2.3　多因素敏感性分析

进行单因素敏感性分析，实际上隐含着一个假定条件，那就是除了该特定因素外，其他因素的变动对经济效果指标的影响忽略不计或不予考虑。当我们放宽这个假定条件时，多因素敏感性分析就放在我们面前。限于我们所学的数学工具，本书仅对双因素敏感性分析及三因素敏感性分析进行考察。下面通过例题来展开分析。

【例 5.7】　有一个生产城市用小型电动汽车的投资方案，用于确定性经济分析的现金流量表见表 5.6。由于经济环境变动的不确定，投资额、经营成本、产品价格均有可能在上下 20% 的范围内变动。设基准折现率为 10%，不考虑所得税，期末残值为 0。试分别就上述三个不确定因素作敏感性分析。

表 5.6　小型电动汽车项目现金流量表　　　万元

年　份	0	1	2～11
投资额	1500	0	
销售收入	0	0	1980
经营成本	0	0	1520
净现金流量	−1500	0	460

解　如果同时考虑投资额(x)与经营成本(y)的变动，并选定净现值作为敏感性分析的指标，分析这两个因素同时变动对方案净现值影响的计算公式为

$$NPV=-K(1+x)+[B-C(1+y)](P/A,0.1,10)(P/F,0.1,1)$$

即

$$NPV=-1500(1+x)+[1980-1520(1+y)](P/A,0.1,10)(P/F,0.1,1)$$

对其进行化简，并令净现值为 0，得

$$0.126-0.1767x-y=0$$

从几何上看（见图 5.5），这是一个直线方程，$NPV=0$ 为临界线。在临界线左下方的区域，$NPV>0$；在临界线右上方的区域，$NPV<0$。

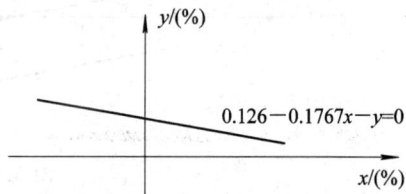

在 $NPV>0$ 的区域，有非常多的投资额与经营成本的二元组合，这些组合满足净现值大于零的条件，因而都可以被接受。换句话说，不管投资额与经营成本如何变，只要不超出临界线左下方的区域，都是可以接受的。

图 5.5　双因素敏感性分析图

如果同时考虑投资额(x)、经营成本(y)和产品价格(z)这三个因素的变动，并选定净现值作为敏感性分析的指标，分析这三个因素同时变动对方案净现值影响的计算公式为

$$NPV=-K(1+x)+[B(1+z)-C(1+y)](P/A,0.1,10)(P/F,0.1,1)$$

即

$$NPV=-1500(1+x)+[1980(1+z)-1520(1+y)](P/A,0.1,10)(P/F,0.1,1)$$

对其进行化简，并令净现值为 0，得

$$0.126-0.1767x+1.3026z-y=0$$

任意选取 x，z，y 中的一个，以赋值的方式可以获得关于另外两个变量的一组直线，从而可以将上式在平面几何中体现出来，那就是一组平行线（见图 5.6）。考虑到与双因素敏感性分析的衔接，选取对 z 进行赋值，得到以下方程：

当 $z=20\%$ 时，有

$$0.38652-0.1767x-y=0$$

当 $z=10\%$ 时，有

$$0.25626-0.1767x-y=0$$

当 $z=0\%$ 时，有

$$0.126-0.1767x-y=0$$

当 $z=-10\%$ 时，有

$$-0.0043-0.1767x-y=0$$

当 $z=-20\%$ 时，有

$$-0.1345-0.1767x-y=0$$

由图 5.6 可以直观地看到投资额、经营成本、产品价格同时变动时对方案净现值的影响。同理，直线左下方为净现值大于 0 的区域，直线右上方为净现值小于 0 的区域。

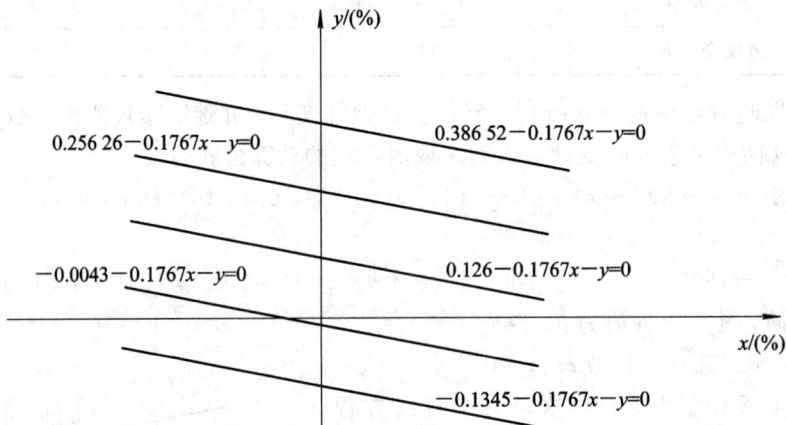

图 5.6   三因素敏感性分析图

5.3   概 率 分 析

5.3.1   概率分析的基本原理

概率分析法是对不确定性因素发生变动的可能性及其对方案经济效益的影响进行评价的方法，其基本原理是：假设不确定性因素是服从某种概率分布的随机变量，因而方案的经济效益作为不确定性因素的函数必然是一个随机变量。通过研究和分析这些不确定性因素的变化规律及其与方案经济效益的关系，可以全面地了解技术方案的不确定性和风险，从而为决策者提供更可靠的依据。

5.3.2　技术项目风险估计方法

对一个统计分布函数，一般用其数字特征，如期望、方差去描述它。所以，只要知道其服从什么分布，知道其期望、方差，就可以用解析法来求某一条件下的概率；只要知道所有可能出现的现金流量状态所对应的经济效果指标及其发生概率，就可以绘图来展示该方案所面临的风险状况；而如果连服从何分布都不知道，就只能用蒙特卡罗模拟法来了解其服从何概率分布。

1. 解析法

如果方案经济效果指标（如 NPV）服从某种典型的概率分布，在知道了其期望值与标准差的情况下，可以用解析法进行方案风险的估计。

【例 5.8】　假定某经济方案的净现值服从正态分布，期望值为 23283 元，标准差为 24639 元，根据这一条件求出：

（1）净现值大于等于零的概率。

（2）净现值小于 -100 的概率。

（3）净现值大于等于 500 万元的概率。

解　在这里把净现值随机变量当做连续型随机变量，而不是离散型随机变量。我们知道，若连续型随机变量 x 服从参数为 μ、σ 的正态分布，则 x 具有分布函数：

$$F(x) = \frac{1}{\sqrt{2\pi}\sigma} \int_{-\infty}^{x} e^{-\frac{(t-\mu)^2}{2\sigma^2}} \, dt$$

令 $u = \dfrac{x-\mu}{\sigma}$，则 u 服从标准正态分布函数

$$F(x) = \frac{1}{\sqrt{2\pi}} \int_{-\infty}^{\frac{x-\mu}{\sigma}} e^{-\frac{u^2}{2}} \, du = \Phi\left(\frac{x-\mu}{\sigma}\right)$$

$$P(x < x_0) = \Phi\left(\frac{x_0 - \mu}{\sigma}\right)$$

（1）净现值大于等于零的概率为

$$
\begin{aligned}
P(\text{NPV} \geqslant 0) &= 1 - P(\text{NPV} < 0) \\
&= 1 - \Phi\left(\frac{0 - 23283}{24639}\right) \\
&= 1 - \Phi(-0.9450) \\
&= \Phi(0.9450) \\
&= 0.8276
\end{aligned}
$$

（2）净现值小于 -100 的概率为

$$
\begin{aligned}
P(\text{NPV} < -100) &= \Phi\left(\frac{-100 - 232.83}{246.39}\right) = \Phi(-1.351) \\
&= 1 - \Phi(1.351) \\
&= 1 - 0.9115 \\
&= 0.0885
\end{aligned}
$$

（3）净现值大于等于 500 万元的概率为

$$P(\text{NPV} \geqslant 500) = 1 - P(\text{NPV} < 500)$$
$$= 1 - \Phi\left(\frac{500 - 232.83}{246.39}\right)$$
$$= 1 - \Phi(1.084)$$
$$= 1 - 0.8608$$
$$= 0.1392$$

【例 5.9】 已知某方案净现值服从期望值为 200 万元、标准差为 50 万元的正态分布，求净现值大于 0 的概率。

解

$$z = \frac{x - \mu}{\sigma} = \frac{x - 200}{50} \sim N(0, 1)$$
$$P(\text{NPV} > 0) = 1 - P(\text{NPV} \leqslant 0) = 1 - P(\text{NPV} < 0)$$
$$= 1 - P\left(z < \frac{0 - 200}{50}\right)$$
$$= 1 - \Phi(-4)$$
$$= 1$$

2. 图示法

【例 5.10】 已知某方案所有现金流状态所对应算出的净现值及其概率已知（见表 5.8），请绘出投资风险图以表明方案风险估计的图示方法。

表 5.7 各种状态组合下的净现值及其概率

状态组合	净现值/万元	发生概率
1	−120	0.05
2	−90	0.05
3	−20	0.05
4	30	0.03
5	65	0.08
6	125	0.10
7	160	0.15
8	205	0.16
9	270	0.17
10	310	0.13
11	370	0.03

借助 Excel，我们可以绘制投资风险图，如图 5.7 所示。

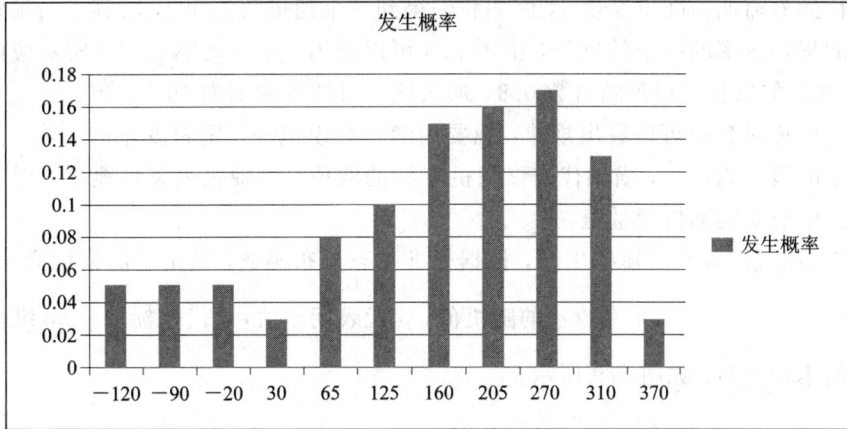

图 5.7　投资风险图

3. 模拟法

模拟法也称蒙特卡洛法，它是用反复进行随机抽样的方法模拟各种随机变量的变化，进而通过计算了解方案经济效果指标的概率分布的一种分析方法。

【例 5.11】　某工业投资项目，可以准确地估计出其初始投资为 150 万元，投资当年即可获得正常收益。项目寿命期估计为 12～16 年，呈均匀分布。年净收益估计呈正态分布，年净现值的期望值为 25 万元，标准差为 3 万元。设期末残值为零，试用风险模拟的方法描述该项目内部收益率的概率分布。

解　在本题当中，有两个随机变量，一个是项目寿命期，一个是年净收益，需要对其分别进行模拟。

项目的寿命期呈均匀分布，为便于计算只取整数值。根据均匀分布的特点画出其累计概率分布图（见图 5.8），图中横坐标表示项目的寿命期，纵坐标代表项目寿命期的取值从 12 年到 16 年发生概率的累计值。

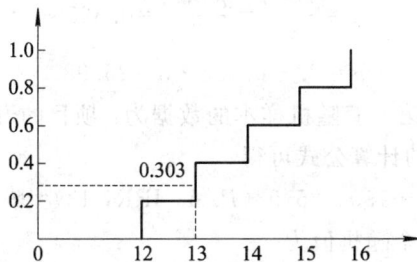

图 5.8　项目寿命模拟图

由图 5.8 可知，该项目方案的寿命为 12～16 年中任何一年的概率均为 0.2。

在风险模拟当中，用抽取随机数来模拟随机变量的发生。随机数的抽取有很多种方法，如查整数表、用随机数发生器或计算机产生随机数。我们采用最简单的方法，即用计算机产生随机数。

产生一个随机数 $x(0 < x < 1)$，然后把产生的随机数通过某种关系转换为相应的随机变量值。

设项目的寿命期为随机变量 n，假如我们得到一个随机数 0.303，将其作为项目寿命期取值对应的累积概率的一个随机值，由图 5.8 可以看出，累计概率 0.303 所对应的项目寿命期为 13 年。如果我们得到随机数 0.9，那么该项目的寿命期为 16 年。

从 n 的生成过程中可以看出规律：想要用随机数模拟一个随机变量的生成，先要画出该随机变量的概率累计图，横轴代表该随机变量的取值，纵轴代表累计概率，用生成的随机数找出图中对应的随机变量值。

对于年净收益 NCF 的模拟生成，根据标准正态分布函数，画出它的累计概率分布图，横坐标代表 $z = \dfrac{x - \mu}{\sigma}$（$x$ 为年净收益的随机值，μ 代表期望值，σ 代表标准差），纵坐标代表发生概率的累积分布，如图 5.9 所示。

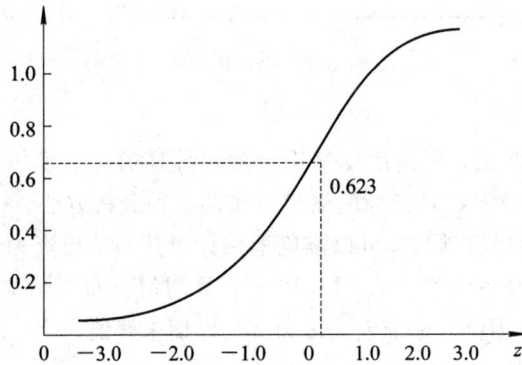

图 5.9　项目现金流量模拟图

分布图画出来以后，就可以先获得一个随机数作为累计概率值，然后再找出对应的 z 值，从而求出 x，即 NCF 值。

如果我们得到一个随机数 0.623，在图上可以找出对应的点和 z 值，实际上查表求出 $z = 0.352$。

$$z = \frac{x - \mu}{\sigma} = \frac{x - 25}{3} = 0.325$$

$$x = 25 + 0.325 \times 3 = 25.98$$

到此为止，我们抽取的第一套随机样本的数据为：项目的寿命期为 13 年，年净收益为 25.98 万元。由内部收益率的计算公式可得

$$-150 + 25.98(P/A,\ \text{IRR},\ 13) = 0$$

可以解出内部收益率的第一个随机值为

$$\text{IRR} = 14.3$$

重复上面的抽样和计算过程，可以得到更多的内部收益率的随机值。

将所有的内部收益率计算结果以 1% 为级差划分为若干级，求出内部收益率的随机值出现在每一级的频率，就可以画出反映内部收益率概率分布的直方图。

在直方图中可以很方便地求出内部收益率的取值发生在某一区间的相对频率，在样本足够多的时候，就可以把这个频率当做实际发生的概率来看待。

5.4　风　险　决　策

概率分析的一个缺点是没有给出风险条件下方案取舍的原则和多方案比选的方法，这正是本节要解决的问题。

1. 投资方案经济效果的期望值分析

投资方案经济效果的期望值是指以一个概率分布中相应概率为权数计算的各个可能值的加权平均值。其一般表达式为

$$E(X) = \sum_{i=1}^{n} X_i P_i$$

式中，$E(X)$ 为变量 X 的期望值，X_i 为变量 X 的第 i 个值，P_i 为变量的概率。

当方案经济效益指标的期望值达到某种标准时，如 $E(\text{NPV}) \geqslant 0$ 或 $E(\text{IRR}) \leqslant I_0$，则方案可行。多方案比较时，效益类指标的期望值越大越好，费用类指标的期望值越小越好。

经济效益期望值表达风险程度只是一种初步的、概略的观察，而且对于一些应做风险程度比较的项目，仅计算期望值是不够的。例如，两个方案的期望值相等。

【例 5.12】　在某企业的投资项目中，投资额为 1000 万元，拟订的方案有 A 和 B 两个，它们的预计年收益额以及预期收益可能出现的市场状况的概率如表 5.8 表示。计算两方案的收益期望值，并进行比较。

表 5.8　A 和 B 方案的收益和概率数据表

市场状况预计	A 方案年收益额/万元	B 方案年收益额/万元	市场状况发生的概率
好	400	700	0.20
一般	200	200	0.60
差	0	−300	0.20

解　分别计算出两方案的收益期望值：

$$E(X)_A = 400 \times 0.20 + 200 \times 0.60 + 0 \times 0.20 = 200(\text{万元})$$
$$E(X)_B = 700 \times 0.20 + 200 \times 0.60 + (-300) \times 0.20 = 200(\text{万元})$$

由此可见，由于两个方案的收益期望值相等，因而还不能就此判断两个方案的优劣。

2. 投资方案经济效果的标准差分析

方案的风险程度与经济效益的概率分布有着密切的关系。概率分布越集中，经济效益期望值实现的可能性就越大，风险程度就越小，所以考察方案的经济效益概率的离散程度是有必要的。标准差就是反映一个随机变量实际值与其期望值的偏离程度的指标，这种偏离程度可作为度量方案风险与不确定性的一种尺度，均方差越大，表示随机变量可能变动的范围越大，不确定性与风险也越大。在两个期望值相同的方案中，标准差大的意味着经济效益存在的风险大。

标准差的一般计算公式为

$$\sigma = \sqrt{\sum_{i=1}^{n} P_i [X_i - E(X)]^2}$$

【例 5.13】 以例 5.12 的资料计算 A 方案和 B 方案的标准差,分析两个方案的风险程度。

解 两个方案的标准差:

$$\sigma_A = \sqrt{(400-200)^2 \times 0.2 + (200-200)^2 \times 0.6 + (0-200)^2 \times 0.2}$$
$$=126.5(万元)$$

$$\sigma_B = \sqrt{(700-200)^2 \times 0.2 + (200-200)^2 \times 0.6 + (-300-200)^2 \times 0.2}$$
$$=316.2(万元)$$

计算结果表明,A 方案预期收益的标准差比 B 方案的小,即接近期望值的可能性比 B 方案要大,因而,相对而言,A 方案的风险比 B 方案要小。

3. 投资方案经济效果的离散系数分析

标准差虽然可以反映随机变量的离散程度,但它是一个绝对量,其大小与变量的数值及期望值有关。标准差表示风险程度也有一定的局限性,当需要对不同方案的风险程度进行比较时,标准差往往不能反映风险程度的差异。为此,引入另一个指标——离散系数 V,其计算公式为

$$V = \frac{\sigma(X)}{E(X)}$$

离散系数是一个相对数,能更好地反映投资方案的风险程度。当对两个投资方案进行比较时,如果期望值相同,那么标准差小的方案风险程度低;如果两个方案期望值与标准差均不同,那么离散系数小的方案风险程度低。

【例 5.14】 仍以例 5.12 的资料计算 A 方案和 B 方案的离散系数,进一步分析两个方案的风险程度。

解 分别计算两个方案的离散系数:

$$V_A = \frac{\sigma(X)}{E(X)} = \frac{126.5}{200} = 0.6325$$

$$V_B = \frac{\sigma(X)}{E(X)} = \frac{316.2}{200} = 1.581$$

4. 多阶段风险决策——决策树法

俗话说,"三思而后行","走一步看几步",意思是人们在作决断和采取行动之前要慎重考虑和权衡各种可能发生的情况,要看到未来发展的几个步骤,决策树方法就是这一思想的具体化。这种决策方法其思路如树状,所以形象地被称之为决策树。下面通过一个例子来说明。

【例 5.15】 某投资项目有两个方案,一个是建大厂,另一个是建小厂。建大厂需要投资 300 万元,建小厂需投资 160 万元,使用年限都为 10 年,估计在此期间产品销路好的概率是 0.7,销路差的概率是 0.3,两方案年净收益如表 5.9 所示。

表 5.9 两方案年净收益

可能状态	概率	建大厂/万元	建小厂/万元
销路好	0.7	100	40
销路差	0.3	−20	10

按前 3 年和后 7 年两期考虑。若建小厂，投入生产 3 年后产品销路好，则增加投资 160 万元再服务 7 年，每年净收益与建大厂方案相同，估计后 7 年产品销路好的概率为 0.9，销路差的概率为 0.1。如果前 3 年销路不好，后 7 年销路也不会好。试用决策树法进行分析、决策。

解 这是一个两阶段风险决策问题，我们首先画出形如图 5.10 所示的树状图。

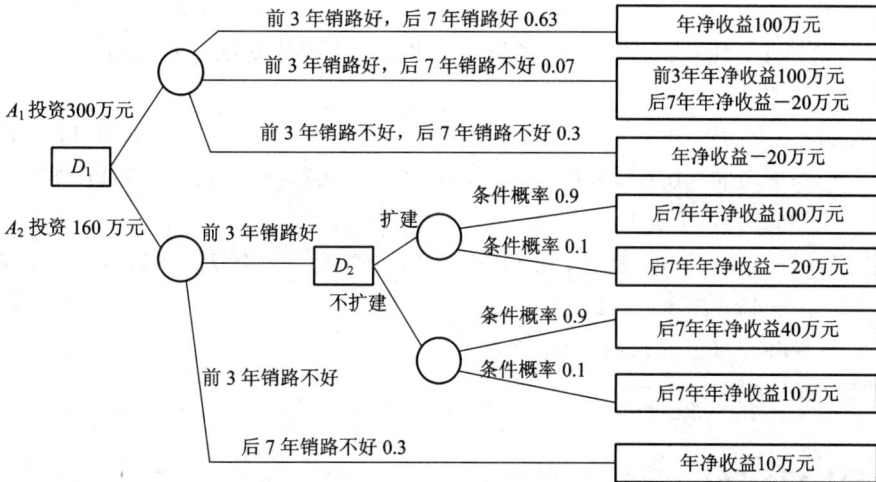

符号说明：

▭ 为决策点，从决策点引出的每一分枝表示一个可供选择的方案；

◯ 为方案节点或状态点，其上方的数字表示该状态的概率，从它引出的分枝叫概率分枝，每一概率分枝相应的效益值或损益值写在概率分枝的末端。

图 5.10 决策树图

其次，要确认以下几点：

（1）在扩建与不扩建之间做出选择，然后将其较优者与建大厂进行比较。

（2）从题意中可以发现前 3 年销路不好，后 7 年销路好的概率为 0。由此，我们可以算出各概率分枝的概率。

（3）计算出各概率分枝点的净现值。

（4）计算出各状态点的净现值的期望值，进行比选。

三种市场前景可以看做是四个独立事件的组合：b_1 表示前 3 年销路好；b_2 表示后 7 年销路好；w_1 表示前 3 年销路不好；w_2 表示后 7 年销路不好。

$$P(b_1 \bigcap b_2) = 0.7 \times 0.9 = 0.63$$
$$P(w_1 \bigcap w_2) = 0.3$$
$$P(b_1 \bigcap w_2) = 0.7 \times 0.1 = 0.07$$
$$P(w_1 \bigcap b_2) = 0$$

$$P(b_1) = 0.63 + 0.07 = 0.7, \ P(b_2 | b_1) = 0.9, \ P(w_2 | b_1) = 0.1$$

现在开始决策。决策的第一步，在扩建与不扩建之间做出选择，是在前 3 年销路好的前提下，比较的基准时点选取第 3 年年末。

扩建方案的期望为

$$E(\text{NPV})_{21} = -160 + 100(P/A, 0.1, 7) \times 0.9 - 20(P/A, 0.1, 7) \times 0.1$$
$$= 268.384(万元)$$

不扩建方案的期望为

$$E(\text{NPV})_{22} = 40(P/A, 0.1, 7) \times 0.9 + 10 \times (P/A, 0.1, 7) \times 0.1$$
$$= 180.116(万元) < 268.384(万元)$$

所以应选扩建。

决策的第二步，比较扩建小厂方案与大厂方案，比较的基准时点选取第 0 年年末，期望分别为

$$E(大厂) = -300 + 100 \times 0.63 \times (P/A, 0.1, 10) - 20 \times 0.3 \times (P/A, 0.1, 10)$$
$$+ [100 \times 0.07 \times (P/A, 0.1, 3) - 20 \times 0.07 \times (P/A, 0.1, 7)(P/F, 0.1, 3)]$$
$$= 62.497(万元)$$

$$E(小厂) = -160 + [40(P/A, 0.1, 3) + E(\text{NPV})_{21} \times (P/F, 0.1, 3)] \times 0.7$$
$$+ 10(P/A, 0.1, 10) \times 0.3$$
$$= 69.21(万元) > E(大厂)$$

所以应选建小厂方案。

讨论与复习题

1. 某项目的生产能力为 3 万件/年，产品售价为 3000 元/件，总成本费用为 7800 万元，其中固定资本为 3000 万元，总变动成本与产量呈线性关系，请进行盈亏平衡分析。

2. 新建一化工厂，如果设计能力为年产 5000 吨，预计每吨售价为 8000 元，总固定成本为 1000 万元，单位产品可变成本为 4000 元。试通过盈亏平衡分析，对该方案作出评价。

3. 某产品价格为 6 元，单位可变成本为 4 元/件，生产该种产品的固定成本为 4000 元，试计算利润为 1500 元的产量。

4. 某方案实施后有三种可能：情况好时，净现值为 1200 万元，概率为 0.2；情况一般时，净现值为 400 万元，概率为 0.3；情况差时净现值为 -800 万元。则该项目的期望净现值为多少？

5. 生产某产品有两种方案，建大厂或建小厂。建大厂需投资 15 万元，建小厂需投资 8 万元，两厂使用期限都是 10 年，估计在此期间销路好的概率为 0.7，销路差的概率为 0.3，两个方案的损益值如表 5.10 所示，请用决策树方法进行方案选择（基准折现率为 10%）。

表 5.10　两个方案的损益值　　　　　　　　万元/年

方　　案	建 大 厂	建 小 厂
销路好 0.7	4.6	1.9
销路差 0.3	-0.9	0.2

案例分析

某地产公司第 1 年年初参与某别墅用地竞拍，交定金 50 亿元，竞拍成功后开工建设，

于第 1 年年末支付工程款项 50 亿元，支付土地出让金 300 亿元（定金冲抵部分土地出让金）；第 2 年年末支付工程款项 50 亿元，别墅完工；从第 3 年年末到第 6 年年末所支付的物业运作成本、销售成本、管理成本等经营成本各项金额分别为 150 亿元、200 亿元、200亿元、200 亿元，从第 3 年年末到第 6 年年末所收到的物业管理费、别墅销售收入等销售收入各项金额分别为 300 亿元、400 亿元、400 亿元、400 亿元。试以净现值指标对该地产公司的别墅项目进行敏感性分析（基准收益率为 10%）。

本案例看起来复杂，实际上可以先依据案例中的各项数据，将该项目的收入流、支出流及其发生时间列出表格，如表 5.11 所示。

表 5.11　项目投资、成本、收入时间表　　　　　　　亿元

指标＼年份	0	1	2	3	4	5	6
投资	50	300	50				
年经营成本				150	200	200	200
年销售收入				300	400	400	400

（1）确定分析指标，选取净现值（NPV）。

（2）选定不确定因素，并设定它们的变化范围，依题意选取投资额 x、年经营成本 y、年销售收入 z 三个因素。

（3）计算因素变动（投资额 x 等）对分析指标（NPV）影响的数量结果。

第6章

技术项目的综合评价方法

【重点提示】
◇ 多属性综合评价
◇ 评价指标体系
◇ 指标标准化
◇ 层次分析法
◇ 主成分分析法

阅读材料

高新技术项目评价指标研究

　　国外有关高新技术项目评价指标的研究早在 20 世纪 60 年代就已引起人们的兴趣，其起点是 Myers 和 Marquis 所做的大规模的实证研究。近年来此方面的研究仍层出不穷，力求找出影响高科技投资成败的基本因素。以往所做研究的缺陷在于过于偏重财务方面的考虑，忽略了技术、市场等多方面存在的不确定性，这一缺陷在现在的研究中已得到纠正，这一点从专家们对高科技投资风险的分类方面可以看出。比如，Mortarly 和 Kosnik 认为风险分为两大类：市场风险和技术风险；Souder 和 Bethay 认为应分为商业、市场和技术三类风险；而 Belev 则将高科技风险分为六类：技术、资金、设计、支撑体系、成本与进度和外部因素。此外，由于高科技投资必然涉及一项或多项新技术，因此，目前的研究普遍开始强调技术风险的重要意义。Glasser 认为技术风险的概念是高科技市场风险的一个重要组成部分，Robert Polk 等人设计了一个具有 58 个变量的指标体系，通过对 406 个工业新产品的成功案例和失败案例的统计研究发现，单独进行技术风险评价对预测高科技新产品的成败十分重要。市场风险是除技术风险外另一个受到普遍重视的因素，市场风险的定义是"由于环境因素导致能否赢得竞争优势的不确定性"。由于高科技产品的市场一般不是现成的，而是需要进行开发和培育的，因此，从理论上说，高科技产品的市场风险较普通商品更大。国外有许多人建立过用于高科技投资及新产品开发评价的指标体系，但由于对高科技投资不同阶段的研究重点不同，其指标体系也不同。此外，鉴于检验指标有效程度的实证研究结论中，各指标的重要性程度依样本不同指标体系的各个项目也不同。比如，Cooper、Zirger 和 Maidique 着重于新产品投资项目的实证研究。Cooper 发现，与新产品投资成功相关的因素有四个：产品差别化优势，项目资源相容性，市场需求、增长和规模，对用户的经济效益；而 Zirger 和 Maidique 通过设计、调查发现影响电子行业新产品成败的关键因素包括：R&D 组织的素质、产品的技术性能、产品对顾客的价值、新产品与公司现有能力的一致性、产品开发和导入过程中管理层的支持。在新产品投资风险的研究方面作出重要贡献的还有 Richard T. Hise、Gerhard Schewe 等人。台湾某经济研究所的陈振远先生从风险资本投资的角度建立了一套高科技投资项目的风险评价体系，陈振远先生将评价指标体系划分成了五大部分，即方案竞争力、企业内部竞争优劣势、外部环境机会与威胁、经营目标一致性和风险管理。其中，在方案竞争力方面的主要指标包括产品竞争力、市场吸引力和投资获利性；在企业内部竞争优劣势方面的主要指标是营销能力、生产能力、财务能力、经营管理能力和创业者人格特征；在外部环境机会与威胁方面的主要指标是经济环境和政府法令及奖励；在经营目标一致性方面的主要指标是发展目标配合性和内部协调性；在风险管理方面的主要指标是风险承担能力和投资风险分散。

6.1　多属性综合评价概述

6.1.1　多属性综合评价的定义

评价是一项经常性、极为重要的认识活动，在日常生活中经常遇到这样的判断问题：哪个学生素质高？哪个高等学校的声望高？在经济管理中也经常遇到这样的问题：哪个企业的效益好？哪个项目更加可行？

现实社会生活中，对一个事物的评价常常要涉及多个因素或多个指标，评价是在多因素作用下的一种综合判断。例如，要判断项目的可行性，就得从项目的技术性能、经济效益、社会效益、项目风险、开发周期、投资规模等多方面进行综合比较。要判断哪个企业的效益好，就得从若干企业的财务管理、营销管理、生产管理、人力资源管理、研究与开发能力等多方面进行综合比较等。可以这样说，几乎任何综合性活动都可以进行综合评价。随着人们活动领域的不断扩大，所面临的评价对象也日趋复杂，人们不能只考虑评价、被评价对象的某一方面，必须全面地从整体的角度考虑问题。

我们知道，评价的依据就是指标。由于影响评价事物的因素往往是众多而复杂的，如果仅从单一指标上对被评价事物进行综合评价不尽合理，因此往往需要将反映评价指标的多项信息交易汇集，得到一个综合指标，以此来从整体上反映被评价事物的整体情况，这就是多指标综合评价方法。多指标评价方法是对多指标进行综合的一系列有效方法的总称，它具备以下特点：它的评价包含了若干个指标，这多个评价指标分别说明被评价事物的不同方面；评价方法最终要对被评价事物做出一个整体性的评判，用一个总指标来说明被评价事物的一般水平。随着所需考虑的因素越来越多，规模越来越大，对评价工作本身的要求也就越来越高，要求它克服主观性和片面性，体现出科学性和规范性。而且，当前的评价工作不但要求考虑结构化、定量化的因素，也需要考虑大量非结构化、半结构化、模糊性和灰色性的因素。

总之，所谓综合评价，就是对评价对象的全体，根据所给的条件，采用一定的方法，给每个评价对象赋予一个评价值，以进行客观、公正、合理的全面评价，并据此择优或排序。

多指标综合评价方法就是对多指标进行综合的一系列有效方法的总称。

多指标综合评价是一个涉及统计学、管理科学、决策科学、模糊学、系统理论等多个学科的综合性交叉方法，在各种技术方案选择和研发机构的绩效评估中得到普遍的应用，如对引进技术项目的选择、对企业新产品开发方案的选择、或者对科研机构乃至地区科技创新能力的评价等。

6.1.2 多属性综合评价问题的基本要素

一般说来，构成综合评价问题的要素包含以下几个方面：

（1）评价目的。必须首先明确评价的目的，这是评价工作的根本性指导方针。对某一事物开展综合评价，首先要明确为什么要综合评价、评价事物的哪一方面、评价的精确度要求如何等问题。

（2）被评价对象。评价的对象通常是同类事物（横向）或同一事物在不同时期的表现（纵向）。同一类评价对象的个数要大于1，否则就没有判断和评价的必要了。这一步的实质是明确评价对象系统。评价对象系统的特点直接决定评价的内容、方式以及方法。

（3）评价者。评价者可以是某个人（专家）或某个团体（专家小组）。评价目的的确定、被评价对象的确定、评价指标的建立、权重系数的确定、评价模型的选择都与评价者有关，因此，评价者在评价过程中的作用是不可轻视的。

（4）评价指标。所谓指标，是指根据研究的对象和目的，能够确定地反映研究对象某一方面情况的特征依据。每个评价指标都是从不同侧面刻画对象所具有的某种特征。所谓指标体系，是指由一系列相互联系的指标所构成的整体，它能够根据研究的对象和目的，综合反映出对象各个方面的情况。指标体系不仅受评价客体与评价目标的制约，而且受评价主体价值观念的影响。

（5）权重系数。相对于某种评价目标来说，评价指标之间的相对重要性是不同的，评价指标之间的这种相对重要性的大小，可用权重系数来刻画。指标的权重系数简称权重，是指标对总目标的贡献程度。很显然，当被评价对象及评价指标都确定时，综合评价的结果就依赖于权重系数，即权重系数确定得合理与否，关系到综合评价结果的可信程度，因此，对权重系数的确定应特别谨慎。

（6）综合评价模型。所谓多指标综合评价，就是通过一定的数序模型将多个评价指标值合成为一个整体性的综合评价值。可用于合成的数学方法很多，问题在于如何根据评价目的及被评价对象的特点来选择较为合适的合成方法。

（7）评价结果。输出评价结果并解释其含义，依据评价结果进行决策。应该注意的是，应正确认识综合评价方法，公正看待评价结果，综合评价结果只具有相对意义，即只能用于性质相同的对象之间的比较和排序。

任何一种综合评价方法，都要依据一定的权重对各单项指标评判结果进行综合，权重比例的改变会变更综合评价的结果。另外，非数量性评判因素的评判，主要依赖于投票者对评价对象的主观感受，对同一评判对象，不同评价者的主观感受是不一样的。可见，综合评价结果存在一定的主观性，这是我们不应回避的问题。综合评价工作是一件主观性很强的工作，我们在评价工作中必须以客观性为基础，提高评价方法的科学性，保证评价结果的有效性。当然，由于综合方法的局限性，使得它的结论只能作为认识事物、分析事物的参考，而不能作为决策的唯一依据。

综合评价的具体方法有许多种，各种方法的总体思路是统一的，大致可分为熟悉评价对象并确立评价的指标体系、确定各指标的权重及建立数学模型，这三个环节是综合评价的关键环节。

6.1.3　多属性综合评价在技术项目中的应用

随着人们对企业技术创新活动重视程度的日益增加，如何正确评价及选择产品创新和工艺创新就显得越发关键。根据前面的学习可知，通过财务评价，能够预测企业通过创新产品开发可能取得的经济效益，即根据项目的财务净现值（NPV）和内部收益率（IRR）来反映项目预期达到的经济成果。为了全面考虑，还需要从技术性能、研发周期等方面来论证方案的可行性，见表 6.1。

通过表 6.1 的分析可以发现，在现实的技术经济活动中，评价是在多因素相互作用的情况下的一种综合判断，要进行更为准确和科学的判断，就必须建立一套评价指标体系，采用一定的数学方法。20 世纪 70 年代在欧美国家中发展起来的综合评价方法，就是这样一种在管理科学和工程领域发挥重要作用的研究手段。对于有限多个方案的决策问题而言，科学的综合评价是正确决策的前提。

表 6.1　某动力设备新产品开发的评价指标值

	技术方案 A	技术方案 B	技术方案 C	方案比较
技术性能/千瓦	1200	1050	900	A 优
经济效益/万元	600	780	630	B 优
研发周期/周	12	17	9	C 优
综合评价				

如何才能保证综合评价工作的顺利完成呢？为此，要把握好以下几个关键问题：

（1）评价的目的是什么？明确评价目的是技术经济活动中综合评价的首要工作，必须明确为什么要进行综合评价。如对某家电生产企业的电视机产品的性能-质量-价格进行综合评价，以判断其性价比；或者如表 6.1 中围绕企业拟推出新型动力设备的技术方案，从中选择相对较优的方案。

（2）评价的标准是什么？要对评价对象建立评价指标体系。所谓指标，就是根据研究的对象和目的，能够确定地反映研究对象某一方面情况的特征依据。而指标体系则是由一系列相互联系的指标所构成的整体，它能够根据研究的对象和目的，综合反映出对象各个方面的情况，指标体系的选择往往受到评价主体价值概念的影响。事实上，表 6.1 中的技术性能、经济效益和研发周期三个评价指标也只能从某几个方面反映评价对象的特性，在很多技术项目的评价问题中，人们还有进一步优化的必要。

（3）如何进行科学的评价？这牵涉到两个方面的问题，第一，要选择恰当的数学模型将多个评价指标值合成为一个整体最优的综合评价值，并用该总指标来说明被评价事物的一般水平；第二，如何准确地认识综合评价的结果，不同的评价者对于综合评价的主观感受是不一样的。由此，各种指标权重的选择就是评价者面临的一个新的问题。

6.2　技术方案的评价指标体系

如何才能进行科学的评价，这依赖于对评价指标的选择。为什么在实践中往往需要选择多指标的综合评价呢？这往往是因为技术系统本身的复杂性，决定了必须将反映系统方面的信息综合起来才能作出科学的选择。

6.2.1　技术方案评价指标确定的原则

评价指标体系不仅是联系专家与评价对象的纽带，而且是联系评价方法与评价对象的桥梁，只有建立科学合理的评价指标体系才有可能得出科学公正的综合评价结论。为此，评价指标体系的建立要遵循以下原则：

（1）系统性原则。选取的指标应尽可能完整、系统地反映被评价对象的全部信息，同时还要注意指标的精炼，力求抓住主要因素，突出重点，不搞面面俱到，提高评价的效果。

（2）可比性原则。选取的评价指标应具有代表性，能很好地反映研究对象某方面的特性；同时指标间应具有明显的差异性，便于比较。

（3）独立性原则。整个评价指标体系的构成必须紧紧围绕综合评价的目的展开，确保层次分明，简明扼要；同时每个指标要内涵清晰、相对独立；同一层次的各指标间应尽力不相互重叠，相互间不存在因果关系。

（4）可测性原则。选取的指标应符合客观实际水平，有稳定的数据来源，易于操作；同时确保评价指标变化的规律性，有些受偶然因素影响而发生大起大落的指标不宜入选。

（5）科学性原则。整个评价指标体系从元素构成到结构，从每一指标计算内容到计算方法，都必须科学、合理、准确。在技术系统和技术方案评价中，应注意定性分析与定量分析相结合，静态分析与动态分析相结合。

6.2.2　评价指标体系确定的程序和方法

评价指标体系的确定往往带有很大的主观性，在实践中有经验确定法和数学方法两种评价指标的筛选方法，一般而言，它们都包含以下研究程序。

1. 系统分析

拟定优化标准体系时，必须首先对技术项目作深入的系统分析。从分析技术方案的结构、要素及各种因素的逻辑关系入手，以技术方案的功能系统、价值结构为核心，对技术方案作出条理清晰、层次分明的系统分析。

2. 目的分解

在系统分析的基础上，对技术方案的目的按照其内在的因果、依存、隶属、主辅等逻辑关系进行分解，并形成符合技术方案价值构成关系的目标层次结构，这是拟定综合评价指标体系的关键工作。

对同一个技术项目，由于观察角度不同，价值标准不同，所构思的目标体系就不同。作为优化标准体系，应从整体最优原则出发，根据局部服从整体、宏观与微观相结合、长远和近期相结合的准则,综合多种因素,确定投资项目的总目标。总目标是项目所期望的状态,它是项目本身一组功能变量的函数,称为系统的总目标函数。系统的总目标要通过一组子目标来体现,必要时子目标还可进一步分解。在目标分解的基础上,再将最低层次的子目标用若干属性指标来描述和测定,最后构成评价体系。

3. 征询专家意见确定评价指标体系

通过系统分析,初步拟出评价指标体系之后,应进一步征询有关专家的意见,对指标体系进行筛选、修改和完善。一般常用德尔菲法,它运用专家的知识、智慧、经验、信息和专家的价值观,对初步拟出的评价指标体系进行匿名评价,提出修改意见。

专家调研法(德尔菲法)是技术经济分析与评价中十分重要的方法,在中长期技术发展的趋势预见中,在科技成果的同行评议中都得到了广泛应用。该方法具有以下三个特征:

(1)匿名性。向专家分别发送咨询表,参加评价的专家互不知晓,消除了相互间的影响。

(2)轮间情况反馈。协调人对每一轮的结果作出统计,并将其作为反馈材料发给每个专家,供下一轮评价时参考。

(3)结果的统计特性。采用统计方法对结果进行处理。

该方法的采用有效地集中了专家的集体智慧,成为复杂技术系统的重要评价方法。

6.2.3　评价指标体系设计与指标权重的确定

随着技术进步在经济发展中日益增长的重要性,关于技术创新方案、项目及能力的评价愈来愈受到重视,国内学者关于企业技术创新能力评价提出了几种评价指标体系,见表 6.2。

表 6.2　关于企业技术创新能力评价的几种指标体系

学者及单位	企业技术创新能力评价指标体系	主要特点
许庆瑞, 浙江大学, 2000	研究与开发能力 工程化能力 营销能力 支撑能力	引入"工程化"能力,突出新技术商品化、产业化的过程
吴贵生, 清华大学, 2000	投入能力 研究与开发能力 生产能力 营销能力 管理能力 执行指标	以创新过程为主线,指标体系全面、直观
傅家骥, 清华大学, 1997	创新资源投入能力 创新管理能力 创新倾向 研究与开发能力 制造能力 营销能力	引入"创新倾向",不仅考察创新的基础条件,而且了解创新者的主观能动因素

从表 6.2 中可以发现，在确定了综合评价指标体系以后，要完成对创新能力的综合评价，还需要确定每个指标的相对重要程度，即明确指标的权重。指标的权重主要根据其在评价指标体系中的地位以及重要程度来确定，同一组指标数值、不同的权重系数，会导致截然不同的甚至相反的评价结论，因此，合理地确定权重对评价或决策有着重要意义。

权重一般要进行归一化处理，使之介于 0～1 之间，指标越重要，其权重就越大，反之则越小，且各指标权数之和等于 1。根据计算权重时原始数据来源的不同，主要可分为主观赋权法、客观赋权法及综合赋权法三大类。

1. 主观赋权法

主观赋权法是根据人们的主观判断来评定各指标的权重的方法，主要有模糊标度法、层次分析法、对比平和评分法、环比倍乘法和二项系数法等。该方法的优点是概念清晰、简单易行，专家可以根据实际问题，合理确定各指标权重系数之间的排序，而主要缺点是主观随意性较大。其中专家投票表决法、层次分析法在实践中得到了较多应用。

2. 客观赋权法

客观赋权法的原始数据由各指标在评价中的实际数据形成，按照一定的数学原理，自动生成权重系数，主要有特征向量法、熵值法、数据包络分析、主成分法和方差法等。该方法推算严密，评价客观，但权重随指标数据的变化而变化，稳定性差，甚至有时候确定的权重系数还与指标的实际重要程度相悖。

3. 综合赋权法

综合赋权法是一种综合主、客观赋权的结果而确定权重的方法。设对第 i 项指标主客观赋权法的权重分别为 W_{si}、W_{oi}，则综合赋权法的权重计算如下：

$$W_i = \frac{W_{si} \times W_{oi}}{\sum_{i=1}^{m} W_{si} \times W_{oi}} \quad i = 1, 2, \cdots, m$$

用综合赋权法确定指标的权重，可在一定程度上弥补主、客观赋权法的不足。

6.3　评价指标标准化处理

6.3.1　标准化处理的原因

在应用数学模型进行综合评价以前，有必要对原始数据进行预处理，从而消除指标量纲不同对评价结果带来的干扰。例如，在企业新产品开发方案中，有甲、乙两个方案可供选择，假如采用的指标体系非常简单，只包含 A、B 两个指标，那么面临以下几个问题需要解决：

第一，定性指标 B 的量化问题。如技术开发能力、设备技术水平、市场竞争能力等指标，这类指标较难量化，是评价工作中克服主观因素的一大难题。通常的做法是：首先给出定性指标的明确定义，再根据指标定义和实际情况给指标评分。比如，大气污染程度可用大气的单位体积中总颗粒悬浮量度量，按颗粒悬浮个数划分若干等级，对不同等级规定不同评分值，并作为该指标的值。再如，设备技术水平，可按国际先进技术水平、国内先进水平、国内一般水平，分别规定评分值作为指标值。总之，在一个具体项目中，一些定性指标可结合具体情况，把定性指标人为定量化。

第二，要检查 A、B 指标类型是否一致，如果既有正指标（如净现值、内部收益率、收益费用比率、净现值大于零的概率等），又有逆指标（如投资回收期、盈亏平衡点等），则无法判断综合评价值是越大越好，还是越小越好，需对逆指标 B 进行变换，即可使指标 1/B 与指标 A 的类型一致。此外，也可合理设置综合评价模型来消除指标类型不一致带来的影响。

第三，要通过指标的无量纲化处理，消除各项指标因单位不同以及其数值、数量间的悬殊差别所带来的影响，使纲不同的指标具有相同的量纲，并把量级不同、性质不同的指标变成量级相同的定量指标。

6.3.2　评价指标的标准化方法

评价指标的标准化，一般通过数学变换来消除原始数据指标单位的影响。在评价模型、评价指标的权重系数、指标类型的一般化方法都已经取定的情况下，应尽可能选择能充分体现被评价对象之间差异的无量纲化方法。常用的方法有中心化处理法、极差化处理法、功效系数法与非线性评分函数法等。

1. 中心化处理法

中心化处理法的线性评分函数如下：

$$Y_{ij} = \frac{X_{ij} - \overline{X}_j}{s_j}$$

式中，X_{ij} 表示样本的实际值，Y_{ij} 表示样本标准化处理后的无量纲值，$\overline{X}_j$、s_j（$j=1, 2, \cdots, m$）分别为第 j 项指标观测值的平均值和均方差。该方法适合运用线性加权和综合模型来进行综合评价，而对于非线性综合评价模型则不太适合对原始数据进行中心化的无量纲处理。

2. 极差化处理法

极差化处理法简单易行，是一种使用频率较高的处理方法。指标的最优值（X_{ij}^g）取为 100 分，最劣值（X_{ij}^b）取为 0 分，建立线性评分函数，即

$$Y_{ij} = \left\{ \frac{X_{ij} - X_{ij}^b}{X_{ij}^g - X_{ij}^b} \right\} \times 100$$

在上述评分标准形式中，主要存在两种形式：一种是以方案集内相对而言最优和最差的指标值为评分依据的相对效果评分标准；另一种是超出方案集的范围，根据国内外同类型项目的最先进的指标值或有关客观标准为评分依据的绝对效果评分标准。

3. 功效系数法

为了提高评估结果的科学性，也可选用相对效果和绝对效果评分标准相结合的改进型线性评分函数，它以指标的可行值（X_{ij}^f）为 60 分（绝对效果评分标准），最优值（X_{ij}^g）为 100 分（相对效果评分标准），建立线性评分函数，即

$$Y_{ij} = \frac{40(X_{ij} - X_{ij}^f)}{X_{ij}^g - X_{ij}^f} + 60$$

4. 非线性评分函数法

有各种形式的非线性评分函数，如可以取指标的最优值（X_{ij}^{g}）为 100 分，最劣值（X_{ij}^{b}）为 0 分建立非线性评分函数，即

$$Y_{ij} = \left\{ \frac{X_{ij} - X_{ij}^{b}}{X_{ij}^{g} - X_{ij}^{b}} \right\}^{k} \times 100$$

式中，k 在取不同数值的指标数据标准化评分函数时有不同的结果。

6.4　技术方案的评价方法选择

在完成评价指标体系设计以后，选择恰当的评价方法就显得尤为重要。从 20 世纪 60 年代模糊评价方法得到应用开始，现代综合评价的理论与方法得到了迅速的发展，出现了一系列各具特色的评价方法，如层次分析法、数据包络分析、人工神经网络技术和灰色系统的理论与应用研究等。因此，在实践中应辨别不同方法的优劣，并围绕评价任务做些必要的准备。

6.4.1　评价方法的选择原则

多目标、多层次的综合评价根据其评价对象、评价目的的不同，面临着不同的选择。即使同一种评价方法，在一些具体问题的处理上，也需要根据不同的情况做不同的处理，从而在操作上也要具备一定的艺术性。在实际运作中，可考虑以下几条原则：

（1）选择评价者最熟悉的评价方法。

（2）所选择的方法必须有坚实的理论基础，能为人们所信服。

（3）所选择的方法必须直接明了，尽量降低算法的复杂性。

（4）所选择的方法必须能够准确地反映评价对象和评价目的。

现代评价方法一般可分为以下四种基本类型：

（1）基于专家知识的评价，如专家打分评价法。专家评分法是出现较早且应用较广的一种评价方法，它是在定量分析和定性分析的基础上，以打分等方式作出定量评价，其结果具有数理统计特征。其最大优点是在缺乏统计数据和原始数据的情况下，可以作出定量估价。当然，专家评价的准确程度取决于专家的学术水平和实际经验。

（2）运筹学与其他数学方法，如层次分析法、模糊综合评价法等。

（3）新型评价方法，如主成分分析法、人工神经网络评价法、灰色综合评价法。人工神经网络综合评价法具有很大程度的容错能力，对于统计数据规范、可比性强的评价对象，如果数量较大，需要定期或不定期评价，其评价结果往往能够有效地反映其真值。

（4）混合方法，这是几种方法混合使用的情况，如 AHP＋模糊综合评价、模糊神经网络评价法等。

6.4.2　常用的评价方法

1. 线性加权和评价法

线性加权和评价法的主要原理是将无量纲化的数据与指标权重进行矩阵相乘，得到综

合评价值。其主要优点是概念明确、方法简单、可操作性强，适用于有关统计数据齐全和
规范的评价对象。其线性模型如下：

$$Y = \sum_{j=1}^{m} W_j X_j$$

式中，Y 为被评价对象的综合评价值；W_j 为与评价指标 X_j 相应的权重系数，$0 \leqslant W_j \leqslant 1$，$j = 1, 2, \cdots, m$，且 $\sum_{j=1}^{m} W_j = 1$。

线性加权和评价法主要适用于各评价指标间相互独立的场合，此时各评价指标对综合
评价水平的贡献彼此没有什么影响。该评价方法容许用某些指标的高分来弥补另一些指标
的低分，体现决策者不拘一格选优方案的指导思想。但是，若各评价指标间不独立，"和"
的信息必然是信息的重复，也就难以反映客观实际。此外，该方法突出了指标值或加权值
中值的作用，容易反映评价结果的公正性。

2. 非线性加权几何平均法

所谓非线性加权几何平均法，是指应用如下非线性模型：

$$Y = \prod_{j=1}^{m} X_j^{W_j}$$

式中，Y 为评价方案的加权几何平均值；W_j 为第 j 项指标的权重系数，且 $\sum_{j=1}^{m} W_j = 1$；X_j 为第 j 项指标的经数据标准化处理后的评分值，且 $X_j \geqslant 1$。

非线性加权几何平均法适用于各指标间有较强关联的场合。该评价方法突出了评价指
标值中较小者的作用，而且其对指标间得分差异和指标值变动敏感性较强，有助于体现备
选方案之间的差异，反映了决策者全面均衡选优方案的指导思想。

6.5　层次分析法

层次分析法（Analytic Hierarchy Process，AHP）是对一些较为复杂、较为模糊的问题作出
决策的简易方法，它特别适用于那些难于完全定量分析的问题。它是美国运筹学家
T. L. Saaty 教授于 20 世纪 70 年代初期提出的一种简便、灵活而又实用的多准则决策方法。

6.5.1　层次分析法的基本原理与步骤

人们在进行社会的、经济的以及科学管理领域问题的系统分析中，面临的常常是一个
由相互关联、相互制约的众多因素构成的复杂而往往缺少定量数据的系统，层次分析法为
这类问题的决策和排序提供了一种新的、简洁而实用的建模方法。

运用层次分析法建模，大体上可按以下四个步骤进行：

（1）建立递阶层次结构模型。

（2）构造出各层次中的所有判断矩阵。

（3）层次单排序及一致性检验。

（4）层次总排序及决策。

下面分别说明这四个步骤的实现过程。

1. 递阶层次结构的建立

应用 AHP 分析决策问题时，首先要把问题条理化、层次化，构造出一个有层次的结构模型。在这个模型下，复杂问题被分解为元素的组成部分。这些元素又按其属性及关系形成若干层次，上一层次的元素作为准则对下一层次有关元素起支配作用，这些层次可以分为三类：

（1）最高层：这一层次中只有一个元素，一般它是分析问题的预定目标或理想结果，因此也称为目标层。

（2）中间层：这一层次中包含了为实现目标所涉及的中间环节，它可以由若干个层次组成，包括所需考虑的准则、子准则，因此也称为准则层。

（3）最底层：这一层次包括了为实现目标可供选择的各种措施、决策方案等，因此也称为措施层或方案层。

递阶层次结构中的层次数与问题的复杂程度及需要分析的详尽程度有关，一般层次数不受限制。每一层次中各元素所支配的元素一般不要超过 9 个，这是因为支配的元素过多会给两两比较判断带来困难。

2. 构造判断矩阵

层次结构反映了因素之间的关系，但准则层中的各准则在目标衡量中所占的比重并不一定相同，在决策者的心目中，它们各占有一定的比例。

在确定影响某因素的诸因子在该因素中所占的比重时，遇到的主要困难是这些比重常常不易定量化。此外，当影响某因素的因子较多时，直接考虑各因子对该因素有多大程度的影响时，常常会因考虑不周全、顾此失彼而使决策者提出与他实际认为的重要性程度不相一致的数据，甚至有可能提出一组隐含矛盾的数据。为看清这一点，可作如下假设：将一块重为 1 千克的石块砸成 n 小块，你可以精确称出它们的重量，设为 $w_1, \cdots, w_n$，现在，请人估计这 n 小块的重量占总重量的比例（不能让他知道各小石块的重量）。此人不仅很难给出精确的比值，而且完全可能因顾此失彼而提供彼此矛盾的数据。

设现在要比较 n 个因子 $X = \{x_1, \cdots, x_n\}$ 对某因素 Z 的影响大小，怎样比较才能提供可信的数据呢？Saaty 等人建议可以采取对因子进行两两比较建立成对比较矩阵的办法，即每次取两个因子 x_i 和 x_j，以 a_{ij} 表示 x_i 和 x_j 对 Z 的影响大小之比，全部比较结果用矩阵 $\boldsymbol{A} = (a_{ij})_{n \times n}$ 表示，称 $\boldsymbol{A}$ 为 Z 与 X 之间的成对比较判断矩阵（简称判断矩阵）。容易看出，若 x_i 与 x_j 对 Z 的影响之比为 a_{ij}，则 x_j 与 x_i 对 Z 的影响之比应为 $a_{ji} = \dfrac{1}{a_{ij}}$。

定义 1　若矩阵 $\boldsymbol{A} = (a_{ij})_{n \times n}$ 满足：

（1）$a_{ij} > 0$

（2）$a_{ji} = \dfrac{1}{a_{ij}}$　　$i, j = 1, 2, \cdots, n$

则 $\boldsymbol{A}$ 称为正互反矩阵（易见 $a_{ii} = 1, i = 1, 2, \cdots, n$）。

关于如何确定 a_{ij} 的值，Saaty 等建议引用数字 $1 \sim 9$ 及其倒数作为标度，表 6.3 列出了 $1 \sim 9$ 标度的含义。

表 6.3　各数字的重要性含义

标　度	含　义
1	表示两个因素相比，具有相同重要性
3	表示两个因素相比，前者比后者稍重要
5	表示两个因素相比，前者比后者明显重要
7	表示两个因素相比，前者比后者强烈重要
9	表示两个因素相比，前者比后者极端重要
2，4，6，8	表示上述相邻判断的中间值
倒数	若因素 i 与因素 j 的重要性之比为 a_{ij}，那么因素 j 与因素 i 重要性之比为 $a_{ji}=1/a_{ij}$

从心理学观点来看，分级太多会超越人们的判断能力，既增加了判断的难度，又容易因此而提供虚假数据。Saaty 等人还用实验方法比较了在各种不同标度下人们判断结果的正确性，实验结果也表明，采用 1～9 标度最为合适。

最后，应该指出，一般做 $\frac{n(n-1)}{2}$ 次两两判断是必要的。有人认为把所有元素都和某个元素比较，即只作 $n-1$ 个比较就可以了。这种做法的弊病在于，任何一个判断的失误均可导致不合理的排序，而个别判断的失误对于难以定量的系统往往是难以避免的。进行 $\frac{n(n-1)}{2}$ 次比较可以提供更多的信息，通过各种不同角度的反复比较，从而导出一个合理的排序。

3. 层次排序及一致性检验

判断矩阵 A 对应于最大特征值 λ_{max} 的特征向量 W，经归一化后即为同一层次相应因素对于上一层次某因素相对重要性的排序权值，这一过程称为层次单排序。

上述构造成对比较判断矩阵的办法虽能减少其他因素的干扰，较客观地反映出一对因子影响力的差别，但综合全部比较结果时，其中难免包含一定程度的非一致性。如果比较结果是前后完全一致的，则矩阵 A 的元素还应当满足：

$$a_{ij}a_{jk}=a_{ik} \qquad \forall\, i,\, j,\, k=1,\, 2,\, \cdots,\, n$$

定义 2　满足上式的正互反矩阵称为一致矩阵。

需要检验构造出来的(正互反)判断矩阵 A 是否严重地非一致，以便确定是否接受 A。

定理 1　正互反矩阵 A 的最大特征根 λ_{max} 必为正实数，其对应特征向量的所有分量均为正实数，A 的其余特征值的模均严格小于 λ_{max}。

定理 2　若 A 为一致矩阵，则有

(1) A 必为正互反矩阵。

(2) A 的转置矩阵 A^{T} 也是一致矩阵。

(3) A 的任意两行成比例，比例因子大于零，从而 $\mathrm{rank}(A)=1$(同样，A 的任意两列也成比例)。

(4) A 的最大特征值 $\lambda_{max}=n$，其中，n 为矩阵 A 的阶，A 的其余特征根均为零。

（5）若 A 的最大特征值 $\lambda_{\max}$ 对应的特征向量为 $W=(w_1,\cdots,w_n)^{\mathrm{T}}$，则 $a_{ij}=w_i/w_j$（$\forall i,j=1,2,\cdots,n$），即

$$A=\begin{bmatrix} \dfrac{w_1}{w_1} & \dfrac{w_1}{w_2} & \cdots & \dfrac{w_1}{w_n} \\[2mm] \dfrac{w_2}{w_1} & \dfrac{w_2}{w_2} & \cdots & \dfrac{w_2}{w_n} \\[2mm] \vdots & \vdots & & \vdots \\[2mm] \dfrac{w_n}{w_1} & \dfrac{w_n}{w_2} & \cdots & \dfrac{w_n}{w_n} \end{bmatrix}$$

定理 3　n 阶正互反矩阵 A 为一致矩阵当且仅当其最大特征根 $\lambda_{\max}=n$，且当正互反矩阵 A 非一致时，必有 $\lambda_{\max}>n$。

根据定理 3，我们可以由 $\lambda_{\max}$ 是否等于 n 来检验判断矩阵 A 是否为一致矩阵。由于特征根连续地依赖于 a_{ij}，故 $\lambda_{\max}$ 比 n 大得越多，A 的非一致性程度也就越严重，$\lambda_{\max}$ 对应的标准化特征向量也就越不能真实地反映出 $X=\{x_1,\cdots,x_n\}$ 在对因素 Z 的影响中所占的比重。因此，对决策者提供的判断矩阵有必要做一次一致性检验，以决定是否能接受它。

对判断矩阵的一致性检验的步骤如下：

（1）计算判断矩阵 A 每行所有元素的几何平均值：

$$\overline{W}_i=\sqrt[n]{\sum_{j=1}^{n} a_{ij}}\qquad i=1,2,\cdots,n$$

（2）将 $\overline{W}_i$ 归一化处理，即计算：

$$\overline{W}_i=\frac{\overline{W}_i}{\displaystyle\sum_{j=1}^{n}\overline{W}_j}\qquad i=1,2,\cdots,n$$

得到 $W=(w_1,w_2,\cdots,w_n)^{\mathrm{T}}$，即为所求特征向量的近似值，这也是各因素的相对权重。

（3）计算判断矩阵 A 的最大特征值：

$$\lambda_{\max}=\sum_{i=1}^{n}\frac{(AW)_i}{nW_i}$$

式中，$(AW)_i$ 为向量 AW 的第 i 个元素。

（4）计算一致性指标 CI：

$$\mathrm{CI}=\frac{\lambda_{\max}-n}{n-1}$$

查找相应的平均随机一致性指标 RI。对 $n=1,2,\cdots,9$，Saaty 给出了 RI 的值，如表 6.4 所示。

表 6.4　一致性检验表

n	1	2	3	4	5	6	7	8	9
RI	0	0	0.58	0.90	1.12	1.24	1.32	1.41	1.45

RI 的值是这样得到的，用随机方法构造 500 个样本矩阵，随机地从 1~9 及其倒数中抽取数字构造正互反矩阵，求得最大特征根的平均值 $\lambda'_{\max}$，并定义

$$RI = \frac{\lambda'_{max} - n}{n - 1}$$

（5）计算一致性比例 CR：

$$CR = \frac{CI}{RI}$$

当 CR<0.10 时，认为判断矩阵的一致性是可以接受的，否则应对判断矩阵做适当修正。

4. 层次总排序及决策

（1）层次总排序及一致性检验。

上面得到的是一组元素对其上一层中某元素的权重向量，我们最终要得到各元素，特别是最低层中各方案对于目标的排序权重，从而进行方案选择。总排序权重要自上而下地将单准则下的权重进行合成。

设上一层次（A 层）包含 A_1，…，A_m 共 m 个因素，它们的层次总排序权重分别为 a_1，…，a_m。又设其后的下一层次（B 层）包含 n 个因素 B_1，…，B_n，它们关于 A_j 的层次单排序权重分别为 b_{1j}，…，b_{nj}（当 B_i 与 A_j 无关联时，$b_{ij}=0$）。现求 B 层中各因素关于总目标的权重，即求 B 层各因素的层次总排序权重 b_1，…，b_n。计算按图 6.1 所示方式进行，即 $b_i = \sum_{j=1}^{m} b_{ij} a_j$（$i = 1, 2, …, n$）。

A 层 B 层	A_1 a_1	A_2 a_2	…	A_m a_m	B 层总排序权值
B_1	b_{11}	b_{12}	…	b_{1m}	$\sum_{j=1}^{m} b_{1j} a_j$
B_2	b_{21}	b_{22}	…	b_{2m}	$\sum_{j=1}^{m} b_{2j} a_j$
⋮	⋮	⋮	⋮	⋮	⋮
B_n	b_{n1}	b_{n2}	…	b_{nm}	$\sum_{j=1}^{m} b_{nj} a_j$

图 6.1　组合权重计算

对层次总排序也需做一致性检验，检验仍像层次总排序那样由高层到低层逐层进行。这是因为虽然各层次均已经过层次单排序的一致性检验，各成对比较判断矩阵都已具有较为满意的一致性，但当综合考察时，各层次的非一致性仍有可能积累起来，引起最终分析结果较严重的非一致性。

设 B 层中与 A_j 相关的因素的成对比较判断矩阵在单排序中经一致性检验，求得单排序一致性指标为 $CI(j)$（$j=1, 2, …, m$），相应的平均随机一致性指标为 $RI(j)$（$CI(j)$、$RI(j)$ 已在层次单排序时求得），则 B 层总排序随机一致性比例为

$$CR = \frac{\sum_{j=1}^{m} CI(j) a_j}{\sum_{j=1}^{m} RI(j) a_j}$$

当 CR<0.10 时，认为层次总排序结果具有较满意的一致性并接受该分析结果。

（2）决策。

在决策时，要先计算各方案的总得分，按总得分决定取舍。计算总得分的方法与通常

的打分评比的方法类似，计算下一层因素在各准则项上的得分，再按各准则项在总目标中的权重求总。

6.5.2　层次分析法的应用

在应用层次分析法研究问题时，遇到的主要困难有两个：① 如何根据实际情况抽象出较为贴切的层次结构；② 如何将某些定性的量作比较接近实际定量化处理。层次分析法对人们的思维过程进行了加工整理，提出了一套系统分析问题的方法，为科学管理和决策提供了较有说服力的依据。但层次分析法也有其局限性，主要表现在：① 它在很大程度上依赖于人们的经验，主观因素的影响很大，它至多只能排除思维过程中的严重非一致性，却无法排除决策者个人可能存在的严重片面性；② 比较、判断过程较为粗糙，不能用于精度要求较高的决策问题，AHP 至多只能算是一种半定量（或定性与定量结合）的方法。

AHP 方法经过几十年的发展，许多学者针对 AHP 的缺点进行了改进和完善，形成了一些新理论和新方法，像群组决策、模糊决策和反馈系统理论近几年成为该领域的一个新热点。

在应用层次分析法时，建立层次结构模型是十分关键的一步。现在分析一个实例，以便说明如何从实际问题中抽象出相应的层次结构。

【例 6.1】　某企业拟投资实施企业资源计划（ERP）系统，有三种备选方案，方案综合效益的评价体系如图 6.2 所示。假定各种备选方案的实施费用现值、直接财务收益现值以及对于各战略效益指标的无量纲效用值已知，如表 6.5 所示，试对各方案进行综合评价和比选。

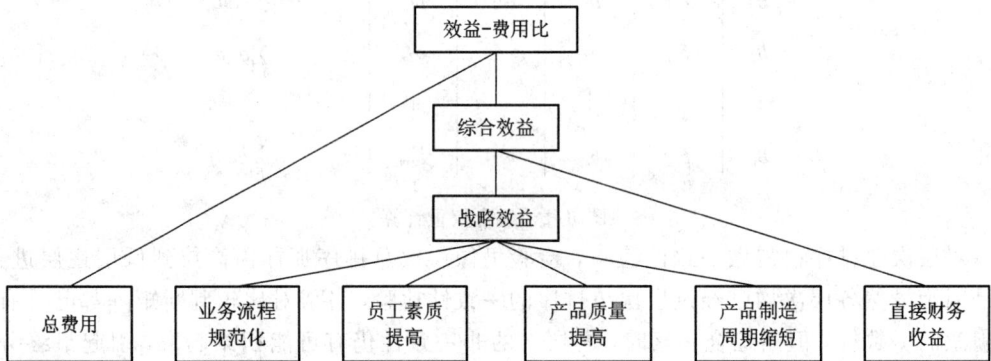

图 6.2　某 ERP 建设项目的层次结构模型

表 6.5　方案效益指标

项　目	符号	方案 1	方案 2	方案 3
总费用现值/万元	PC_i	2800	3500	1200
直接财务收益现值/万元	PB_i	1500	2900	1400
业务流程规范化（A_1）	V_{i1}	0.83	0.61	0.35
员工素质提高（A_2）	V_{i2}	0.68	0.90	0.55
产品质量提高（A_3）	V_{i3}	0.72	0.66	0.54
产品制造周期缩短（A_4）	V_{i4}	0.48	0.92	0.32

解　描述该投资方案决策问题的递阶层次分析模型如图 6.2 所示,这一决策模型是一个将层次分析法与效益-费用分析法结合起来使用的模型。方案的综合效益由战略效益和直接财务收益两个元素构成,假定决策者给战略效益和财务效益的归一化权重分别为 0.6 和 0.4,战略效益由 4 个元素构成,构造判断矩阵为 $\boldsymbol{A}$。

$$\boldsymbol{A} = \begin{bmatrix} 战略效益 & A_1 & A_2 & A_3 & A_4 \\ A_1 & 1 & 2 & \frac{1}{2} & 3 \\ A_2 & \frac{1}{2} & 1 & \frac{1}{3} & 2 \\ A_3 & 2 & 3 & 1 & 4 \\ A_3 & \frac{1}{3} & \frac{1}{2} & \frac{1}{4} & 1 \end{bmatrix}$$

根据方根法可得

$$\overline{\boldsymbol{W}} = \begin{bmatrix} \sqrt[4]{1 \times 2 \times \frac{1}{2} \times 3} \\ \sqrt[4]{\frac{1}{2} \times 1 \times \frac{1}{3} \times 2} \\ \sqrt[4]{2 \times 3 \times 1 \times 4} \\ \sqrt[4]{\frac{1}{3} \times \frac{1}{2} \times \frac{1}{4} \times 1} \end{bmatrix} = \begin{bmatrix} 1.316 \\ 0.76 \\ 2.213 \\ 0.452 \end{bmatrix}$$

归一化后可得

$$\boldsymbol{W} = \begin{bmatrix} \dfrac{1.316}{4.741} \\ \dfrac{0.76}{4.741} \\ \dfrac{2.213}{4.741} \\ \dfrac{0.452}{4.741} \end{bmatrix} = \begin{bmatrix} 0.278 \\ 0.160 \\ 0.467 \\ 0.095 \end{bmatrix}$$

对矩阵进行一致性检验。由矩阵 $\boldsymbol{A}$ 和权重向量 $\boldsymbol{W}$ 可计算出:

$$\boldsymbol{AW} = (1.117 \quad 0.645 \quad 1.883 \quad 0.385)^{\mathrm{T}}$$

可求得矩阵的最大特征值为

$$\lambda_{\max} = \frac{1}{4} \sum_{i=1}^{n} \frac{(\boldsymbol{AW})_i}{n\boldsymbol{W}_i} = 4.034$$

矩阵的一致性指标为

$$\mathrm{CI} = \frac{\lambda_{\max} - n}{n - 1} = \frac{\lambda_{\max} - 1}{4 - 1} = 0.011$$

由表 6.4 查得 4 阶矩阵的平均随机一致性指标 RI 为 0.90,故矩阵的相对一致性指标为

$$\mathrm{CR} = \frac{\mathrm{CI}}{\mathrm{RI}} = \frac{0.01}{0.90} = 0.013$$

因为 CR<0.10,所以判断矩阵具有满意的一致性。

设对应于各战略效益指标的备选方案效用矩阵为 V，反映各方案总战略效益的效用向量为 U_s，由表 6.5 可知：

$$V = [V] = \begin{bmatrix} 0.83 & 0.68 & 0.72 & 0.48 \\ 0.61 & 0.90 & 0.66 & 0.92 \\ 0.35 & 0.55 & 0.54 & 0.32 \end{bmatrix}$$

$$U_s = [U_{ij}] = (0.722 \quad 0.704 \quad 0.467)^T$$

设反映各方案直接财务收益的效用向量为 U_f，可以用下式计算相应的向量元素：

$$U_{fi} = \frac{PB_i}{PB_{max}}$$

$$PB_{max} = 2900(万元)$$

根据表 6.5 中各方案的直接财务收益现值数据可求出：

$$U_f = [U_{fi}] = (0.517 \quad 1 \quad 0.483)^T$$

已知战略效益和直接财务效益的权重分别为 0.6 和 0.4，反映各备选方案综合效益的效用向量为

$$U = 0.6U_s + 0.4U_f = (0.64 \quad 0.8254 \quad 0.473)^T$$

求出各方案的无量纲综合效益之后，还需求出可比的各方案总费用的无量纲值。设各方案可比无量纲总费用向量为 C，相应的向量元素可按下式计算：

$$C_i = \frac{W_f PC_i}{PB_{max}}$$

已知直接财务收益 W_f 的权重 $= 0.4$，根据表 6.5 中各方案的总费用现值数据可求出：

$$C = [C_i] = (0.386 \quad 0.483 \quad 0.166)^T$$

各备选方案的效益-费用比向量为

$$[U/C] = (1.658 \quad 1.709 \quad 2.849)^T$$

各备选方案的净效益向量为

$$[U-C] = (0.254 \quad 0.343 \quad 0.308)^T$$

显然各方案的效益费用比均大于 1，每一个方案都是可接受的。由于本例中不同方案的实施总费用相差甚大，就要考虑选用何种方案比选准则。

若按投资效率最大准则，则应选效益-费用比最大的方案，即方案 3；若按净效益最大准则，则应选净效益最大的方案，即方案 2。

注意，采用何种比选准则应由决策者根据企业的具体情况来决定。一般来说，如果企业能够筹集到足够的资金，在计算方案总费用现值和直接财务收益现值时使用的基准折现率确实反映了投资的机会成本，则应该采用净效益最大准则。

6.6 主成分分析法

6.6.1 主成分分析法的基本原理与步骤

1. 主成分分析法的基本思想

在对某一事物进行实证研究前，为了更全面、准确地反映出事物的特征及其发展规

律，人们往往要考虑与其有关系的多个指标，这些指标在多元统计中也称为变量。这样就产生了如下问题：一方面人们为了避免遗漏重要的信息而考虑尽可能多的指标；另一方面随着考虑指标的增多也增加了问题的复杂性，同时由于各指标均是对同一事物的反映，不可避免地造成了信息的大量重叠，这种信息的重叠有时甚至会抹杀事物的真正特征和内在规律。基于上述问题，人们就希望在定量研究中涉及的变量较少，而得到的信息量又较多。主成分分析法正是研究如何通过原来变量的少数几个线性组合来解释绝大多数信息的一种多元统计方法。

既然研究某一问题涉及的众多变量之间有一定的相关性，就必然存在着起支配作用的共同因素，根据这一点，通过对原始变量相关矩阵或协方差矩阵内部结构关系的研究，利用原始变量的线性组合形成了几个综合指标（主成分），在保留原始变量主要信息的前提下起到降维与简化问题的作用，使得在研究复杂问题时更容易抓住主要矛盾。一般来说，利用主成分分析法得到的主成分与原始变量具有如下基本关系：

（1）每一个主成分都是各原始变量的线性组合。

（2）主成分的数目小于或等于原始变量的数目。

（3）主成分保留了原始变量的绝大多数信息。

（4）各成分之间互不相关。

通过主成分分析，可以从事物之间错综复杂的关系中找出一些主要成分，从而能有效地利用大量统计数据进行定量分析，揭示变量之间的内在关系，得到对事物特征及其发展规律的一些深层次的启发，把研究工作引向深入。

2. 主成分分析法的基本理论

设对某一事物的研究涉及 p 个指标，分别用 X_1，X_2，$\cdots$，X_p 表示，这 p 个指标构成的 p 维随机向量为 $\boldsymbol{X} = (X_1, X_2, \cdots, X_p)^{\mathrm{T}}$。随机向量 $\boldsymbol{X}$ 的均值为 $\boldsymbol{\mu}$，协方差矩阵为 $\boldsymbol{\Sigma}$。

对 $\boldsymbol{X}$ 进行线性变换，可以形成新的综合变量，用 $\boldsymbol{Y}$ 表示。也就是说，新的综合变量可以由原来的变量线性表示，即满足下式：

$$Y_1 = u_{11}X_1 + u_{12}X_2 + \cdots + u_{1p}X_p$$
$$Y_2 = u_{21}X_1 + u_{22}X_2 + \cdots + u_{2p}X_p$$
$$\vdots$$
$$Y_p = u_{p1}X_1 + u_{p2}X_2 + \cdots + u_{pp}X_p$$

由于可以任意地对原始变量进行上述线性变换，由不同的线性变换得到的综合变量的统计特性也不尽相同，因此，为了取得较好的效果，我们总是希望 $Y_i = \boldsymbol{u}_i'\boldsymbol{X}$ 的方差尽可能大，且各 Y_i 之间互相独立。由 $\mathrm{var}(Y_i) = \mathrm{var}(\boldsymbol{u}_i'\boldsymbol{X}) = \boldsymbol{u}_i'\boldsymbol{\Sigma}\boldsymbol{u}_i$，对于任意常数 c，有

$$\mathrm{var}(c\boldsymbol{u}_i'\boldsymbol{X}) = c\boldsymbol{u}_i'\boldsymbol{\Sigma}\boldsymbol{u}_ic = c^2\boldsymbol{u}_i'\boldsymbol{\Sigma}\boldsymbol{u}_i$$

因此对 $\boldsymbol{u}_i$ 不加限制时，可使 $\mathrm{var}(Y_i)$ 任意增大，问题将变得没有意义，所以将线性变换约束在下面的原则之下：

（1）$\boldsymbol{u}_i'\boldsymbol{u}_i = 1$，即 $u_{i1}^2 + u_{i2}^2 + \cdots + u_{ip}^2 = 1(i = 1, 2, \cdots, p)$。

（2）Y_i 与 Y_j 相互无关 $(i \neq j; i, j = 1, 2, \cdots, p)$。

（3）Y_1 是 X_1，X_2，$\cdots$，X_p 的一切满足原则（1）的线性组合中方差最大者；Y_2 是与 Y_1 不相关的 X_1，X_2，$\cdots$，X_p 所有线性组合中的方差最大者，$\cdots$，Y_p 是与 Y_1，Y_2，$\cdots$，Y_{p-1} 不

相关的 X_1，X_2，…，X_p 所有线性组合中的方差最大者。

基于以上三条原则决定的综合变量 Y_1，Y_2，…，Y_p 分别称为原始变量的第一、第二、…，第 p 个主成分。其中，各综合变量在总方差中占的比重依次递减，在实际研究工作中，通常只挑选前几个方差最大的成分，从而达到简化系统结构、抓住问题实质的目的。

3. 主成分分析法的步骤及框图

如图 6.3 所示，主成分分析法的主要步骤可以归纳如下：

（1）根据研究问题选择初始分析变量。

（2）根据初始变量特征判断由协方差矩阵求主成分还是由相关矩阵求主成分。

（3）求协方差矩阵或相关矩阵的特征根与相应标准特征向量。

（4）判断是否存在明显的多重共线性，若存在，则回到第（1）步。

（5）得到主成分的表达式并确定主成分个数，选取主成分。

（6）结合主成分对研究问题进行分析并深入研究。

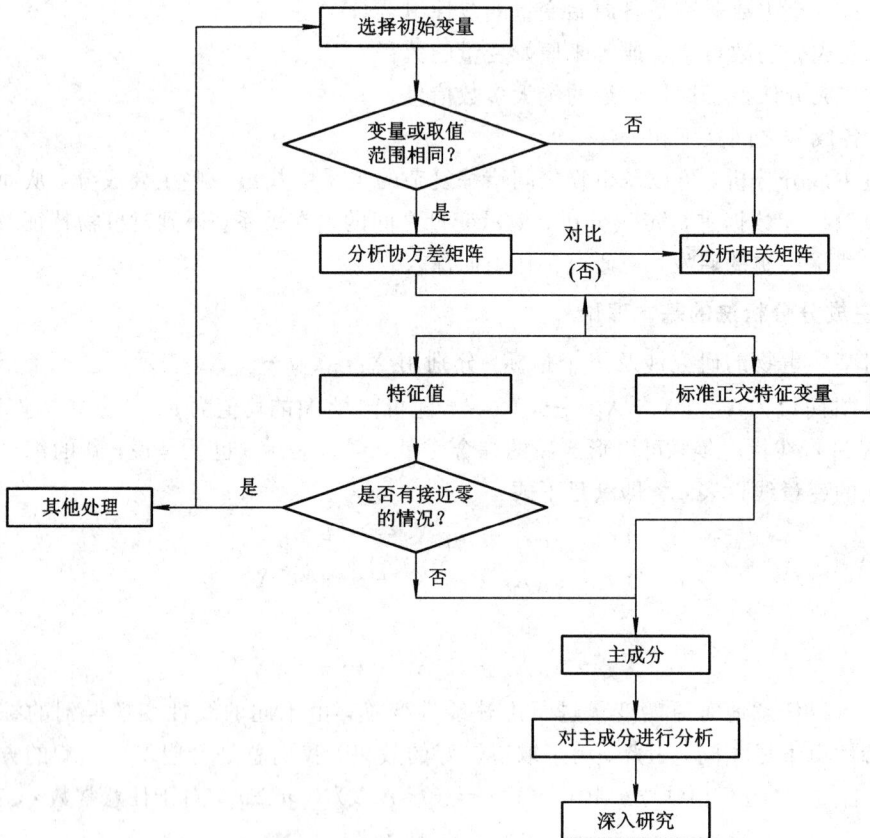

图 6.3　主成分分析法的逻辑框图

6.6.2　主成分分析法的应用

表 6.6 是关于某农业生态经济系统各区域单元相关指标的数据，下面用主成分分析法对其加以分析。

表 6.6 某农业生态经济系统各区域单元的有关数据

样本序号	x_1：人口密度/（人/km²）	x_2：人均耕地面积/ha	x_3：森林覆盖率/（%）	x_4：农民人均纯收入/（元/人）	x_5：人均粮食产量/（kg/人）	x_6：经济作物占农作物播面比例/（%）	x_7：耕地占土地面积比率/（%）	x_8：果园与林地面积之比/（%）	x_9：灌溉田占耕地面积之比/（%）
1	363.91	0.352	16.101	192.11	295.34	26.724	18.492	2.231	26.262
2	141.5	1.684	24.301	1752.35	452.26	32.314	14.464	1.455	27.066
3	100.7	1.067	65.601	1181.54	270.12	18.266	0.162	7.474	12.489
4	143.74	1.336	33.205	1436.12	354.26	17.486	11.805	1.892	17.534
5	131.41	1.623	16.607	1405.09	586.59	40.683	14.401	0.303	22.932
6	68.337	2.032	76.204	1540.29	216.39	8.128	4.065	0.011	4.861
7	95.416	0.801	71.106	926.35	291.52	8.135	4.063	0.012	4.862
8	62.901	1.652	73.307	1501.24	225.25	18.352	2.645	0.034	3.201
9	86.624	0.841	68.904	897.36	196.37	16.861	5.176	0.055	6.167
10	91.394	0.812	66.502	911.24	226.51	18.279	5.643	0.076	4.477
11	76.912	0.858	50.302	103.52	217.09	19.793	4.881	0.001	6.165
12	51.274	1.041	64.609	968.33	181.38	4.005	4.066	0.015	5.402
13	68.831	0.836	62.804	957.14	194.04	9.11	4.484	0.002	5.79
14	77.301	0.623	60.102	824.37	188.09	19.409	5.721	5.055	8.413
15	76.948	1.022	68.001	1255.42	211.55	11.102	3.133	0.01	3.425
16	99.265	0.654	60.702	1251.03	220.91	4.383	4.615	0.011	5.593
17	118.51	0.661	63.304	1246.47	242.16	10.706	6.053	0.154	8.701
18	141.47	0.737	54.206	814.21	193.46	11.419	6.442	0.012	12.945
19	137.76	0.598	55.901	1124.05	228.44	9.521	7.881	0.069	12.654
20	117.61	1.245	54.503	805.67	175.23	18.106	5.789	0.048	8.461
21	122.78	0.731	49.102	1313.11	236.29	26.724	7.162	0.092	10.078

分析步骤如下：

（1）将表 6.6 中的数据按照 z-score 方法做标准化处理，然后计算相关系数矩阵（见表 6.7）。

表 6.7 相关系数矩阵

	x_1	x_2	x_3	x_4	x_5	x_6	x_7	x_8	x_9
x_1	1	−0.327	−0.714	−0.336	0.309	0.408	0.79	0.156	0.744
x_2	−0.327	1	−0.035	0.644	0.42	0.255	0.009	−0.078	0.094
x_3	−0.714	−0.035	1	0.07	−0.74	−0.755	−0.93	−0.109	−0.924
x_4	−0.336	0.644	0.07	1	0.383	0.069	−0.05	−0.031	0.073
x_5	0.309	0.42	−0.74	0.383	1	0.734	0.672	0.098	0.747
x_6	0.408	0.255	−0.755	0.069	0.734	1	0.658	0.222	0.707
x_7	0.79	0.009	−0.93	−0.046	0.672	0.658	1	−0.03	0.89
x_8	0.156	−0.078	−0.109	−0.031	0.098	0.222	−0.03	1	0.29
x_9	0.744	0.094	−0.924	0.073	0.747	0.707	0.89	0.29	1

（2）由相关系数矩阵计算特征值，以及各个主成分的贡献率与累计贡献率（见表 6.8）。由表可知，第一、第二、第三主成分的累计贡献率已高达 86.596%（大于 85%），故只需要求出第一、第二、第三主成分 z_1，z_2，z_3 即可。

表 6.8 特征值及主成分贡献率

主成分	特征值	贡献率/（%）	累积贡献率/（%）
z_1	4.661	51.791	51.791
z_2	2.089	23.216	75.007
z_3	1.043	11.589	86.596
z_4	0.507	5.638	92.234
z_5	0.315	3.502	95.736
z_6	0.193	2.14	97.876
z_7	0.114	1.271	99.147
z_8	0.0453	0.504	99.65
z_9	0.0315	0.35	100

（3）对于特征值 4.6610，2.0890，1.0430 分别求出其特征向量 e_1，e_2，e_3，再用相关公式计算各变量（x_1，x_2，…，x_9）在主成分 z_1，z_2，z_3 上的载荷（见表 6.9）。

表 6.9 主成分载荷

	z_1	z_2	z_3	占方差的百分数/（%）
x_1	0.739	−0.532	−0.0061	82.918
x_2	0.123	0.887	−0.0028	80.191
x_3	−0.964	0.0096	0.0095	92.948
x_4	0.0042	0.868	0.0037	75.346
x_5	0.813	0.444	−0.0011	85.811
x_6	0.819	0.179	0.125	71.843
x_7	0.933	−0.133	−0.251	95.118
x_8	0.197	−0.1	0.97	98.971
x_9	0.964	−0.0025	0.0092	92.939

上述计算过程，可以借助 SPSS 或 Eview 软件来实现。

分析结果如下：

（1）第一主成分 z_1 与 x_1，x_5，x_6，x_7，x_9 呈现出较强的正相关，与 x_3 呈现出较强的负相关，而这几个变量综合反映了生态经济结构状况，因此可以认为第一主成分 z_1 是生态经济结构的代表。

（2）第二主成分 z_2 与 x_2，x_4，x_5 呈现出较强的正相关，与 x_1 呈现出较强的负相关，其中，除了 x_1 为人口总数外，x_2，x_4，x_5 都反映了人均占有资源量的情况，因此可以认为第二主成分 z_2 代表了人均资源量。

（3）第三主成分 z_3 与 x_8 呈现出的正相关程度最高，其次是 x_6，而与 x_7 呈负相关，因此可以认为第三主成分 z_3 在一定程度上代表了农业经济结构。

（4）另外，表 6.9 中最后一列（占方差的百分数）在一定程度反映了三个主成分 z_1，z_2，z_3 包含原变量（x_1，x_2，$\cdots$，x_9）的信息量多少。

显然，用三个主成分 z_1，z_2，z_3 代替原来 9 个变量（x_1，x_2，$\cdots$，x_9）描述农业生态经济系统，可以使问题更进一步简化、明了。

讨论与复习题

1. 多属性综合评价问题有什么特点？
2. 如何设计技术方案的评价指标体系？
3. 层次分析法的主要步骤是什么？
4. 主成分分析法的主要步骤是什么？

案例分析

针对我国我国高新技术项目的实际问题，下面设立了一套适合我国高新技术项目的评价体系。

1. 高新技术项目指标体系的构建

评价我国的高新技术项目可以先从项目特性入手，如图 6.4 所示。我国高新技术的开发机构一般是大学或其他独立的研究单位，即开发单位和生产单位是分离的，因此评价项目时项目可能处于抽象状态，没有具体的生产企业，这时可以用项目特性下的各级指标对此抽象项目进行评价。项目投资后具体的企业将进行实际生产，因此再用企业能力描述不同企业的各方面能力对同一项目的不同影响是比较合理的评价方式。由于层次分析法对指标分层的要求，一级指标定为项目特性和企业能力两项，其下再细分为若干二级及三级指标，此指标体系将作为以后实证研究的基础。

图 6.4　高新技术项目指标体系框架

2. 高新技术产业化项目评价的定量分析

在这里主要建立了高新技术项目产业化阶段的指标体系。

1）评价指标体系

根据高新技术的性质及其特点，高新技术产业化项目的效益评价指标体系共包括了五个方面，即企业能力评价、市场评价、财务评价、技术评价、社会评价，这五个方面又可细化为 26 个具体的评价指标（见图 6.5）。高新技术产业化项目的评价与选择，最终取决于这 26 个具体指标的综合情况。由于这 26 项评价指标均为定性指标，因此需要将评价指标数量化，制成高新技术产业化项目评价表。

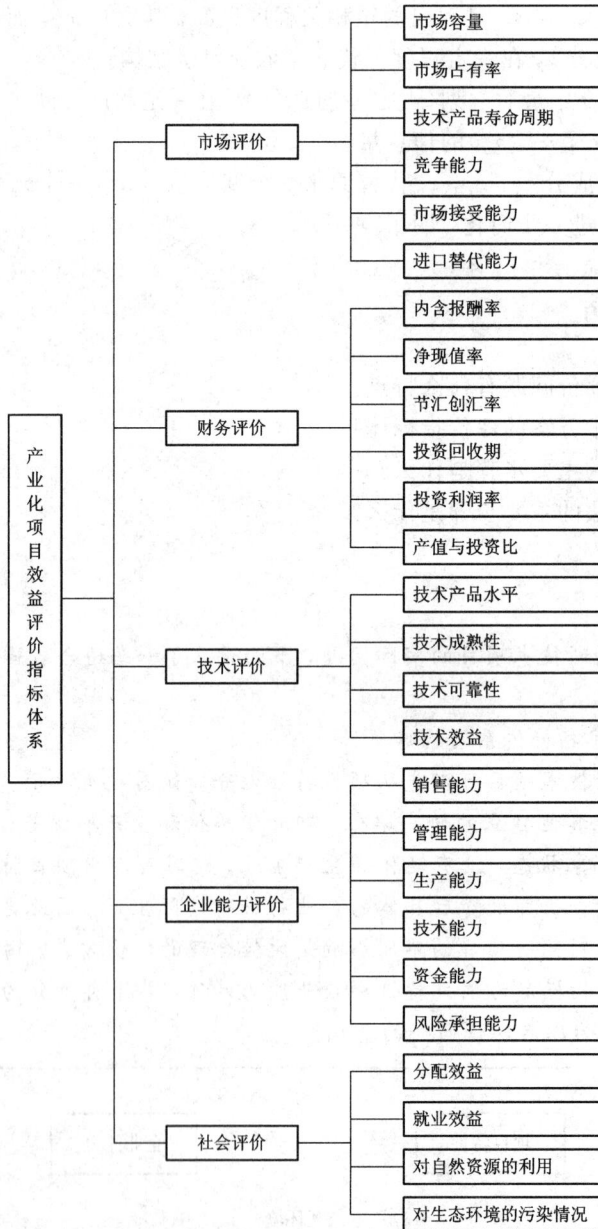

图 6.5　高新技术产业化项目效益评价指标体系

高新技术产业化项目风险评价指标体系见图 6.6。

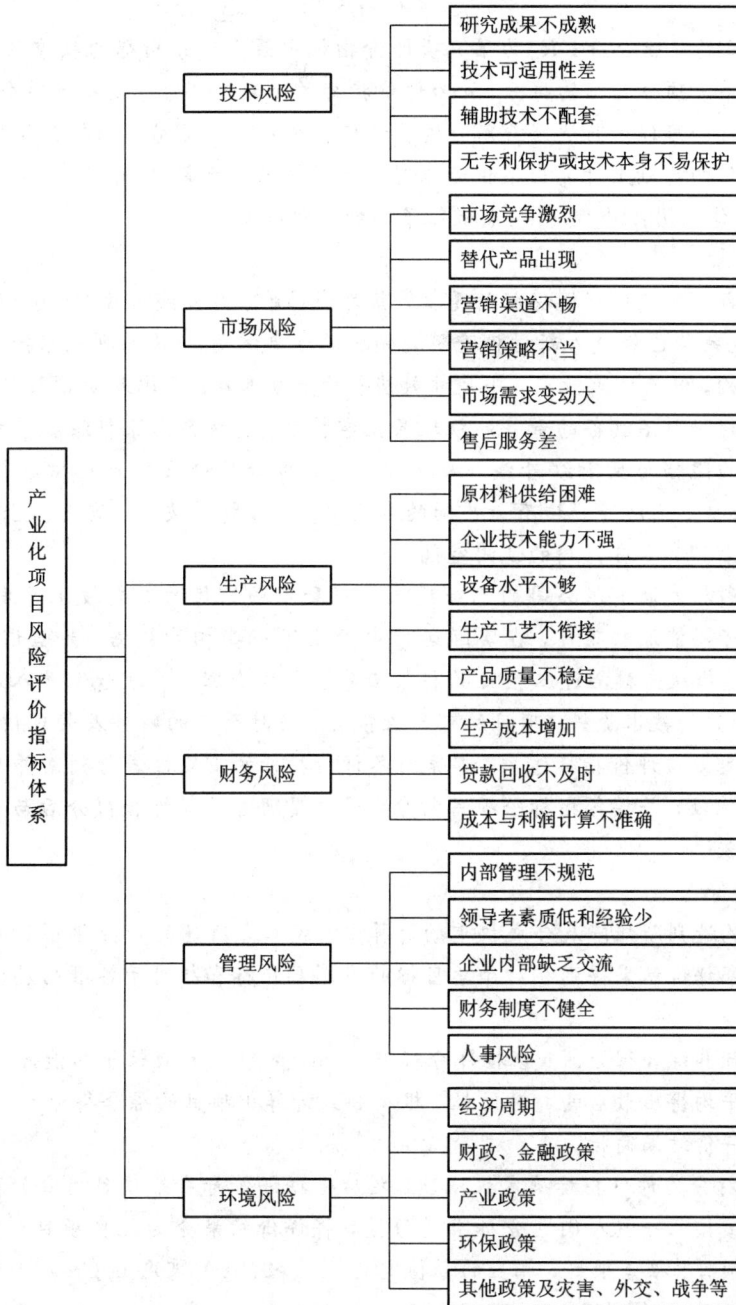

```
                                                ┌─ 研究成果不成熟
                                    技术风险 ─────┼─ 技术可适用性差
                                                ├─ 辅助技术不配套
                                                └─ 无专利保护或技术本身不易保护

                                                ┌─ 市场竞争激烈
                                                ├─ 替代产品出现
                                    市场风险 ─────┼─ 营销渠道不畅
                                                ├─ 营销策略不当
                                                ├─ 市场需求变动大
                                                └─ 售后服务差

产 业 化 项 目 风 险                                ┌─ 原材料供给困难
评 价 指 标 体 系 ──────                           ├─ 企业技术能力不强
                                    生产风险 ─────┼─ 设备水平不够
                                                ├─ 生产工艺不衔接
                                                └─ 产品质量不稳定

                                                ┌─ 生产成本增加
                                    财务风险 ─────┼─ 贷款回收不及时
                                                └─ 成本与利润计算不准确

                                                ┌─ 内部管理不规范
                                                ├─ 领导者素质低和经验少
                                    管理风险 ─────┼─ 企业内部缺乏交流
                                                ├─ 财务制度不健全
                                                └─ 人事风险

                                                ┌─ 经济周期
                                                ├─ 财政、金融政策
                                    环境风险 ─────┼─ 产业政策
                                                ├─ 环保政策
                                                └─ 其他政策及灾害、外交、战争等
```

图 6.6　高新技术产业化项目风险评价指标体系

2) 评价标准的确定

要对高新技术产业化项目的立项进行综合评价，必须设计出全面、合理的评审表以及科学、实用的评分等级和评分标准。

3) 评价数学模型

高新技术产业化项目的评价数学模型为

$$T = \sum_{i=1}^{n} \sum_{j=1}^{m} R_{ij} \cdot T_{ij}$$

式中，T 为项目的评价总分；R_{ij} 为第 i 项评价指标中第 j 项分指标的权重系数；T_{ij} 为第 i 项评价指标中第 j 项分指标的得分；n 为评价指标的个数；m 为每项指标的个数。

对所有指标均可以进行逐层分解，然后进行各个层次的划分，用较为简单的线性模型可以在指标量化的基础上计算出某位专家对某个项目的综合评估值。

3. 方法具体应用：SK 系列纳米微粒子功能涂料项目

1）项目背景

随着世界各国对地球环境保护的重视，紫外线屏蔽、红外线吸收/反射、防止电磁波辐射、眩光、静电污染已经成为新材料等研究领域的主要课题。SK 系列纳米微粒子功能涂料因其特殊的结构，具有四大效应：小尺寸效应、量子隧道效应、比表面积效应和界面效应，从而具有传统材料所不具备的奇异的物理及化学特性。将该系列涂料涂敷于物体表面能够分别产生卓越的阻挡与反射红外线、吸收紫外线、清除静电及防止电磁波辐射等特殊功能，在电子、化工、国防等领域有着广阔的应用前景，在特种玻璃、陶瓷、塑料制造业以及显示器的生产上具有十分广阔的使用空间。

大连三科科技发展有限公司的已经投入生产和市场销售的高新技术开发项目——SK 系列纳米微粒子功能涂料项目，在实际运作中产生了一些相关数据。为验证本评价方法，实际运作中，选择从未接触过本项目的科技专家、市场专家、管理专家共八人，提供项目的原始资料（项目的技术资料、项目的可行性报告、当时企业的财务及管理情况）和本文建立的产业化项目效益评价指标体系，专家对各评价指标的重要性进行判断并与项目的实际执行情况进行比较，并按各指标给项目打分，通过整理并计算综合得分后与项目的实际执行情况进行比较。

2）效益评价

第一步：构造判断矩阵及合成权重的计算。依照本文所建的产业化项目效益评价指标体系，整理专家评价结果得到相对于总目标的准则层指标和相对于各准则层的指标层的判断矩阵。

第二步：计算综合得分。专家按评分标准给 SK 系列纳米微粒子功能涂料项目进行打分，经过加权平均得出最后的打分结果，根据公式计算出项目的综合得分。

第三步：评价结果简析。

通过专家打分为评价指标确定权系数，之后根据评价标准给项目打分，最后计算出项目的综合得分。按照一般人们划分标准的习惯，将评价结果分为优良项目、良好项目、一般项目、较差项目、很差项目，相应的分值定为 8.0～9.0（A 级）、6.0～7.9（B 级）、4.0～5.9（C 级）、2.0～3.9（D 级）、0～1.9（E 级）。又考虑到每一等级之间分值跨度太大，每一级又分为两个小等级：A＝8.0～9.0，B＋＝7.0～7.9，B－＝6.0～6.9，C＋＝5.0～5.9，C－＝4.0～4.9，D＋＝3.0～3.9，D－＝2.0～2.9，E＋＝1.0～1.9，E－＝0～0.9。这样，9 等级记分标准既可以使评价结果拉开档次，又可以使评价结果相对集中，便于分析。一般情况下，D、E 级项目为淘汰项目。但是，这一评价结果没有考虑项目的风险性。

由于高新技术项目的根本特点就是高风险性，因此必须在得到综合评价结果后对符合评价标准的项目进行风险评价。SK 系列纳米微粒子功能涂料的效益评价综合得分为

6.7437，属于良好项目 B 一类。该项目的实际运营情况良好，产品销往全国及俄罗斯、东欧等国家，在 2003 年产值 1200 万元，形成 400 万元利润，证明了运用本文建立的产业化项目评价体系对该项目进行评价得出的结论与该项目的实际实施情况具有一致性。

案例讨论题：

1. 分析案例当中指标体系建立的由来。
2. 总结项目综合评价的一般步骤和过程。

第7章

技术项目的可行性研究

【重点提示】
◇ 项目可行性研究的概念
◇ 项目可行性研究的意义
◇ 项目可行性研究的组织与实施
◇ 项目可行性研究报告的概念
◇ 项目可行性研究报告的具体内容

阅读材料

风险投资对项目的选择

　　风险投资是技术创业项目最理想的资金来源，然而，不是任何项目都能获得风险投资的青睐。风险投资对技术创业项目有着自己独特的要求，只有通过风险资本家筛选的项目才会获得风险投资。筛选的标准、选择什么样的项目或公司进行投资是风险投资家最为关心的，同时也是衡量投资家眼光和素质的重要指标。

　　风险投资家在分析某个投资建议是否可行时往往依次分析人、市场、技术、管理。

　　首先分析的人是指创业者的素质。需要从各个不同角度对该创业者或创业者队伍进行考察，如技术能力、市场开拓能力、融资能力、综合管理能力等。风险投资对人十分重视，对于风险投资家而言，他们宁可要一流的人才、二流的技术，而不要二流的人才、一流的技术。

　　其次分析的是市场。因为任何一项技术或产品如果没有广阔的市场前景，其潜在的增值能力就是有限的，就不可能达到风险投资家追求的将新生公司由小培养到大的成长目标，风险投资通过转让股份而获利的能力也就极为有限，甚至会造成失败。

　　再次需考察产品的技术。判断风险企业（项目）中技术是否首创、未经试用或未完成产业化，其市场前景或产业化的可能性如何。通常情况下，许多风险投资机构会选择他们熟悉的领域进行投资。

　　最后分析的是管理因素。风险投资家也会关注整个创业团队的组成状况，是不是有训练有素的管理者在创业团队当中。必要时，风险投资者会直接参与管理或者委托其他人代为参与管理。但是，也有些风险投资者从来不过问管理问题，给创业者最大的空间。

根据已有的经验，通常在 1000 份项目经营计划或可行性研究报告中，第一次筛选后，淘汰率为 90％，剩余的经与对方约见和会谈后，根据筛选标准与所了解的情况，又淘汰 50％。余下被认为是有价值的项目，经审慎调查后再行淘汰，最后真正能够得到风险资本支持的项目仅在 1％左右。

项目筛选的金字塔结构是通过一套筛选标准体系形成的。尽管这种标准的确定对于不同的风险投资机构千差万别，但已有的经验表明，构成一家公司项目筛选标准的内容一般包括：投资人自己所熟悉的产业，即行业投资取向；投资组合及对风险投资阶段切入点的选择；区域标准以及包括技术、市场、管理者队伍等因素在内的财务与技术标准。投资人通过询问、过去业务情况考察和管理考察等手段了解和分析项目的市场情况、技术特点、财务情况、管理人员与技术人员素质、有关法律和政策等内容，在此基础上提出投资决策性意见。

项目评估所涉及的因素很多，如商业计划书摘要、公司业务概要、经营目标、团队素质及管理者能力、市场潜力、项目可行性分析、财务分析、风险因素及敏感性分析、技术性能。评估程序一般涉及如下几个方面：

在研究开发阶段，投资对象仅有产品构想，未见产品原型，因此风险投资机构主要考虑投资对象的技术研发能力与产品市场潜力，以及是否与风险投资机构目前的专长领域、产业范围密切关联。如果整体评估的投资风险可控制在合理的范围内，风险投资机构会以 10％～15％的投资组合资金比例投入处于此阶段的项目。

在创业阶段，投资对象虽已完成产品原型与企业经营计划，但产品仍未上市，管理队伍也尚未组成，因此风险投资机构主要考虑投资对象的经营计划可行性以及产品功能与市场竞争力。如果觉得投资对象有相当大的存活率，同时经营管理与市场开发上也可以提供有效帮助，则将以 15％～20％的投资组合资金比例投入于创建阶段的项目。

在发展阶段，评估对象基本上已过渡到企业阶段，初期产品完成上市，在市场上已有一定基础，但有待开发出更具竞争力的产品，并进行较大规模的市场行销，以扩大市场占有率，因此需要较多的营运资金投入。风险投资机构的主要考虑是该公司的成长能力、市场竞争力、财务计划，以及彼此间的资源互补程度。如果觉得投资对象有相当大的成长机会，则会以 25％～30％的资金比例投入于成长阶段的项目。

在成熟阶段，评估对象的经营规模与财务状况均接近上市公司审查的要求条件并计划在公开市场筹集资金，进行多角化的经营。风险投资机构对这一阶段投资的主要考虑是：能否成功上市，证券市场投资者的接受程度以及财务操作的效果。如果风险投资机构觉得投资对象上市能获得合理的报酬，则会以 15％～25％的资金比例投入于成熟阶段的项目。

7.1　项目可行性研究概述

可行性研究是在 20 世纪 30 年代出现的一门新学科，70 年代被介绍到中国，80 年代正式被采用。因此，可行性研究这个名词，对做经济工作的人员来说已不陌生，但对它的概念、内容、作用、方法和步骤完全熟悉的人却不太多，有必要进一步加以宣传和介绍，以普及其知识。对投资决策工作者来说，可行性研究报告是方案评估、投资决策的依据和基础，不但要一般地知其然，而且要尽可能地了解其所以然，懂得具体做法，以便有效地运用可行性研究结果进行科学决策。

7.1.1 项目可行性研究的概念

项目可行性研究是指在项目决策之前，通过对拟建项目有关的市场、社会、经济、环境、技术等各方面情况进行深入细致的调查研究，对各种可能的技术方案进行系统分析和比较论证，对项目建成后的社会、经济、生态效益进行科学的预测和评价，以考察拟建项目技术上的先进性和合理性，社会经济生态上的合理性和有效性，建设上的可能性和可行性，进而为投资项目评估和决策提供依据的整个活动过程。

可行性研究所应用的技术理论与知识是很广泛的，可以说是一门综合性的交叉学科，并且随着时代的发展，可行性研究又增加了许多新的内涵。它运用自然科学的最新技术，如电子计算机、高能物理、遥测遥控、新型材料等，评价项目建设方案的技术可行性；运用最新经济科学，如经济计量学、经济预测学、经济情报和经济信息学等，计算和预测建设项目的经济效益；运用现代管理学，如企业管理学、施工组织学，实现建设项目的高速度、高质量和低消耗。综合运用以上三方面的科学技术，保证一个项目决策的可靠性，并使建设的项目在投产后获得最佳经济效益。

项目可行性研究广泛运用于建设项目。所有建设项目都可以归并为两类：一类是建成后有经济收入，可以归还投资并取得利润的；另一类是社会公共或福利事业项目，一般没有经济收入，不便进行经济评价，但这类项目建成后有益于保护和增进人民利益和健康，效果当然还是可以衡量的。可行性研究主要是对建成后有经济收入这类建设项目而言的，从这个意义上讲，可行性研究具有典型的经济性。可行性研究虽然要进行技术和经济两方面的论证，两者是辩证的关系，但归根到底还是经济合理性的问题。技术上的先进性和可行性，不能离开经济的合理性，经济上不合理或不利，技术上即使很先进也不可取。当然，经济上的合理也必须建立在现实技术条件之上，技术上做不到的事，即使很经济也实现不了。所以说，可行性研究的最终目的，还是为了经济上的合理和有利。

项目可行性研究的任务就是通过对拟建项目进行投资方案规划、工程技术论证、经济效益预测和分析，经过多个方案的比较和评价，为项目决策提供可靠的依据和可行的建议，它应该明确回答项目是否应该投资和怎样投资的问题。

7.1.2 项目可行性研究的发展阶段

项目的可行性研究从 20 世纪初诞生以来(较早的可行性研究工作是在 20 世纪 30 年代美国开发田纳西河流域进行的)到现在，大致经历了三个发展阶段：

第一个阶段是从 20 世纪初到 20 世纪 50 年代前期。在这一阶段，项目的可行性研究主要采用财务分析方法，即从企业角度出发，通过对项目的收入与支出的比较来判断项目的优劣。

第二阶段是从 20 世纪 50 年代初到 20 世纪 60 年代末期。在这一阶段，可行性研究从侧重于财务分析发展到同时从微观和宏观角度评价项目的经济效益，费用-效益分析(或称经济分析)作为一种项目选择的方法被普遍接受。在这个时期，美国于 1950 年发表了《内河流域项目经济分析的实用方法》，规定了测算费用效益比率的原则性程序。1958 年荷兰计量经济学家丁伯根首次提出了在经济分析中使用影子价格的主张。在这以后，世界银行和联合国工业发展组织（UNIDO）都在其贷款项目的评价中同时采用了财务分析和经济分析两种方法。

第三阶段是从 20 世纪 60 年代末期到现在。在这一阶段，可行性研究的分析方法中产生了社会分析方法，即把增长目标和公平目标（二者可统称为国民福利目标）结合在一起作为选择项目的标准。这一阶段的主要研究成果有：1968 年及 1974 年牛津大学的李托和穆里斯编写的《发展中国家工业项目分析手册》和《发展中国家项目评价和规划》；1972、1978、1980 年联合国工业发展组织（UNIDO）编写的《项目评价准则》、《工业可行性研究手册》、《工业项目评价手册》等。

我国自 1979 年开始，在总结新中国成立 40 年来经济建设经验教训的基础上引进了可行性研究，并将其用于项目建设前期的技术经济分析。1981 年原国家计委正式发布文件，明确规定"把可行性研究作为建设前期工作中一个重要技术经济论证阶段，纳入基本建设程序"。1983 年原国家计委又下达了《关于建设项目进行可行性研究的试行管理办法》，重申"建设项目的决策和实施必须严格遵守国家规定的基本建设程序"，"可行性研究是建设前期工作的重要内容，是基本建设程序中的组成部分"。同时，原国家计委于 1987、1993 年（其中 1993 年是与建设部联合颁发的）颁发了《建设项目经济评价方法与参数》第一版、第二版，并于 2002 年颁发了《投资项目可行性研究指南（试用版）》，为正确进行项目的可行性研究、科学决策项目投资提供了指导原则。2006 年国家发改委颁发了《建设项目经济评价方法与参数》第三版，这是迄今为止国内最有影响力的政府政策指导性文件。

7.1.3　项目可行性研究的意义

对项目进行可行性研究的主要目的在于为投资决策从技术、经济多方面提供科学依据，以提高项目的决策水平，提高项目的投资经济效益。具体来讲，项目的可行性研究具有以下作用。

1. 作为项目投资决策的依据

一个项目的成功与否及效益如何，会受到社会的、自然的、经济的、技术的诸多不确定因素的影响，而项目的可行性研究有助于分析和认识这些因素，并依据分析论证的结果提出可靠的或合理的建议，从而为项目的决策提供强有力的依据。

2. 作为向银行等金融机构或金融组织申请贷款、筹集资金的依据

银行是否给一个项目贷款融资，其依据是这个项目是否能按期足额归还贷款。银行只有在对贷款项目的可行性研究进行全面细致的分析评估之后，才能确认是否给予贷款，如世界银行等国际金融组织都视项目的可行性研究报告为项目申请贷款的先决条件。

3. 作为编制设计和进行建设工作的依据

在可行性研究报告中，对项目的建设方案、产品方案、建设规模、厂址、工艺流程、主要设备以及总图布置等作了较为详细的说明，因此，在项目的可行性研究得到审批后，即可作为项目编制设计和进行建设工作的依据。

4. 作为签订有关合同、协议的依据

项目的可行性研究是项目投资者与其他单位进行谈判，签订承包合同、设备订货合同、原材料供应合同、销售合同的重要依据。

5. 作为项目进行后评价的依据

要对投资项目进行投资建设活动全过程的事后评价，就必须有项目的可行性研究作为参照物，作为项目后评价的对照标准。尤其是项目可行性研究中有关效益分析的指标，无疑是项目后评价的重要依据。

6. 作为项目组织管理、机构设置、劳动定员的依据

在可行性研究报告中，要对项目的组织机构设置及人力资源的配置等做出安排，而这些安排可以作为项目在具体实施过程中进行组织管理、机构设置和劳动定员的依据。

7. 作为政府有关部门审查项目的依据

政府在进行投资或贷款时，一般都要有一定的选择性，其重要依据也是项目的可行性研究报告。此外，比较大的项目在进行投资时，一般都需要向项目所在地的政府有关部门申报，如规划部门、环保部门、建设管理部门等，可行性研究报告通常是申请各种许可的重要材料。政府部门通过审查项目的可行性研究报告，确定项目是否符合国家规定标准。

7.1.4　项目可行性研究的工作要求

开展项目可行性研究工作，要求做到下面几点。

1. 基础资料翔实

资料搜集是可行性研究的基础工作，基础资料的全面可靠与否直接关系到整个可行性研究的质量，所以对搜集到的资料要加以分析、整理、去伪存真，如资料的来源、日期、数据的统计口径、在不同条件下的换算方法等。资料搜集要求全面，同时资料搜集的深度要满足可行性研究的需要，特别是涉及投资估算的基础资料要求达到一定的深度。因为原国家计委规定，设计任务书(或可行性研究)投资估算和初步设计概算的出入不得大于 10%，否则将对项目重新进行决策。根据这一要求，在搜集基础资料的过程中应做必要的地质勘探与工程测量，但也要恰到好处。

2. 研究内容全面

一个建设项目能否成立取决于众多因素，缺一不可，不仅要从微观经济的角度研究项目的建设是否可行，而且要求从宏观经济的角度对项目进行研究和评价。因此，可行性研究要全面研究国家政策、国民经济长期发展规划和地方经济社会发展规划，要认真研究全国和地区的综合运输规划、公路网发展规划及其轻重缓急的秩序、建设项目的地位和作用，深入研究现有交通运输状况、建设条件、环境保护、资金来源、社会经济效益等因素。在前期工作中尽可能把主要问题加以详尽的研究，使项目选择建立在可靠的基础上，建成后能发挥最好的效益，避免或减少因盲目建设、仓促上马带来的损失和浪费。

3. 研究深度得当

可行性研究要注重对项目的前提性和关键性综合技术经济问题的研究。研究应具有相当的深度，研究结论才能比较明确和肯定，而不致导致设计、施工和生产中的重大变更。我国基本建设程序规定有初步设计阶段，凡属初步设计应解决的问题，不必统统拿到可行性研究中来解决，否则会增加可行性研究的时间，放慢项目实施进度，并且会干扰可行性研究中重大问题的解决。所谓有一定的深度是指：

（1）可行性研究是编制设计任务书的依据，进而是初步设计的依据，因此对建设理由、经济发展和交通量预测、建设规模、标准等要论证清楚。

（2）投资估算、设计概算误差不能超过 10%。

（3）工程可行性研究在工程方面，凡属重大技术方案应在论证和比较后提出推荐方案，技术上存在的重大难点提出科研项目，而对一些技术细节，不能也不应取代初步设计。

4. 具有客观公正性

可行性研究作为一种科学的方法，在论证当中必须保持编制单位的客观公正性，不受外界因素的干扰。国外许多咨询机构在进行可行性研究时，特别强调独立和公正的原则，以保证咨询服务质量，维护其声誉和地位。总结过去几年的经验，尤其需要避免"长官意志"。

5. 具有科学性

可行性研究经过充分调查研究、实地踏勘获得第一手资料，运用现代化手段做多方案的比较，本着实事求是的原则进行分析和论证。

7.2 项目可行性研究的组织与实施

7.2.1 项目可行性研究在项目发展周期中的位置

任何一个项目，从提出到完成都必须经过若干个工作阶段，这些阶段是相互联系并按照一定的程序进行的，这样按一定的工作程序每循环一次，就构成一个项目进展周期。一个项目周期包含了项目从提出项目设想、立项、决策、开发、建设、施工直到竣工投产、进行生产活动和总结评价的全过程。虽然每个项目大小不等、行业不同、技术也千差万别，但是大多数项目都会经历这样一个完整的周期。例如，世界银行将项目的周期划分为项目设想、项目初选、项目准备、项目评估、项目实施、项目投产经营和项目评价总结等七个阶段（国内通常将项目划分为项目规划与决策阶段、项目准备阶段、项目实施阶段、项目终止与总结评价阶段）。为了分析的方便，我们把项目生命周期作了如下的划分，即一个投资项目要经历投资前期、投资时期以及生产时期，见图 7.1。

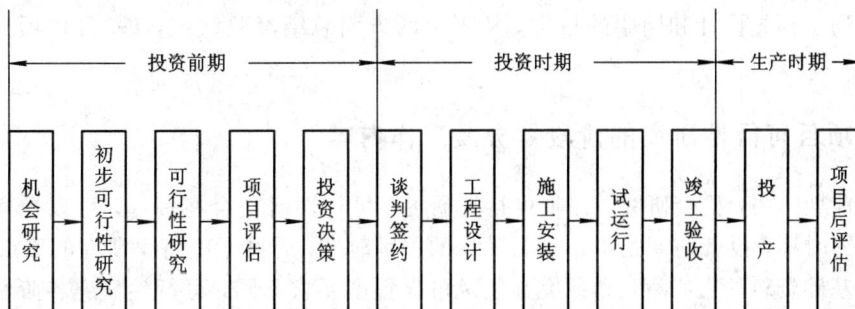

图 7.1 项目发展周期

每个时期又可以分为若干个小的工作阶段。投资前期(或称做建设期)一般包括机会研究、初步可行性研究、可行性研究、项目评估与投资决策几个重要阶段,其主要工作是进行项目的可行性研究;投资时期是指项目实施与监督阶段,其主要任务是进行谈判及签订合同、工程项目设计、施工安装和试车投产;生产时期包括项目的投产经营和项目的总结评价工作。

下面就对项目周期各阶段工作的主要内容作简单的说明。

(1)项目机会研究。项目机会研究是项目周期的第一阶段,其主要任务是鉴别项目的投资意向,制定项目应达到的目标,简单地分析项目能获得的收益,确定项目的适用性和可取性,并根据市场上的需求情况,把握时机,及时提出项目投资的设想,进行机会研究,编写项目建议书。

(2)项目初步可行性研究。在项目建议书得到批准后,应对拟建项目的各种预选的技术方案和建设方案进行筛选,并分析决定项目意向在大体上的合理性和可能性,进一步考虑拟建项目的规划方案及做出选择和建设的理由,进行项目初步决策分析,选定较好的实施方案,写出初步可行性研究报告。

(3)项目可行性研究。在对设想项目进行初步选定之后,就可以进行项目的准备工作。项目准备阶段的主要内容就是进行项目的可行性研究,这个阶段的重要任务就是要明确项目应达到的目标和达到这些目标的手段。通过可行性研究,从被推选的建设方案中选择最符合要求的项目,并从技术、经济、财务和社会等各个方面论证项目的可行性和合理性,编制可行性研究报告。

(4)项目评估。项目评估是对可行性研究报告进行全面、详细的审核和估价,它应为项目的投资决策提供最终的依据并写出评估报告。

(5)项目实施。项目在经过评估审核并通过后,就进入具体的实施阶段。项目的实施阶段是将项目的规划设计付诸实践的阶段,这一阶段的主要工作有:建立项目执行管理机构、进行项目的招投标、签订各项协议和合同、组织项目实施。

(6)项目的投产经营。项目的投产经营是项目寿命期内一个非常重要的阶段,它能保证项目在整个寿命期内取得预期的经济效益、财务效益和社会效益,同时,也反映出投资前期可行性研究和项目实施阶段的工作质量。另外,项目投资决策的成功与否,最终也是由投产运营阶段经济效益高低体现出来的。

(7)项目的总结评价。项目在经过一段时间的生产经营后,应对项目的运行做出全面而具体的审核、总结和评价,即项目的后评价。它主要评价项目的实际经营业绩,说明项目是否达到了预先设计和期望的目标,从正反两方面总结经验教训,编写出《项目后评价报告》。

7.2.2　项目可行性研究的阶段划分及工作内容

投资前期当中,机会研究、初步可行性研究、可行性研究合在一起,可以被概括称为可行性研究时期。投资前期是决定项目效果的关键时期,是技术经济学研究的重点。

由于基础资料的占有程度、研究深度及可靠程度要求不同,可行性研究各阶段的工作性质、工作内容、投资成本估算精度、工作时间与费用各不相同,它们之间的关系见表7.1。

表 7.1　可行性研究阶段工作比较

研究阶段	机会研究	初步可行性研究	可行性研究	项目评估决策
研究性质	项目设想	项目初选	项目准备	项目评估
研究目的和内容	鉴别投资方向，寻求投资机会，选择项目，提出项目投资建议	对项目进行初步评价，进行专题辅助研究，广泛分析、筛选方案，确定项目的初步可行性	对项目进行深入细致的技术经济论证，重点对项目的技术方案和经济效益进行分析评价，进行多方比选，提出结论性意见	综合分析各种效益，对可行性研究报告进行全面审核和评估，分析可行性研究的可靠性和真实性
研究要求	编制项目建议书	初步可行性研究报告	编制可行性研究报告	提出项目评估报告
研究作用	为初步选择投资项目提供依据，批准后列入建设前期工作计划，作为国家对投资项目的初步决策	判断是否有必要进行下一步详细可行性研究，进一步判明建议项目的生命力	作为项目投资决策的基础和重要依据	为投资决策者提供最后决策依据，决定项目取舍和选择最佳投资方案
估算精度	30%	20%	10%	10%
研究费用(百分比)	0.2～1.0	0.25～1.25	大项目 0.8～1.0，中小项目 1.0～3.0	—
研究时间	1～3 个月	4～6 个月	8～12 个月或者更长	—

需要说明的是，以上几个阶段的内容顺次由浅入深，工作量由小到大，估算精度由粗到细，因而研究工作所需的时间和费用也逐渐增加。另外，在可行性研究的任何一个阶段，只要得出不可行的结论，就不须再继续进行下一步的研究工作。可行性研究的工作阶段和内容也可以根据项目的规模、性质、要求和复杂程度的不同，进行适当的调整和简化。

（1）机会研究。机会研究的主要任务是捕捉投资机会，为拟建投资项目的投资方向提出轮廓性的建议，它又可以分为一般机会研究和项目机会研究。

一般机会研究是以某个地区、某个行业或部门、某种资源为基础的投资机会研究。项目机会研究是在一般机会研究基础上，以项目为对象进行的机会研究，通过项目机会研究将项目设想落实到项目投资建议，以引起投资者的注意和兴趣，并引导其做出投资意向。

这一阶段的工作内容相对比较粗略，一般根据类似项目的投资额及生产成本来估算本项目的投资额与生产成本，初步分析投资效果。如果投资者对该项目感兴趣，则可转入下一步的可行性研究工作，否则就停止研究工作。

（2）初步可行性研究。对一般项目，仅靠机会研究尚不能决定项目的取舍，还需要进行初步可行性研究，以进一步判断生命力。初步可行性研究是介于机会研究和可行性研究的中间阶段，它在机会研究的基础上进一步弄清拟建项目的规模、厂址、工艺设备、资源、组织机构和建设进度等情况，以判断是否有可能和有必要进行下一步的可行性研究工作。

其研究内容与可行性研究基本相同，只是深度和广度略低。

这一阶段的主要工作是：分析投资机会研究的结论；对关键性问题进行专题的辅助性研究；论证项目的初步可行性，判定有无必要继续进行研究；编制初步可行性研究报告。

初步可行性研究对项目投资的估算，一般可采用生产能力指数法、因素法、比例法等估算方法。估算精度一般控制在20%以内，所需时间约为4~6个月，所需费用约占投资额的0.25%。

（3）可行性研究。这一阶段的可行性研究亦称详细可行性研究，它是对项目进行详细深入的技术经济论证的阶段，是项目决策研究的关键环节。其研究内容在本章后面有详细阐述，这里不再赘述。

（4）项目评估与决策。项目评估是在可行性研究报告的基础上进行的，其主要任务是对拟建项目的可行性研究报告提出评价意见，最终决策项目投资是否可行并选择满意的投资方案。

7.2.3　我国可行性研究工作阶段

我国可行性研究工作主要分两阶段进行。第一阶段是项目建议书阶段，它基本上相当于国外的初步可行性研究阶段。需要说明的是：如果项目是使用国有资金投资的，则须编制项目建议书，且特别重要的项目还须在项目建议书批准后，方可进行初步可行性研究；而如果项目是使用非国有资金投资的，则不一定要编制项目建议书，但可视项目的具体情况，确定是否需要进行初步可行性研究。第二阶段是可行性研究阶段，即详细可行性研究阶段。我国通常所说的项目可行性研究就是指可行性研究阶段的详细可行性研究。

在我国，项目建议书和项目的可行性研究是项目建设程序的两项不同的工作和步骤。由于对它们的要求和工作条件不同，二者之间有一定的区别，主要体现在以下几个方面。

1. 研究任务不同

项目建议书阶段的初步可行性研究的任务是初步选定项目，并决定是否有必要进行下一步的工作，主要考察项目建设的必要性和可能性；可行性研究报告阶段的可行性研究则需要进行全面系统的技术经济分析论证，进行多方案比较，推荐最佳方案，或者否定该项目并提出强有力的理由，为最终决策提供依据。

2. 基础资料和依据不同

初步可行性研究的基本依据是国家的长远规划和行业、地区规划以及产业政策，拟建项目有关的自然资源条件，项目主管部门的有关批文，初步市场预测资料。可行性研究阶段，除以批准的项目建议书和初步可行性研究报告作为研究依据外，还有更为详细的设计资料和其他数据资料作为编制依据。

3. 内容的繁简程度和深度不同

两个阶段的基本内容大体相似，但初步可行性研究阶段的工作内容比较粗略和简单，而可行性研究则是对初步可行性研究的充实、完善和深化。

4. 投资估算的精度要求不同

初步可行性研究的项目总投资一般根据国内外类似已建工程项目进行测算或对比推

算，误差允许在 20％以内；而可行性研究阶段则必须对项目所需的各项费用进行更为详尽、精确的计算，误差要求不超过±10％。

5. 研究成果不同

初步可行性研究阶段的研究成果有初步可行性研究报告和项目建议书，附带有市场初步调查报告、建设地点初选报告、初步勘察报告等文件；可行性研究阶段的研究成果有可行性研究报告及所附的市场调查报告、厂址选择报告、地质勘察报告、水资源及资源调查报告、环境影响评价报告等。

总之，初步可行性研究与可行性研究是投资项目前工作的两个不同阶段，其在服务功能、研究重点、结构内容和深度要求等方面有所不同，具体的比较情况可见表 7.2。

表 7.2 初步可行性研究与可行性研究比较

序号	研究内容	初步可行性研究报告	可行性研究报告
1	总论		
1.1	项目背景	1. 项目名称 2. 报告编制依据 3. 项目提出的理由与过程	1. 项目名称 2. 项目编制单位情况 3. 报告编制依据 4. 项目提出的理由与过程
1.2	项目概况	1. 拟建地区 2. 建设规模与目标 3. 主要建设条件 4. 项目投入总资金及效益情况 5. 主要技术经济指标	1. 拟建地区 2. 建设规模与目标 3. 主要建设条件 4. 项目投入总资金及效益情况 5. 主要技术经济指标
1.3	问题与建议	问题与建议	问题与建议
2	市场预测		
2.1	产品市场供应与市场需求预测	预测产品在国内外市场的市场容量以及供需情况	国内外市场产品的供应及需求现状
2.2	产品目标市场分析	初步选定目标市场	确定产品的目标市场
2.3	价格预测	价格走势初步预测	国内外市场产品销售价格现状与预测
2.4	竞争力分析	—	确定主要竞争对手、产品竞争力优劣势、产品目标市场占有率、营销策略
2.5	市场风险	识别有无市场风险	确定主要市场风险及风险程度
3	资源条件评价（多用于资源开发型项目）	1. 资源可利用量 2. 资源自然品质 3. 资源禀赋条件 4. 资源开发价值	1. 资源可利用量 2. 资源自然品质 3. 资源禀赋条件 4. 资源开发价值

续表一

序号	研究内容	初步可行性研究报告	可行性研究报告
4	建设规模与产品方案		
4.1	建设规模	初步确定建设规模与理由	1.建设规模比较 2.推荐建设规模
4.2	产品方案	主要产品方案	1.主产品与副产品组合方案 2.各种产品方案优化比较,确定最终推荐方案
5	厂址选择	1.厂址所在地区选择(规划选址) 2.厂址初步比较 3.绘制厂址地理位置示意图	1.厂址具体位置选择(工程选址) 2.厂址比较 3.绘制厂址地理位置图
6	技术方案、工程方案、设备方案		
6.1	技术方案	1.拟采用的生产方法 2.技术来源设想(国内、国外) 3.主体和辅助工艺流程 4.绘制主体工艺流程图 5.估算物料消耗定额	1.生产方法比较 2.主体和辅助工艺比选 3.论证技术来源的可靠性以及可得性 4.绘制物料平衡图 5.确定物料消耗定额
6.2	主要设备方案	主要设备初步方案	1.主要设备选型方案 2.主要设备清单、采购方式、报价,深度达到采购订货要求
6.3	工程方案	主要建筑物、构筑物初步方案(面积、结构、技术要求)	1.主要建筑物、构筑物工程方案(特征、结构、基础、完全设防、建筑造型) 2.建筑安装工程方案(井巷、桥梁、隧道、建筑安装工程) 3.设备安装工程 4.建筑安装工程量及"三材"用量估算 5.编制主要建筑物、构筑物工程一览表
7	主要原材料、燃料供应		
7.1	主要原材料供应	1.主要原材料的品种、质量、年需求量 2.主要原材料的来源与运输方式	1.主要原材料的品种、质量、年需求量 2.主要原材料的来源与运输方式
7.2	燃料供应	1.燃料品种、质量、年需求量 2.燃料来源与运输方式	1.燃料品种、质量、年需求量 2.燃料来源与运输方式
7.3	主要原材料、燃料价格	价格现状以及走势	价格现状以及走势
7.4	主要原材料、燃料供应表	—	绘制主要原材料、燃料供应表

续表二

序号	研究内容	初步可行性研究报告	可行性研究报告
8	总图的运输与公用辅助工程		
8.1	总图布置	1.列出项目构成(主要单项工程) 2.绘制总平面布置图	1.列出项目构成(主要单项工程) 2.平面布置、竖向布置方案比选
8.2	场内外运输	—	1.场内外运输量以及运输方式 2.场内运输方式
8.3	公用辅助工程	提出主要的公用工程方案	提出给排水、供电、供热、通信、维修、仓储、空分、空压、制冷等公用辅助工程
9	节能措施	—	1.节能措施 2.能耗指标分析
10	节水措施	—	1.节水措施 2.水耗指标分析
11	环境影响评价		
11.1	环境条件调查	调查项目所在地的自然、生态、社会等环境条件以及环境保护区现状	调查项目所在地的自然、生态、社会等环境条件以及环境保护区现状
11.2	影响环境因素分析	污染环境因素以及危害程度；破坏环境因素及破坏程度	污染环境因素以及危害程度；破坏环境因素及破坏程度
11.3	环境保护措施	环境保护初步方案	环境保护措施
11.4	环境保护设施费用	—	治理环境所需的费用方案
11.5	环境影响评价	分析环境是否影响项目的立项	环境治理方案比选与评价
12	劳动安全卫生消防	—	1.危害因素以及危害程度 2.安全卫生措施方案 3.消防设施方案
13	组织结构与人力资源配置	估算项目所需人员数量	1.组织结构设置及其适应性分析 2.人力资源配置构成、人数、技能素质要求 3.编制员工培训计划
14	项目实施进度	初步确定建设工期	1.确定建设工期 2.编制项目实施进度表 3.大型项目的主要单项工程时序表
15	投资估算	初步估算项目建设投资和流动资金	1.分别估算建筑工程费、设备购置费、安装工程费、其他建设费用 2.分别估算基本预备费、涨价预备费 3.估算流动资金

序号	研究内容	初步可行性研究报告	可行性研究报告
16	融资方案	资本和债务资金的需求数量和来源设想	1.构造并优化融资方案 2.资本来源及其承诺文件 3.债务资金来源及其意向协议
17	财务评价		
17.1	销售收入与成本费用估算	粗略估算产品销售收入与成本费用	规划科目详细计算销售收入与成本费用
17.2	财务评价指标	—	
17.2.1	盈利能力分析	1.项目财务内部收益率 2.资本收益率	1.项目财务内部收益率 2.资本收益率 3.投资各方收益率 4.财务净现值 5.投资回收期 6.投资利润率
17.2.2	偿债能力分析	初步计算借款偿还能力	借款偿还期或利息备付率和偿债备付率
17.3	不确定分析	—	1.敏感性分析 2.盈亏平衡分析 3.必要时进行概率分析
17.4	非营利性项目财务评价	1.初步计算单位功能投资 2.负债建设的项目粗略估算借款偿还期	1.计算单位功能投资、单位功能运营成本、运营收费价格 2.负债建设的项目计算借款偿还期
18	国民经济评价		
18.1	国民经济效益和费用计算	初步计算国民经济效益和费用	利用影子价格计算投资、销售收入、经营费用、流动资金
18.2	国民经济评价指标	经济内部收益	1.经济内部收益率 2.经济净现值
19	社会评价	以定性描述为主的社会评价	以动态分析、过程分析为主的详细社会评价
20	风险投资	1.初步识别主要风险因素 2.初步分析风险影响程度	1.识别主要风险因素 2.分析风险影响程度，确定风险等级 3.研究防范和降低风险的对策
21	研究结论与建议	1.推荐方案总体描述 2.推荐方案优缺点描述 3.结论与建议	1.推荐方案总体描述 2.推荐方案优缺点描述 3.主要对比方案描述 4.结论与建议
22	附图、附表、附件		

7.3　项目可行性研究报告

7.3.1　项目可行性研究报告的定义

项目可行性研究报告是通过对项目的主要内容和配套条件，如市场需求、资源供应、建设规模、工艺路线、设备选型、环境影响、资金筹措、盈利能力等，从技术、经济、工程等方面进行调查研究和分析比较，并对项目建成以后可能取得的财务、经济效益及社会影响进行预测，从而提出该项目是否值得投资和如何进行建设的咨询意见，为项目决策提供依据的一种综合性的分析方法。可行性研究具有预见性、公正性、可靠性、科学性的特点。

各类可行性研究报告内容侧重点差异较大，但一般应包括以下内容：

（1）投资必要性。根据市场调查及预测的结果以及有关的产业政策等因素，论证项目投资建设的必要性。

（2）技术可行性。从项目实施的技术角度合理设计技术方案，并进行比选和评价。

（3）财务可行性。从项目及投资者的角度设计合理的财务方案，从企业理财的角度进行资本预算，评价项目的财务盈利能力，进行投资决策，并从融资主体（企业）的角度评价股东投资收益、现金流量计划及债务清偿能力。

（4）组织可行性。制定合理的项目实施进度计划，设计合理的组织机构，选择经验丰富的管理人员，建立良好的协作关系，制定合适的培训计划等，保证项目顺利执行。

（5）经济可行性。从资源配置的角度衡量项目的价值，评价项目在实现区域经济发展目标、有效配置经济资源、增加供应、创造就业、改善环境、提高人民生活等方面的效益。

（6）社会可行性。分析项目对社会的影响，包括政治体制、方针政策、经济结构、法律道德、宗教民族、妇女儿童及社会稳定性等。

（7）风险因素及对策。对项目的市场风险、技术风险、财务风险、组织风险、法律风险、经济及社会风险等因素进行评价，制定规避风险的对策，为项目全过程的风险管理提供依据。

7.3.2　项目可行性研究报告的编制过程与依据

1. 可行性研究报告的编制过程

按照我国相关法律规定，可行性研究要按照以下过程开展：

（1）签订委托协议。可行性研究报告编制单位与委托单位就项目可行性研究报告编制工作的范围、重点、深度要求、完成时间、费用预算和质量要求交换意见，并签订委托协议，据此开展可行性研究各阶段的工作。

（2）组建工作小组。根据委托项目可行性研究的工作量、内容、范围、技术难度、时间要求等组建可行性研究报告编制小组。一般工业项目和交通运输项目可分为市场组、工艺技术组、设备组、工程组、总图运输及公用工程组、环保组、技术经济组等专业组。为使各专业组协调工作，保证可行性研究报告总体质量，一般应由总工程师、总经济师负责统筹协调。

（3）制定工作计划。内容包括研究工作的范围、重点、深度、进度安排、人员配置、费用预算及可行性研究报告编制大纲，并与委托单位交换意见。

（4）调查研究收集资料。各专业组根据可行性研究报告编制大纲进行实地调查，收集整理有关资料，包括：向市场和社会调查，向行业主管部门调查，向项目所在地区调查，向项目涉及的有关企业、单位调查，收集项目建设、生产运营等各方面所必需的信息资料和数据。

（5）方案设计与优选。在以上调查研究收集资料的基础上，对项目的建设规模与产品方案、场（厂）址方案、技术方案、设备方案、工程方案、原材料供应方案、总图布置与运输方案、公用工程与辅助工程方案、环境保护方案、组织机构设置方案、实施进度方案以及项目投资与资金筹措方案等，提出备选方案，进行论证比选优化，构造项目的整体推荐方案。

（6）项目评价。对推荐的建设方案进行环境评价、财务评价、国民经济评价、社会评价及风险分析，以判别项目的环境可行性、经济可行性、社会可行性和抗风险能力。当有关评价指标结论不足以支持项目方案成立时，应对原设计方案进行调整或重新设计。

（7）编写可行性研究报告。项目可行性研究的各专业方案经过技术经济论证和优化之后，由各专业组分工编写，经项目负责人衔接协调综合汇总，提出可行性研究报告初稿。

（8）与委托单位交换意见。可行性研究报告初稿形成后，与委托单位交换意见，修改完善，形成正式的可行性研究报告。

2. 可行性研究报告的编制依据

编写可行性研究报告时，一般要根据以下依据开展，并在可行性研究报告中加以说明：

（1）项目建议书（初步可行性研究报告）及其批复文件。

（2）国家和地方的经济和社会发展规划，行业部门发展规划，如江河流域开发治理规划、铁路公路路网规划、电力电网规划、森林开发规划等。

（3）国家有关法律、法规、政策。

（4）国家矿产储量委员会批准的矿产储量报告及矿产勘探最终报告。

（5）国家有关建设方面的标准、规范、定额。

（6）中外合资、合作项目各方签订的协议书或意向书。

（7）编制可行性研究报告的委托合同。

（8）其他有关依据和资料。

7.3.3 项目可行性研究报告的主要内容

各种可行性研究报告内容根据行业或者要求的不同，其侧重点以及详略程度差异很大。但是一些基本内容是必须具备的，根据原国家计委《关于建设项目进行可行性研究的试行管理办法》的规定，工业项目可行性研究报告主要包括以下 11 部分内容。

1. 总论

总论作为可行性研究报告的首要部分，要综合叙述研究报告中各部分的主要问题和研究结论，并对项目的可行与否提出最终建议，为可行性研究的审批提供方便。

1) 项目背景

(1) 项目名称。

(2) 项目的承办单位。

(3) 项目的主管部门。

(4) 项目拟建地区和地点。

(5) 承担可行性研究工作的单位和法人代表。

(6) 研究工作依据。

(7) 研究工作概况。

① 项目建设的必要性。

② 项目发展及可行性研究工作概况。

2) 可行性研究结论

在可行性研究中，对项目的产品销售、原料供应、生产规模、厂址、技术方案、资金总额及筹措、项目的财务效益和国民经济、社会效益等重大问题，都应得出明确的结论。可行性研究结论包括：

(1) 市场预测和项目规模。

(2) 原材料、燃料和动力供应。

(3) 厂址。

(4) 项目工程技术方案。

(5) 环境保护。

(6) 工厂组织及劳动定员。

(7) 项目建设进度。

(8) 投资估算和资金筹措。

(9) 项目财务和经济评价。

(10) 项目综合评价结论。

3) 主要技术经济指标表

在总论部分中，可将研究报告中各部分的主要技术经济指标汇总，列出主要技术经济指标表，使审批和决策者对项目全貌有一个综合了解。

4) 存在问题及建议

这是对可行性研究中提出的项目的主要问题进行说明并提出解决的建议。

2. 项目背景和发展概况

这一部分主要应说明项目的发起过程、提出的理由、前期工作的发展过程、投资者的意向、投资的必要性等可行性研究的工作基础。为此，需将项目的提出背景与发展概况作系统叙述，说明项目提出的背景、投资理由，在可行性研究前已经进行的工作情况及其成果，重要问题的决策和决策过程等情况。在叙述项目发展概况的同时，应能清楚地提出本项目可行性研究的重点和问题。

(1) 项目提出的背景。

① 国家或行业发展规划。

② 项目发起人以及发起缘由。

（2）项目发展概况。

项目的发展概况指项目在可行性研究前所进行的工作情况，包括：

① 已进行的调查研究项目及其成果。

② 试验试制工作（项目）情况。

③ 厂址初勘和初步测量工作情况。

④ 项目建议书（初步可行性研究报告）的撰写、提出及审批过程。

（3）投资的必要性。

3. 市场分析与建设规模

市场分析在可行性研究中的重要地位在于，任何一个项目，其生产规模的确定、技术的选择、投资的估算甚至厂址的选择，都必须在对市场需求情况有了充分了解以后才能决定，而且市场分析的结果还可以决定产品的价格、销售收入，最终影响到项目的盈利性和可行性。在可行性研究报告中，要详细阐述市场需求预测、价格分析，并确定建设规模。

1）市场调查

（1）拟建项目产出物用途调查。

（2）产品现有生产能力调查。

（3）产品产量及销售量调查。

（4）替代产品调查。

（5）产品价格调查。

（6）国外市场调查。

2）市场预测

市场预测是市场调查在时间上和空间上的延续，是利用市场调查所得到的信息资料，根据市场信息资料分析报告的结论，对本项目产品未来市场需求量及相关因素所进行的定量与定性的判断与分析。在可行性研究工作中，市场预测的结论是制订产品方案，确定项目建设规模所必需的依据。

（1）国内市场需求预测。

① 本产品消耗对象。

② 本产品的消费条件。

③ 本产品更新周期的特点。

④ 可能出现的替代产品。

⑤ 本产品使用中可能产生的新用途。

（2）产品出口或进口替代分析。

① 进口替代分析。

② 出口可行性分析。

（3）价格预测。

3）市场推销战略

在商品经济环境中，企业要根据市场情况，制定合格的销售战略，争取扩大市场份额，稳定销售价格，提高产品竞争能力。因此，在可行性研究中要对市场推销战略进行研究。

（1）推销方式。

① 投资者分成。

② 企业自销。

③ 国家部分收购。

④ 经销人代销及代销人情况分析。

（2）推销措施。

（3）促销价格制度。

（4）产品销售费用预测。

4）产品方案和建设规模

（1）产品方案。

① 列出产品名称。

② 产品规格标准。

（2）建设规模。

5）产品销售收入预测

根据确定的产品方案、建设方案、建设规模及预测的产品价可以估算产品销售收入。

4. 建设条件与厂址选择

根据前面部分中关于产品方案与建设规模的论证与建议，在这一部分中按建议的产品方案和规模来研究资源、原料、燃料、动力等需求和供应的可靠性，并对可供选择的厂址做进一步技术和经济分析，确定新厂址方案。

1）资源和原材料

（1）资源详述。

（2）原材料及主要辅助材料供应。

① 原材料、主要辅助材料需要量及供应。

② 燃料动力及其他公用设施的供应。

③ 主要原材料、燃料动力费用估算。

（3）需要做生产试验的原料。

2）建设地区的选择

选择建厂地区，除须符合行业布局、国土开发整治规划外，还应具备资源、区域地质、交通运输和环境保护等四个要素。

（1）自然条件。

（2）基础设施。

（3）社会经济条件。

（4）其他应考虑的因素。

3）厂址选择

（1）厂址多方案比较。

① 地形、地貌、地质的比较。

② 占用土地情况比较。

③ 拆迁情况的比较。

④ 各项费用的比较。

（2）厂址推荐方案。

① 绘制推荐厂址的位置图。

② 叙述厂址地貌、地理、地形的优缺点和推荐理由。

③ 环境条件的分析。

④ 占用土地种类分析。

⑤ 推荐厂址的主要技术经济数据。

5. 工厂技术方案

技术方案是可行性研究的重要组成部分，主要研究项目应采用的生产方法、工艺和工艺流程，重要设备及其相应的总平面布置，主要车间组成及建构筑物形式等技术方案。在此基础上，估算土建工程量和其他工程量。在这一部分中，除文字叙述外，还应将一些重要数据和指标列表说明，并绘制总平面布置图、工艺流程示意图等。

1）项目组成

凡由本项目投资的厂内、外所有单项工程、配套工程包括生产设施、后勤、运输、生活福利设施等，均属项目组成的范围。

2）生产技术方案

生产技术方案系指产品生产所采用的工艺技术、生产方法、主要设备、测量自控装备等技术方案。

（1）产品标准。

产品标准用于叙述本项目主要产品和副产品的质量标准。

（2）生产方法。

（3）技术参数和工艺流程。

（4）主要工艺设备选择。

（5）主要原材料、燃料、动力消耗指标。

（6）主要生产车间布置方案。

3）总平面布置和运输

（1）总平面布置原则。

总平面布置应根据项目各单项工程、工艺流程、物料投入与产出、废弃物排出及原材料储存、厂内外交通运输等情况，按厂地的自然条件、生产要求与功能以及行业、专业的设计规范进行安排。

（2）厂内外运输方案。

（3）仓储方案。

（4）占地面积及分析。

4）土建工程

（1）主要建筑物、构筑物的建筑特征及结构设计。

（2）特殊基础工程的设计。

（3）建筑材料。

（4）土建工程造价估算。

5）其他工程

（1）给排水工程。

（2）动力及公用工程。

（3）地震设防。

（4）生活福利设施。

6. 环境保护与劳动安全

在项目建设中，必须贯彻执行国家有关环境保护和职业安全卫生方面的法规、法律，对项目可能对环境造成的近期和远期影响，对影响劳动者健康和安全的因素，都要在可行性研究阶段进行分析，提出防治措施，并对其进行评价，推荐技术可行、经济，且布局合理，对环境的有害影响较小的最佳方案。按照国家现行规定，凡从事对环境有影响的建设项目都必须执行环境影响报告书的审批制度。同时，在可行性研究报告中，对环境保护和劳动安全要有专门论述。

（1）建设地区的环境现状。

（2）项目主要污染源和污染物。

① 主要污染源。

② 主要污染物。

（3）项目拟采用的环境保护标准。

（4）治理环境的方案。

（5）环境监测制度的建议。

（6）环境保护投资估算。

（7）环境影响评价结论。

（8）劳动保护与安全卫生。

① 生产过程中职业危害因素的分析。

② 职业安全卫生主要设施。

③ 劳动安全与职业卫生机构。

④ 消防措施和设施方案建议。

7. 企业组织和劳动定员

在可行性研究报告中，根据项目规模、项目组成和工艺流程，研究提出相应的企业组织机构、劳动定员总数及劳动力来源及相应的人员培训计划。

1）企业组织

（1）企业组织形式。

（2）企业工作制度。

2）劳动定员和人员培训

（1）劳动定员。

（2）年总工资和职工年平均工资估算。

（3）人员培训及费用估算。

8. 项目实施进度安排

项目实施时期的进度安排也是可行性研究报告中的一个重要组成部分。所谓项目实施时期，亦可称为投资时间，是指从正式确定建设项目到项目达到正常生产这段时间。这一时期包括项目实施准备、资金筹集安排、勘察设计和设备订货、施工准备、施工和生产准备、试运转直到竣工验收和交付使用等各工作阶段。这些阶段的各项投资活动和各个工作环节，有些是相互影响的、前后紧密衔接的，也有些是同时开展、相互交叉进行的。因此，在可行性研究阶段，需将项目实施时期各个阶段的各个工作环节进行统一规划，综合平衡，做出合理又切实可行的安排。

1) 项目实施的各阶段

(1) 建立项目实施管理机构。

(2) 资金筹集安排。

(3) 技术获得与转让。

(4) 勘察设计和设备订货。

(5) 施工准备。

(6) 施工和生产准备。

(7) 竣工验收。

2) 项目实施进度表

(1) 横道图。

(2) 网络图。

3) 项目实施费用

(1) 建设单位管理费。

(2) 生产筹备费。

(3) 生产职工培训费。

(4) 办公和生活家具购置费。

(5) 勘察设计费。

(6) 其他应支出的费用。

9. 投资估算与资金筹措

建设项目的投资估算和资金筹措分析，是项目可行性研究内容的重要组成部分。每个项目均需计算所需要的投资总额，分析投资的筹措方式，并制定用款计划。

1) 项目总投资估算

建设项目总投资包括固定资产投资总额和流动资金。

(1) 固定资产总额。

(2) 流动资金估算。

2) 资金筹措

一个建设项目所需要的投资资金可以从多个来源渠道获得。项目可行性研究阶段，资金筹措工作是根据对建设项目固定资产投资估算和流动资金估算的结果，研究落实资金的来源渠道和筹措方式，从中选择条件优惠的资金。可行性研究报告中，应对每一种来源渠道的资金及其筹措方式逐一论述，并附有必要的计算表格和附件。可行性研究中应对下列内容加以说明：

(1) 资金来源。

（2）项目筹资方案。

3）投资使用计划

（1）投资使用计划。

（2）借款偿还计划。

10. 财务效益、经济和社会效益评价

在建设项目的技术路线确定以后，必须对不同的方案进行财务、经济效益评价，判断项目在经济上是否可行，并比选出优秀方案。本部分的评价结论是建议方案取舍的主要依据之一，也是对建设项目进行投资决策的重要依据。

本部分就可行性研究报告中财务、经济与社会效益评价的主要内容做一概要说明。

1）生产成本和销售收入估算

（1）生产总成本。

（2）单位成本。

（3）销售收入估算。

2）财务评价

财务评价是考察项目建成后的获利能力、债务偿还能力及外汇平衡能力等财务状况，以判断建设项目在财务上的可行性。财务评价多用静态分析与动态分析相结合、以动态为主的办法进行，并用财务评价指标分别和相应的基准参数——财务基准收益率、行业平均投资回收期、平均投资利润率、投资利税率相比较，以判断项目在财务上是否可行。

3）国民经济评价

国民经济评价是项目经济评价的核心部分，是决策部门考虑项目取舍的重要依据。建设项目国民经济评价采用费用与效益分析的方法，运用影子价格、影子汇率、影子工资和社会折现率等参数，计算项目对国民经济的净贡献，评价项目在经济上的合理性。国民经济评价采用国民经济盈利能力分析和外汇效果分析，以经济内部收益率（EIRR）作为主要的评价指标。根据项目的具体特点和实际需要，也可计算经济净现值（ENPV）指标。涉及产品出口创汇或替代进口节汇的项目，要计算经济外汇净现值（ENPV）、经济换汇成本或经济节汇成本。

4）不确定性分析

在对建设项目进行评价时，所采用的数据多数来自预测和估算。由于资料和信息的有限性，将来的实际情况可能与此有出入，这对项目投资决策会带来风险。为避免或尽可能减少风险，就要分析不确定性因素对项目经济评价指标的影响，以确定项目的可靠性，这就是不确定性分析。

根据分析内容和侧重面不同，不确定性分析可分为盈亏平衡分析、敏感性分析和概率分析。在可行性研究中，盈亏平衡分析、敏感性分配和概率分析可视项目情况而定。

5）社会效益和社会影响分析

在可行性研究中，除对以上各项指标进行计算和分析以外，还应对项目的社会效益和社会影响进行分析，也就是对不能定量的效益影响进行定性描述。

11. 可行性研究结论与建议

1）结论与建议

根据前面各节的研究分析结果，对项目在技术上、经济上进行全面的评价，对建设方案进行总结，提出结论性意见和建议。主要内容包括：

（1）对推荐的拟建方案建设条件、产品方案、工艺技术、经济效益、社会效益、环境影响的结论性意见。

（2）对主要的对比方案进行说明。

（3）对可行性研究中尚未解决的主要问题提出解决办法和建议。

（4）对应修改的主要问题进行说明，提出修改意见。

（5）对不可行的项目，提出不可行的主要问题及处理意见。

（6）可行性研究中主要争议问题的结论。

（7）可行性研究报告附件。

凡属于项目可行性研究范围，但在研究报告以外单独成册的文件，均需列为可行性研究报告的附件，所列附件应注明名称、日期、编号。

2）附件

（1）项目建议书（初步可行性报告）。

（2）项目立项批文。

（3）厂址选择报告书。

（4）资源勘探报告。

（5）贷款意向书。

（6）环境影响报告。

（7）需单独进行可行性研究的单项或配套工程的可行性研究报告。

（8）需要的市场调查报告。

（9）引进技术项目的考察报告。

（10）引进外资的各类协议文件。

（11）其他主要对比方案说明。

（12）其他。

3）附图

（1）厂址地形或位置图（设有等高线）。

（2）总平面布置方案图（设有标高）。

（3）工艺流程图。

（4）主要车间布置方案简图。

（5）其他。

在可行性研究报告撰写过程中，以上条款的详略程度和深度可以根据项目性质以及具体要求灵活掌握。本书在附录部分有《建设项目可行性研究报告评估报告编制提纲》以及《关于×××市沼气工程的可行性报告》样本，以供读者参考。

讨论与复习题

1. 简述项目可行性研究的概念与意义。
2. 项目可行性研究所经历的主要阶段有哪些?
3. 简述我国项目可行性研究的实际状况。
4. 项目可行性研究报告的主要内容包括哪些?

案例分析

铱星计划的失败

一、关于铱星系统计划

铱星系统是美国摩托罗拉公司设计的全球移动通信系统。它的天上部分是运行在 7 条轨道上的卫星,每条轨道上均匀分布着 11 颗卫星,组成一个完整的星座。它们就像化学元素铱(Ir)原子核外的 77 个电子围绕其运转一样,因此被称为铱星。后来经过计算证实,6 条轨道就够了,于是卫星总数减少到 66 颗,但仍习惯称为铱星。

铱星通过南北极运行在 780 千米的轨道上,每条轨道上除了分布的 11 颗卫星外,还多布 1~2 颗作为备用。这些卫星可以覆盖全球,用户用手持话机直接接通卫星进行通信,而无需几米直径的抛物面天线就可以进行全球范围内的通话了。

美国的"德尔塔 2 型"火箭、俄罗斯的"质子 K 型"火箭和我国的"长征 2 号丙改进型"火箭分别承担了铱星的发射任务。1998 年 5 月,布星任务全部完成,11 月 1 日,正式开通了全球通信业务。

铱星系统是美国于 1987 年提出的第一代通信卫星系统,每颗星质量为 670 千克左右,功率为 1200 瓦,采取三轴稳定结构,每颗卫星的信道为 3480 个,服务寿命为 5~8 年。铱星系统的最大特点是,通过卫星之间的接力来实现全球通信,相当于把地面蜂窝移动电话系统搬到了天上。它与目前使用的静止轨道卫星通信系统比较有两大优势:一是轨道低,传输速度快,信息损耗小,通信质量大大提高;二是铱星系统不需要专门的地面接收站,每部移动电话都可以与卫星联络,这就使地球上人迹罕至的不毛之地、通信落后的边远地区、自然灾害现场的通信都变得畅通无阻。所以说,铱星系统开始了人造卫星通信的新时代。

二、从现代电信系统设计的角度看铱星系统

现代电信系统的市场基本特征之一,就是要具有强大的市场竞争力。先进合理的现代电信系统设计,不仅要考虑其使用功能,而且要考虑其市场生存力。通常现代电信系统的设计主要从性能维、经济维、时间维和发展维所构成的四维空间中,寻求最优状态设计。

1. 铱星计划的提出

铱星卫星移动通信系统计划,是在十分鲜明的技术、经济和市场背景下产生的。随着世界经济与社会生活的发展,人类对通信的需求也呈现日益增强的势头。在这种需求中,移动通信越来越具有不可替代的使用价值,而在移动通信的发展中,卫星移动通信系统也在不断增强着其竞争力。毫无疑问,随着通信科技的发展,在移动通信的市场中,必将出现卫星移动通信系统、地面移动通信系统和最近问世的同温层平台移动通信系统(HAPS)三分天下的局面。

卫星移动通信过去一直是由 GEO(地球静止轨道)实现的,其业务主要由 INMARSAT(国际移动卫星组织,即原国际海事卫星组织)所经营和提供。由于人们对移动通信的要求越来越高,基于 GEO 的 INMARSAT 全球移动卫星通信系统也越来越不适应竞争的要求,并且明显地暴露出它的以下缺陷:

(1) 终端笨重,不能提供基于手持机实现的个人移动通信业务。

(2) 价格昂贵。仅用户语音终端就达 3000 至数万美元不等,而空间段费用也达每分钟 3~7 美元。

(3) 容量不足。最新的第三代 INMARSAT 全球移动卫星通信系统,一个大点波束内仅可提供 300~400 路话音信道。

(4) 频谱利用率低。

(5) 通信时延大,回声抑制费用高。

在这种形势下,卫星通信的原始方式——LEO(低地球轨道)卫星通信重新引起了人们的注意,铱星卫星移动通信系统计划就是在这种 LEO 卫星通信重新升温的背景下问世的。该计划是由美国摩托罗拉公司于 1990 年提出的,目前,与铱星系统类似的 LEO 卫星移动通信系统已超过 20 个。

2. 铱星系统市场发展情况

铱星系统于 1996 年开始试验发射,计划 1998 年投入业务,总投资为 34 亿美元,设计使用寿命为 5 年。

铱星系统提供的用户业务有移动电话(手机)、寻呼和数据。

铱星系统已突破了星间链路等关键技术问题,系统基本结构与规程已初步建成,系统研究发展的各个方面都取得了重要进展,全世界几十家公司都参与了其计划的实施,这些情况表明,从技术角度看,铱星计划的确立、运筹和实施是成功的。

3. 铱星计划的四维空间特点

1) 电信系统设计的四维空间概念

性能维:分为基本性能维和使用性能维,前者是目的系统的特征性能,而后者则是所有人工系统的通用性能。它包括可靠性、安全性和维护性等。

经济成本维:目的系统的一个重要约束条件,直接影响目的系统在性能维等其他三维的可行性。它包括研制成本、生产成本和使用成本等。

时间维:目的系统的整个研究开发以及进入市场竞争的时间限制等。

发展维:为目的系统留下的发展空间,包括生存容限和系统发展指标等。

2) 铱星系统的四维空间特点

(1) 性能维。

在性能维,铱星系统在卫星通信和移动通信两方面的发展中实现了大跨度的间断。其主要间断点如下:

采用 LEO 卫星作中继平台,使地面接收终端的体积比 GEO 卫星通信系统的地面接收终端的体积小,从而使手机通信的实现成为可能。

采用多波束技术(每颗星 48 个点波束),实现了极高的频率复用率,因而大大提高了系统的通信容量。在相同面积的区域内，铱星系统可提供的话音信道是 GEO 卫星通信系统的 2 倍。

采用极地轨道，实现了 GEO 系统所未能做到的极地地区的通信覆盖。

采用 LEO，使卫星—用户链路的长度较 GEO 系统大幅度降低（约降低 75%），使每一跳的信号传输时延大大降低，提高了话音通信的舒适性。

采用星际链路，实现了单跳全球通，免除了诸如 GEO 系统多跳通信给用户带来的长时延、大回声的烦恼。

（2）经济成本维。

在经济成本维中，铱星系统的研究发展和生产成本，比传统卫星通信系统大幅度降低。其 34 亿美元的总投资额，与具有相似功能的美军 MILSTAR（军事星）卫星通信系统缩减后的 160 亿美元投资额相比，只是后者的 1/5。因此，铱星系统的研制生产经济性较以往的卫星通信系统有大幅度提高。

从使用成本看，铱星系统的经济性更具有明显优势。它用手机作为地球终端的个人移动通信，使用户付出的购机成本降至目前卫星通信地球终端的最低限，约为 500 美元（而INMARSAT－Ⅲ终端约需 3000～5000 美元）；而它的较大的通信容量，又使得其单路运行成本大幅度下降，其租金降至 0.65 美元/分钟（INMARSAT 各类终端线路的租用费为3～7 美元/分钟）。

（3）时间维。

铱星卫星移动通信系统计划是 1990 年提出的，并于 1996 年开始试验发射，1998 年开始投入业务运营。在铱星系统研制期间，正是世界范围内移动通信市场蓬勃发展之时，而GEO 卫星移动通信系统、地面移动通信系统和刚刚问世的同温层平台移动通信系统都不能满足目前大量增加的移动通信需求，因此，移动通信市场正潜藏着大量机会。铱星系统在这时捷足先登，投入运营，可谓正当其时。当时，其他所有 LEO 多星卫星通信系统的研究发展时间都晚于铱星系统，它们大多要到 2000 年以后才能投入使用。因此，在时间维上铱星系统也具有极大的竞争优势。

（4）发展维。

铱星系统具有卫星与地面关口站及控制中心进行通信的能力，因此，它理所当然地具备向日益火爆的计算机远程网络市场发展的余地。它可以成为计算机远程网络的通信子网，并与光缆等电话网和数据网相连，提供多媒体通信服务。

4. 结论

铱星计划从现代电信系统的设计来看，是一个符合市场需求的系统。它在总体技术上采用了大量以往的卫星通信系统所未曾采用过的新技术，使得相对传统的卫星系统而言，铱星系统在四维空间都达到和保持了良好状态，并取得了非常强的竞争优势。

三、铱星变流星

当摩托罗拉公司费尽千辛万苦终于在 1998 年 11 月 1 日正式将铱星系统投入使用时，命运却和摩托罗拉公司开了一个很大的玩笑，传统的手机已经完全占领了市场。由于无法形成稳定的客户群，因此铱星公司亏损巨大，连借款利息都偿还不起，摩托罗拉公司不得不将曾一度辉煌的铱星公司申请破产保护，在回天无力的情况下，只好宣布终止铱星服务。

摩托罗拉公司正式通知铱星电话用户，到 1999 年 3 月 15 日，如果还没有买家收购铱星公司并追加投资，铱星的服务将于美国东部时间 3 月 17 日 23 点 59 分终止。3 月 17 日，铱星公司正式宣布破产，从正式宣布投入使用到终止使用不足半年时间。

据美联社报道，在纽约联邦破产法院 17 日下午举行的听证会上，铱星公司律师表示该公司没有找到合格的买主，法官阿瑟·冈萨雷斯于是批准铱星公司将其经营的 66 颗卫星退出轨道，使它们在进入地球大气层时焚毁。铱星公司可能在两个星期内开始这一行动。由于卫星脱离轨道后将在太空中燃烧耗尽，因此该计划需要与美国政府的几个部门协商进行。铱星公司最大的股东摩托罗拉公司表示，它将在八九个月内将所有的卫星投放至较低的轨道上，估计完全燃烧需要一到两年的时间，燃烧卫星的费用大约在 3000 万～5000 万美元之间。

四、关于铱星计划失败的原因

铱星事件给了我们很多思考，高技术带来的高风险即使在摩托罗拉这种跨国巨人面前也显得这样残酷无情，任何产品最终都要接受市场的检验，盲目发展以及对市场错误估计的代价是惨重的。铱星失败的原因是多方面的，总结为以下几点。

1. 管理决策构架问题

铱星的管理决策架构使其根本不可能进行有效管理。董事会 28 个成员说的是多国语言，每次开会就像是出席一次小型联合国会议，人人必须戴着耳塞，收听 5 种语言的同步翻译。

2. 市场运营构架问题

公司的基本组织结构是一个联合体（合伙人结构），由世界 15 个地区性的闸口（gateways）组成。所谓闸口，是指地面上的信号传输系统，可以收发和转送铱星电话信号。各地区闸口负责在本地区范围内行销铱星的电话和服务。铱星的市场运营构架无法建立起一支整体的销售队伍来设计完整的行销计划，建立各地区的分销渠道，形成统一有效的行销攻势。很多合伙人严重缺乏电信业经验，比如委内瑞拉的投资者除了从事手机业务之外，还经营着奶制品。

铱星运营总部不能过多地向地方闸口施压，因为闸口的主人都是董事会成员。在运营的过程中，铱星的行销计划受到了各地区闸口的质疑，因而也就难以指望获得很好的配合。

3. 市场机会已经失去

过去 10 年里地面移动通信发展迅猛，夺走了铱星公司的目标市场。相对地面移动通信，尤其是移动电话领域，铱星计划在时间维上已失去了市场机会。

4. 铱星系统本身不足

相对地面移动电话系统，铱星系统本身也存在许多不足，其手机个头笨重、运行不稳定，价格又昂贵，不能在室内和车内使用等。而整个世界通信系统的趋势却是手机越做越小，商家为了赚取通话费，甚至无偿赠送手机。

5. 商业运营起步不好

由于手机缺乏，销售力量不足，价格昂贵，因此开业的前两个季度，在全球只发展了 1 万用户，到申请破产为止，这个耗资 50 亿美元建立的通信网只有 5.5 万用户，而一些分析家估计该公司要实现盈利平衡至少需要 65 万用户。要建立一个忠诚的用户基础，所费的时间远远超过铱星的估计和许诺。

6. 工程师精神的企业文化

摩托罗拉的企业文化可以说是永不言败的工程师精神，在实验室内，这种精神确实令人敬佩，但是在向市场推进中，或当一系列问题发生的时候，却容易导致严重失误。

事实上，在更早的时候，有意向的投资者们就发现了工程师的创意和市场现实之间的脱节。一位地方贝尔公司的高级管理人员回忆说，90年代初他们观看摩托罗拉的铱星演示时，被一张幻灯片惊得目瞪口呆。他回忆说，用户必须首先将自己置于在电话天线和卫星之间没有任何障碍物的地点，才能顺利地使用电话（不能在室内和车内使用）。"现在你告诉我，我怎么能出售这种玩意儿？"他的公司最后拒绝投资于铱星计划。

五、从科技创新的角度看铱星计划的失败

从科技创新的角度看，高新技术产业的发展常常遇到技术已经成形，市场却尚未存在或开发的境界。高科技企业所要负担的经营风险和市场风险是十分大的。根据美国学者M. J. Meldrum 和 A. F. Millman 的风险构架，科技创新过程中最易造成新产品失败的十大因素是：

（1）科技水平不足。能力不够，不能将新科技充分应用在新产品的设计和制造上。

（2）替代性不强。新产品的附加价值不高，而原来的产品功能不错，顾客不愿意改变购买习惯，使得市场渗透慢，连带地使产品的转换成本高涨。

（3）规格的漂移。新型科技产品发展之初，技术尚未成熟，市场标准尚未建立，产品规格又彼此不同，顾客在使用时常有各种标准无法相容的困扰。

（4）科技跳蛙。新产品所引用的科技过于先进，以致顾客因陌生而有抗拒心理，且相关周边产业因技术尚未成熟而无法支援。

（5）信誉不够。一是对产品使用的科技的信任度；二是对生产厂商的专业形象、财务、经营能力的评价。过于先进的产品和知名度不够的厂商通常难以获得一般消费者的青睐。

（6）引入市场的前导期过长。在高科技产业，研发时间经常超过预定计划的长度，因此如何在这一时期获得稳定的资源和公司高层的承诺是计划生存与否的关键。

（7）品质标准不一。创新产品由于没有具体的评价标准，因此顾客难以判断其好坏，力求趋避风险，自然不敢贸然尝试。

（8）顾客对科技的不当使用。因顾客缺乏专业知识，使其对科技产品的筛选、装设和使用不当，进而影响到对产品的评价和再次购买的意愿。

（9）缺乏基础建设。科技过于先进而周边环境却没有可供发挥功效的基础设施。

（10）成本与时间超支。由于上述各项因素，使得计划耗用的金钱和时间超过预定界限，新产品若无高层主管的支持，常面临夭折的命运。

铱星计划是一个空前绝有的创新构想，在它还没有完成之前，谁也不敢说一定会成功或失败，在它失败之后，也不能说原有的创新构想是错误的。但从失败的缘由来看，引入市场的前导期过长，失去了市场机会（20世纪90年代初国内购买一部手机的成本是4万元人民币）；替代性不强，到1998年，地面移动通信的手机价格、款式和区域覆盖程度已经非常成熟，铱星移动手机的优势不是十分明显；科技蛙跳现象，铱星系统的科技过于先进，以致相关周边产业因技术尚未成熟而无法支援，出现因手机生产数量不足而产生手机缺乏和价格昂贵；由于成本和时间的超支，运行不好，不能给新的投资人树立信心，不能吸引新的投资资金来不断调整其目标市场和提高系统的运营手段，因而造成了铱星计划的失败。

六、启示

铱星计划的失败不是技术的失败，或者说不仅仅是技术的失败，而是这个建立在跨国家、组织、技术和多个管理层面的、巨型的、复杂的技术创新管理体系的失败。

我们的企业在技术创新的过程中，尤其在不断领先的高科技产业领域里，新产品的开发、生产和销售，由不同的企业、部门、人员合作（外包）已成为一种趋势。建立一个什么样的企业科技创新的管理体系是一个值得研究的问题，铱星计划的失败值得企业的经营者深入地思考，并且相信也应该给企业的经营者带来一点启示。

案例讨论题：

1. 按照一般可行性研究来讲，铱星计划在技术上、经济上是否可行？
2. 如果可行的话，进一步讨论铱星计划失败的真正原因是什么。

第 8 章

技术项目评价方法前沿与展望

【重点提示】

◇ 技术项目风险评估方法

◇ 技术项目机会识别方法

◇ 技术项目优选可拓优度方法

◇ 技术经济评价未来地位

◇ 技术评价方法与领域新变化

阅读材料

企业 IT 项目评价作用与方法

激烈的市场竞争引起企业界利润率的下降，企业对利用信息技术来实现管理精细化的需求越来越迫切，IT 项目，诸如 SCM、ERP、CRM、DRP 等信息系统的应用也越来越广泛，信息系统能够提升企业竞争力的观念已经深入人心。

随着企业 IT 项目的增多和投资规模的不断扩大，如何同时组织、领导和协调多个项目，是企业级项目管理必须直面的重要内容，也是目前项目管理理论界研究的热点问题之一。在项目立项之前进行合理的论证，项目实施过程中进行管理和控制、绩效考核，以及项目结束后进行项目后评价，对于多项目管理是至关重要且不可或缺的，这些都给传统的项目评估理论与方法带来了新的问题和挑战。

IT 项目的评价对于企业有着重要的作用：

首先，IT 项目评价不仅可以作为企业历史 IT 系统的鉴定和评估标准，也可以作为未来建设的 IT 系统可行性分析的一部分。在这种情况下，首先要描述如果维护/升级历史 IT 系统或者开发新的 IT 系统的预期结果可能会是怎样的；其次可以就企业感兴趣的内容进行评价，企业感兴趣的内容主要有投入与收益分析、系统对企业竞争力的影响以及未来系统对企业供应链、客户关系的影响等。

其次，IT 项目评价有助于企业做出经济、合理的决策。由于企业的资源有限，如何选择最经济、最有效的途径来实现企业战略目标是项目评价的重要内容。项目评价有助于比较相互竞争资源的多个项目的优劣，从而有可能将企业资源分配到最有前途的项目上去。

再次，IT 项目评价还可以提供一些度量工具，如质量检查表等，来帮助企业对项目的执行情况进行控制。如果企业缺乏对未来系统所需资源的合理估计，就不可能管理好 IT 项目；如果企业缺乏对未来系统产生收益的评价，就不可能有效地控制收益的获取。

最后，IT 项目评价及其配套的度量工具为企业提供了组织学习经验。如果企业有志于提高其 IT 系统的评价水平和系统研发能力，这种学习经验就显得尤为重要，这也是学习型组织必备的特征之一。

目前，随着 IT 项目评价实践活动的不断开展，演化出了一些应用于 IT 项目的评价方法，主要有以下几种：

(1) 投资收益率。最典型的投资收益率(Return on Investment, ROI)方法是基于现值(Present Value)的评价方法，即对未来现金流收益的预期以一定的折现率转化成现值，并将该值与投入现金流相比较，管理层通过设定阈值(比率)来定义企业的最低可接受 ROI。ROI 的优点在于它们可以在同一方法上，让决策者比较不同项目投资的估算收益。但是缺点也很明显，不少好的投资项目由于其收益很难转化成现金流，从而降低了此类潜能项目的投资可能性。

(2) 成本收益分析。成本收益分析(Cost Benefit Analysis, CBA)方法试图找出项目所能产生成本和收益的各个方面，并描述所有方面的货币价值。比如说，归属于成本和收益范畴的某些元素可能没有明显的市场价值，而某些元素所引发的成本和收益却不属于投资主体，运用 CBA 方法都能得到很好的解决。它在某种估价理论的基础上，将所有的收益和成本统一用货币价值来表示，而计算出来的成本收益值能够适用于基于标准 ROI 方法的决策模型。

(3) 多目标多准则方法。事实上，项目的价值不仅仅可以用金钱来衡量，多目标多准则(Multi-Objective Multi-Criteria, MOMC)方法允许决策者以各自的偏好来评价不同产出项目的相对价值。比如，设定一系列评价指标体系，针对评价目标对指标赋权等方法，最终结果将以效用衡量而非金钱表示。该方法认为处在企业不同层次的管理者，对不同的项目元素能够提供的价值方面会有不同的理解。它允许在项目立项、决策时就能够探讨不同的观点，暴露潜在的冲突。MOMC 方法适用于多种方案的选型以及项目控制。

(4) 边界价值。边界价值(Boundary Value, BC)方法提供对企业各种项目投入和收入的粗略比较。这种比较经常基于项目总支出与其他已知累计产出价值的比率值，典型的比率为总支出/总收入、每人头的项目成本、项目所带来项目支出与净收益的比率等。通常有两种方式使用这些比率：一种方式是它们标识企业应该规划的项目支出水平，或是检查企业中项目团队的效率；另一种方式是该技术提供评价引入新的应用系统的度量方法。如需要引进销售决策支持系统的公司可以比较成本和销售收益，发现仅仅需要 1% 的销售增长率就可以补偿购买成本，显然，这种销售增长率是完全可以达到的。

(5) 管理回报。新系统的产出可归结于由于新系统引入为企业管理增加的价值，即管理回报(Return on Management, ROM)。ROM 可以定义为总收入减去每一种资源(资源中不应该包括管理，故管理费用也应该排除)获得成本之后的剩余价值。新系统的回报就是引入新系统之前与实施新系统之后的 ROM 值之差。在企业战略形成阶段，ROM 必须随着 IT 系统改变后，收益的估算以及对资源成本和贡献估算的变化而变化。ROM 是一种依据过去趋势对信息系统项目进行评价的方法。

(6) 价值分析法。价值分析法(Value Analysis Approach, VAA)试图评价更广泛概念上的效益,如无形效益,该方法认为专注于价值的创造比考虑如何节省成本更为重要。价值分析法可以用一种诸如 Delphi 法之类的打分模型方法来实现,通过对无形价值采用主观打分,就可以实现经济数据、对项目成功实施有影响的定性方法及管理层的直觉之间的融合。IT 系统的应用可能带来一系列的效益,价值分析方法可以用诸如聚类分析等统计分析方法将多种属性类似的效益归于同一类,将众多效益归到各自的类别以后,效益的价值就可以明确了。如同 MOMC 方法,价值分析允许通过对不同类效益赋以效益权重的办法来计算效益得分。另一种度量效益的方法是组合度量(Conjoin Teasure)。项目评价好比营销领域对新产品的评价一样,许多该领域的研究显示了消费者在做购买决策时,怎样交换使用各种产品的属性。组合度量方法将涉及一个对象用户的判断分解成每个对象属性的效益得分(Utility Scores),而后容易发现消费者的偏好。

(7) 平衡计分卡。美国人 Robert Kaplan 和 David Norton 开创了用平衡计分卡(Balanced Score Card, BSC)从四个不同视角来度量企业绩效的方法。除了传统的财务评价之外,他们还引进了内部业务过程、客户满意、学习与创新三个视角,每一个视角都被分成三个层面:使命(Mission,如成为客户优先考虑的供应商)、目标(Objective,如为客户提供新产品)、度量指标(Measure,如新产品的周转率)。

8.1　技术项目评价新方法

随着技术创新活动的日趋成熟和项目评价实践的不断发展,技术项目评价方法也日新月异,不断地推陈出新。系统方法、管理科学与工程方法以及线性代数、高等数学不断地融入到技术评价方法当中,使得整个技术项目评价的方位不断细化、深化和系统化。这里将介绍一些最近出现的有代表性的技术项目评价新方法。

8.1.1　技术项目风险评估方法

1. 技术项目风险及其来源

技术创新是一种具有探索性、创造性的技术经济活动。技术创新风险是一种特殊的风险,是制约创新活动的最重要的因素之一。近些年,技术创新风险及其管理问题已成为技术创新研究领域中重要的研究方向。

高技术产业化一般会遭遇技术风险、财务风险、市场风险和法律风险,甚至涉及团队风险和社会风险,这就需要测算技术项目的风险收益。

(1) 技术风险。高产业化过程有着很大的技术不确定性,由此极可能导致产业化的失败,这主要是由高技术产业化必然涉及的产品试制和生产的"探索性"引起的。在高技术产业化过程中,初始设计的技术方案能否成功是不确定的,新产品的商业化生产能否成功也有着极端的不确定性。因为新产品的商业化生产往往需要相应的工艺创新,需要工艺条件、设备条件的配套。高技术产业化的技术效果也有很大的不确定性。一种情况是所开发的技术实现不了预期的产品功能或工艺作用;一种情况是开发某一技术的目的是解决问题 A ,结果意外地解决了问题 B ;一种情况是技术效果"南辕北辙"。由于这些不确定性的存在，就很难避免达不到既定技术目的现象的发生。另外，在高技术产业化中，特定技术的寿命长短也是不确定的。因为高技术产业是研究与开发(R&D)密集行业，同时行业内竞争激烈，不断有新的技术出现，产品设计及工艺更新都很快。为开发某项技术可能花了很大力气，但该项技术能够保持某些方面和某种程度的技术优势的时间却不一定很长，甚至在较短的时间内就会被其他更新的技术所替代。有人曾经坦言，如果说计算机系统软件是5年一个更新周期，那么支撑软件就是3年一个更新周期，应用开发平台软件就是1.5年一个更新周期，各类工具软件就是半年一个更新周期，由此不难看到计算机软件更新之快。

(2) 市场风险。在高技术产业化的市场实现环节，会遇到市场的不确定性，由此就可能导致产业化的失败，这主要是由高技术产品市场的潜在性、成长性引起的。一般而言，传统技术产品的市场需求是较为显在的，而高技术产品的市场多是潜在的、待成长的。在这种情况下，事先就很难预期市场是否会接受某一高技术产品及其接受能力和接受速度。特别地，越是高技术，越是高技术密集的新产品，用户接受起来越是谨慎小心。对一项新的高技术产品，企业很难确定市场接受它的时间，也就很难确定产品上市的适当时间点。另外，科技进展很快，而市场可能很晚才接受某一高技术产品。对一项新的高技术产品，很难预测它的市场成长速度，也很难确定它未来的市场竞争力。因为产品竞争力是企业竞争力与产品优势、营销策略综合的结果。一方面，高技术产品营销要求有效的售前、售中、售后技术服务；另一方面，高技术产品上市之初，产品成本多数会被前期的研发成本抬高，在较高售价下才不致亏损，由此导致它缺少价格竞争力。这样，在企业常用的产品功能差别化、价格差别化、服务差别化三类竞争策略中，我们可采用的只有功能差别化策略，而增加产品功能又会进一步抬高产品价格，降低产品价格优势，甚至使产品失去价格优势。

(3) 财务风险。这主要是由于高技术产业化通常投资巨大，前期资金周转缓慢，而高技术产业化者往往普遍缺乏持续投资能力。换言之，如资金支持不能按需按时到位，就可能导致高技术产业化的失败。通常，高技术产业化要求较大的投资，投资强度不到位，就很难研发出理想的产品。高技术产业化的资金需求是很难判定的，有时解决某个技术难题估计要不了多少钱，如果企业有充足资金能随时投入，项目完成后细算账，才会发现大大超出了最初的预期。多数情况下，高技术产业化需要持续的资金投入，如果创业者缺乏持续投入能力，无钱持续投入，创业活动就可能随时"搁浅"，甚至导致某个新创企业夭折。另外，即便新创企业开发出了新产品，若无持续的投资能力，率先创业的企业也可能在批量生产阶段陷入困境。特别地，高技术产品市场是潜在的、成长的，需要创业者去开发它，而要开发市场，又得增加资金投入，用于宣传、推广和促销等，这往往也会增加高技术产业化的资金压力，从而加大高技术产业化的财务风险。

(4) 法律风险。这主要是政府基于自己的社会责任，有时会采取某些事后措施或法律安排，来规制某些高技术产品的生产、销售或使用。这样，所有产业化投入就可能转化为沉没成本，产业化者甚至可能"颗粒无收"，得不到任何商业收益。特别是对那些负面效应较大的高技术产业化，政府可能会基于整个社会的利益而在产品开发成功后进行限制，即政府的法律规制在企业的产品"出生"之后，因为在此前科技界和政府也不清楚特定的高技术产品是否会有较大的负面效应，一旦政府采取了凭借法律的"事后规制"，企业就可能得不到商业利益。

(5) 团队风险。这通常起因于几个个方面：一是团队搭配不尽合理。如果开始搭建某个团队时，该团队缺乏能够承担某些职能的人员，在日后的实践中也没有进行补充和完善，那就有可能导致团队内部的不协调，导致产业化过程中的不合拍，甚至导致团队的散伙。二是起步之初团队成员之间就缺乏共同的目标、利益、思路、纲领等。提高团队效率的关键在于团队成员要有一致的目标、利益、思路，一致的行动纲领和行为规则，但事实上，这些问题产业化之初可能是清楚的、一致的，也可能是不清楚的、不一致的。在不清楚、不一致的情况下，一段时间后，部分人就会发现"原来大家想的不是一回事情"，这时这个团队就可能散伙。三是团队磨合中发生了问题，成员之间失去了共同的目标、利益、思路、纲领、规则等。特别是如果处在关键位置上的团队成员与整个团队出现了不一致、不协调，与整个团队"离心离德"，且没有其他人能够替代"离心离德者"的角色，这时这个团队就可能散伙。

2. 技术项目风险辨识

从项目层面进行风险辨识时，首先应区分投入与产出，即费用与效益两部分，然后分别进行分析。采用的方法是用故障树分析法，即把总费用与总效益分解成几个主要分项，再把各个分项分解为更小的分项，继续下去，直至对各个最小的分项进行风险辨识，以找出主要的风险因素。

1）项目投资的风险因素辨识

技术项目投资的风险因素主要有以下几项：

（1）项目采购风险因素。

第一，企业自有资金状况。由于资金不能适时供应从而导致创新失败。同时，由于技术创新一般寿命周期短，市场变化快，获得资金支持的渠道少，从而容易出现在某一阶段不能及时获得资金而失去时机，被潜在的竞争对手超过或经营失败的风险。

第二，银行贷款。企业在进行技术创新过程中，由于缺乏资金且未能及时获得银行贷款，从而导致错失良机，或者由于银行信贷政策变化，贷款成本增加从而致使技术创新过程风险增大。

第三，生产设备。对于大型的技术项目，生产设备费用在项目采购支出中占有很大的比重，而且有些设备是从国外订购的，因而又受到外汇汇率浮动的影响。

第四，设备交货时间。所需设备不能按期交货则影响项目进度，特别是大型项目交货时间的延迟，将影响整个项目的经济效益。

（2）项目建设风险因素。

第一，建设设备，即施工所使用的一些生产工具等基本生产资料。由于物价浮动，建设设备的价格可能会比预计价格高，或者可能因其质量不好，使用损坏性大，从而需要额外地增补和维修；另一方面，施工期间可能购买新型的先进生产工具，取代估算时旧的生产工具，从而提高了项目建设风险因素；再者，由于设备供应不及时，将延缓项目进度。

第二，材料，包括钢材、木材、水泥和石砂等建筑材料。一方面，钢材在我国乃至全世界范围内，其价格都会有不定期的涨落，钢材市场稍有浮动，就可能使材料费用发生很大的变化，其他材料也是如此；另一方面，由于建设期间材料供应不足，将影响整个项目的进度。

第三，劳动力。这是比较复杂的一项，它的组成比较复杂，不同的劳动力成分支付的工资不同，津贴等也不同；同时，在建设期间，劳动力市场的变化可能影响劳动力的价格；而国民经济收入的浮动也可能影响劳动力的基本工资，这些变化在劳动力投资中都难以预测。

第四，劳动生产率。这是一个更难预测的不确定性因素，它受到气候、劳动者的心理、劳动报酬率等因素的影响。劳动生产率低，势必影响项目进度，增加生产投资。

(3) 其他费用风险因素。

第一，设备损坏。设备损坏不能避免，而且是随机发生的，设备损坏不仅需要增加维修、购买费用，而且可能拖延项目进度。

第二，意外事故。对一般意外事故，可以事先有所估计，但是较多意外事故却难以预料，一旦出现时，则必定会增加这方面的投资。

2）项目效益的风险因素辨识

(1) 营业现金流入。购置生产设备增强了企业的生产能力，但是市场价格的变化、消费者偏好的变化以及竞争对手的实力变化的不确定性，都将影响到企业技术创新预期效益的实现。

(2) 收回的流动资金。该项目（设备）出售（报废）时，企业可以相应增加流动资金，收回的资金可以用于别处，因此应将其作为该方案的一项现金流入。

(3) 设备出售（报废）时的残值收入。资产出售或报废时的残值收入是由于当初购置该设备引起的，应当作为投资方案的一项现金流入。

(2)和(3)这两部分是构成项目产出即项目现金流入的一个重要部分，它们的风险因素是由设备使用情况及市场现价决定的。

3）项目外存在的风险因素辨识

(1) 经济增长。这是宏观经济环境对项目的影响，经济发展目标及增长速度都会引起供需结构的变化，从而给项目实施带来风险。

(2) 政府政策支持。我国现已是WTO中的成员，政府政策对民族工业的扶持，对于处于日趋激烈的国际竞争环境下且目前尚不具有强大实力的国内企业，特别是国有企业来说是非常重要的。但是WTO协定中的反倾销条款会在一定程度上限制政府对经济的倾向性干涉，这也会增加技术项目的风险。

(3) 市场竞争。这是指在日趋市场化的今天，任何一个企业都将面临来自各方面的竞争压力，信息的及时与否，企业自身技术、管理等水平提高得快慢，消费者偏好及消费倾向的变化这些不确定因素，都将引起敏感的市场供求的变化，从而给企业技术项目带来风险。

(4) 汇率。研究汇率风险的目的是使其损失降到最小，以减轻其给项目投资带来不应有的损失。

人民币目前还属于不可自由兑换的货币，因此汇率风险全部由我国承担，再加上我国外汇体制以美元作为标准值，外汇额度以美元计算，但实际支付时（国家间计算）可能是日元、马克等，在美元疲软的趋势下，美元贬值会使进口蒙受损失。

3. 技术项目风险估计

经济风险估计的主要任务就是将现金流看做随机变量，在综合考虑各主要风险因素影响的基础上,对随机现金流的概率分布进行估计。在确定技术项目的相关的现金流量时,应遵循的最基本的原则是:只有增量现金流量才是与项目相关的现金流量。所谓增量现金流量,是指接受或拒绝某个投资方案后,企业总现金流量因此发生的变动。只有那些由于采纳某个项目引起的现金支出增加额,才是该项目的现金流出。

在考虑上述风险因素的基础上,假设上述风险因素服从三角分布,按三角分布要求综合考虑该项目投入、产出过程中辨识出的风险,利用逆变换法产生三角分布的随机数值,从而对各项费用和效益的组成部分分别估计出最低、最高和最可能值,进而计算出各项费用和效益的均值和标准差。

1)各项费用和效益的估计

(1)用逆变换法产生三角分布的随机变量。

三角分布的概率密度与分布函数为

$$f(x) = \begin{cases} x & 0 \leqslant x \leqslant 1 \\ 2-x & 1 \leqslant x \leqslant 2 \\ 0 & \text{其他} \end{cases}$$

$$F(x) = \begin{cases} 0 & x < 0 \\ \dfrac{x^2}{2} & 0 \leqslant x \leqslant 1 \\ 1 - \dfrac{(2-x)^2}{2} & 1 \leqslant x \leqslant 2 \\ 1 & \text{其他} \end{cases}$$

令 $F(x) = R$,对于 $0 \leqslant x < 1$,有

$$R = \frac{x^2}{2} \tag{1}$$

对于 $1 \leqslant x \leqslant 2$,有

$$R = 1 - \frac{(2-x)^2}{2} \tag{2}$$

由式(1)知,$0 \leqslant x < 1$ 意味着 $0 \leqslant R \leqslant 1/2$,这种情况下 $x = \sqrt{2R}$;由式(2)知,$1 \leqslant x \leqslant 2$ 意味着 $1/2 \leqslant R \leqslant 1$,这种情况下 $x = 2 - \sqrt{2(1-R)}$,即

$$x = \begin{cases} \sqrt{2R} & 0 \leqslant x \leqslant 1 \\ 2 - \sqrt{2(1-R)} & 1 \leqslant x \leqslant 2 \end{cases}$$

利用上式可产生三角分布的随机变量的最低、最高和最可能值。R 为 $(0,1)$ 均匀分布随机变量。

(2)项目总投资估计。

设 T_i 表示第 i 年的总投资,根据前述辨识出的项目投资 T_i 的风险因素,分别估计出各年度项目投资的最低值 min、最高值 max,而最可能值 m 为有关部门提供的修订后的影子价格(下同)。由三角分布均值与方差的计算公式得第 i 年项目投资的均值 $E(T_i)$ 与方差 $\text{var}(T_i)$。

(3)垫支流动资金的估计。

由于创新项目扩大了企业的生产能力,引起对流动资产需求的增加。企业需要追加的流

动资金也是该创新项目引起的，应列入该项目的现金流出量，只有在营业终了时才能收回这些资金，并用于其他目的。流动资金 F_O 是由投资额按一定比例投入的，它的最大、最可能和最小值也可以仿照上式估算出来，从而计算出流动资金的均值 $E(F_O)$ 与方差 $\mathrm{var}(F_O)$。

（4）项目投产后销售收入估计（暂不考虑税金问题）。

销售收入 S 为销量与单价的乘积。设销量 V 的最低估计值、最可能值、最高估计值为 $\min_1$、m_1、$\max_1$，均值为 μ_1，方差为 σ_1^2；单价 P 的最低估计值、最可能值、最高估计值为 $\min_2$、m_2、$\max_2$，均值为 μ_2，方差为 σ_2^2。根据前述辨识出的项目效益风险因素估计出 $\min_1$、$\max_1$ 和 $\min_2$、$\max_2$，由此计算出销量和单价的均值及方差，则销售收入的均值 $E(S)$ 与方差 $\mathrm{var}(S)$ 为

$$E(S) = E(VP) = E(V)E(P) = \mu_1 \cdot \mu_2$$
$$\mathrm{var}(S) = \mathrm{var}(VP) = \sigma_1^2\sigma_2^2 + \mu_2^2\sigma_1^2 + \sigma_2^2\mu_1^2$$

（5）付现成本的估计。

在这里付现成本 C 是指需要每年支付现金的成本，成本中不需要每年支付现金的部分称为非付现成本，其中主要是折旧费。所以，付现成本可以用经营成本减去折旧来估计，即

$$付现成本 = 经营成本 - 折旧$$

因此，付现成本的估计实际上是由经营成本和折旧的估计决定的。若估计出经营成本与折旧的最大值、最可能值和最小值，计算出经营成本和折旧的均值和方差，则可得到付现成本 C 的均值 $E(C)$ 和方差 $\mathrm{var}(C)$。

（6）收回的流动资金及残值的估计。

这两部分的现金流入只有在项目（设备）报废或出售时方可收回，因此对它的估计应该参照设备的使用情况及市场的现价按照一定的比例进行，再根据估计的最大值、最可能值和最小值计算出均值与方差。

2）经济风险评价

利用解析方法评价项目经济风险，分两步进行：

（1）计算净现值分布的均值及方差。假定第 t 时期的现金流 Y_t 来自于 m 个现金流源 Y_{t1}，Y_{t2}，…，Y_{tm}，Y_{ti} 的均值为 μ_{ti}，方差为 σ_{ti}^2，各个现金流源之间相互独立，则第 t 时期的净现金流 Y_t 为

$$Y_t = Y_{t1} + Y_{t2} + \cdots + Y_{tm}$$

期望值为

$$E(Y_t) = \sum_{i=1}^{m} \mu_{ti}$$

方差为

$$\mathrm{var}(Y_t) = \sum_{i=1}^{m} \sigma_{ti}^2$$

当项目寿命期为 n 年时，项目的净现值为

$$P_n(k) = \sum_{t=0}^{n} \frac{Y_t}{(1+k)^t}$$

净现值的均值为

$$E\big[P_n(k)\big] = \sum_{t=0}^{n} \frac{E(Y_t)}{(1+k)^t}$$

净现值的方差为

$$\mathrm{var}\big[P_n(k)\big] = \sum_{t=0}^{n} \frac{\mathrm{var}(Y_t)}{(1+k)^t}$$

式中，k 是风险调整贴现率。

结合本例，第 t 时期净现值有五个流源，即项目总投资 T_t、垫支流动资金 F_{0t}、项目投产后销售收入 S_t、付现成本 C_t、收回的流动资金及残值 F_{1t}。其中现金流入源有两个：投产后销售收入 S_t、收回的流动资金及残值 F_{1t}；现金流出源有三个：项目总投资 T_t、垫支流动资金 F_{0t}、付现成本 C_t，因此净现值流源 Y_t 为

$$Y_t = S_t + F_{1t} - T_t - F_{0t} - C_t$$

由此可计算出净现值的均值与方差。

（2）对项目进行风险评价。在规定的风险调整贴现率下对净现值进行概率分析，并给出概率分布图，由此可以假设出净现值的概率分布，并可用 χ^2 检验法对分布进行假设检验。

8.1.2　技术项目的机会识别方法

技术项目是从发现、把握、利用某个或某些商业机会开始的，要发现创业机会，首先要了解形成特定创业机会的原始动力。只有把握了引发创业机会的原始动力，随时关注这类原始动力的变化，才可能发现现有的创业机会，辨识潜在的创业机会，预期未来的创业机会。关于创业机会的识别是技术项目评价的前沿研究领域之一。

1. 技术项目的技术机会

技术项目主要源于技术机会，即技术变化带来的创业机会，这是最为常见的高技术创业机会。它主要源自于新的科技突破和社会的科技进步，技术上的任何变化都可能给创业者带来某种商业机会。技术机会的主要表现形式如下：

第一，实现新功能的新技术的出现。在市场上，用户要购买的本质上是某种功能、效用或解决方案，因此，当一种能够实现新功能、创造新产品的新技术出现之时，即是创业者可以利用的商机。典型的是，计算机出现之后，使得人们可以借此进行数据、信息的自动化管理，继而开发商业化的管理信息系统或决策支持系统。计算机网络技术的出现，使得人们可以借此技术实现网上交易，发展全新的营销模式即电子商务。电子商务实际上是将网络技术与传统商业模式的有关成分进行有效集成而形成的商业模式，不管是 B2B，还是 B2C，皆如此。再如，历史上，人类基本的生活需求主要是衣食住行，而现代电子技术的进展，使得人们可以制造诸如卡拉 OK 之类的电子娱乐装置，开发诸如教学软件之类的软件产品，这就驱使一些创业者投身于寓教于乐的电子产品开发产销的创业活动之中。

第二，新技术替代旧技术。当在某一领域出现了新的科技突破或技术进展，足以替代既有的某些旧技术时，高技术创业的商业机会就来了。前若干年，中关村不少电脑公司濒临倒闭，然而微软公司将 Windows 平台引入中国后，不少濒临倒闭的电脑公司又获得了新

的生机，同时也逐使了一批新的电脑公司的创立。又如，大容量储能技术的新突破，使电动汽车的商业化开发成为可能，从而引发了一些电动汽车制造商的出现，甚至有人预期，在不远的将来，环保型电动汽车有可能部分地取代燃油汽车。再如，氟利昂制冷技术受到"全球21世纪议程"的挑战后，科技界推出了无氟或低氟制冷技术，那些率先应用这些技术的企业即获得了拓展自身事业的新机会，近几年一些制冷行业的后起之秀，不少便是借助无氟或低氟的所谓"绿色制冷技术"发展起来的。

第三，新技术带来的新的技术问题。不少科学技术进展具有两面性，即对人类既利又弊，在给人类带来新的利益的同时，也会给人类带来某些新的灾难。例如，历史上原子能技术屡屡突破，既有助于人类解决能源短缺问题，又给人类带来了核武器等大规模杀伤性武器。计算机网络技术的出现是科技进展具有两面性的另一个例子，它既能使信息系统的网络化、国际化、公众化成为现实，也带来了计算机信息存取控制、病毒防范、防火墙设置等新的技术问题，因此，近年在国内外一批信息安全技术公司即应运而生。换言之，科技进展的两面性常常会迫使人们为了消除新技术的某些弊端或其带来的新的灾难，而通过新的技术努力和商业努力来解决新技术的负面效应。开发"新新技术"，并使其商业化，即成为新的创业机会。

第四，国家或区域之间的"技术势差"引发的技术转移。从历史上来看，国家或区域之间的发展进程有快有慢，发达国家、地区的经济发展进程快一些，科技进展快一些，科技成果积累多一些，技术水平高一些。而且"发展势差"与"技术势差"往往存在着"互动机制"，这样，发达国家或地区的技术就可能"趋利而移"，向落后国家或地区转移。特别是在高技术领域，发达国家、地区往往有着更快的发展进程。这样，在国家利益容许的前提下，发达国家或地区的技术就必然向落后国家或地区转移。在这种情况下，技术的转移即必然给落后国家或地区的创业者带来高技术创业的商机。当然，这时发达国家或地区的技术转移可能是"参股式"的，也可能是"售出式"的，但不管是哪种形式，落后国家或地区的创业者都可能因为获得了发达国家或地区的优势技术而获得创业的商机。一个典型的例证是，改革开放以来，国内不少创业者通过比较国内与国外的技术差距，特别是比较国内与国外在信息技术领域、生物技术领域的差距，进而引进了国外优势技术和相应的商业模式，而找到了高技术创业的商机。由此可见，关键是要敢于去找与他人的差距，找到了差距，就可能发现自己可取的创业机会，找准了机会，就可能赢得创业的成功。

2. 创业的机会窗口

国外有学者认为，特定的机会仅存在于一定的时段，J. A. Timmons 将这称之为创业的机会窗口。机会存在或产生于现实的时间之中，所谓机会窗口，即特定商机存在于市场之中有一定的时间跨度，创业者在适当的时段中创业才有望获得相应的投资回报，否则就可能血本无归。当然，特定机会的时间跨度越大，成长性越好，机会窗口也会越大，创业者才可能抓住这个机会（见图8.1）。一般而言，随着时间的变化，市场会以不同的速度增长，并且随着市场的迅速扩大，往往会出现越来越多的机会。但是当市场变得更大并趋于稳定时，市场条件就不那么有利了。因而，当一个市场开始变得足够大，并显示出强劲的增长势头时（图8.1中第5年），机会窗口就打开了；当市场趋于成熟时（图8.1中第15年），机会窗口就关闭了。

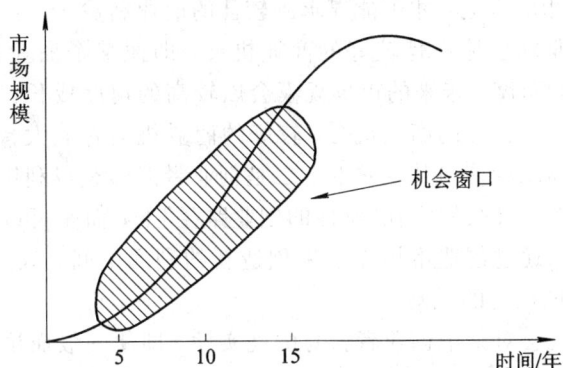

图 8.1　创业的机会窗口

不难看到，图 8.1 中的曲线是一条典型的产品或产业市场生命周期曲线，它可以用来描述众多行业的增长模式，微型计算机和软件、移动汽车电话和生物工程等新兴产业的增长均呈现出这种趋势。例如，美国大多数大城市最早是在 1983～1984 年间即开始了移动汽车电话服务，1989 年全美已有 200 万以上的移动汽车电话用户，同时移动汽车电话行业仍保持着相当快的增长，此时创业者进入这个行业就可能有利可图。但此期间其他接近成熟期的行业的增长就没有这么快，创业机会也就少得多。

机会仅存在于特定的窗口，机会窗口敞开的时间长短对于创业者能否成功至关重要，期盼成功的创业者必须在别人还没有意识到时就努力去抓住机会。如果等到机会窗口接近关闭的时候再去创业，留给创业者的余地将十分有限，创业企业也将很难盈利。当然，即便抓住了机会，也不一定必然很快成功，在创业投资界有一种讲法："柠檬"（失败）大概两年半即可有个结果，而"珍珠"（成功）则需要多年的磨炼。

3. 技术项目机会的辨识内容

对某一创业机会进行辨识，通常需要从五方面内容进行分析和判断。

第一，特定商业机会的原始市场规模。所谓机会的原始市场规模，即特定商业机会形成之初的市场规模。因为原始市场规模决定着新创企业最初阶段的投资活动可能实现的销售规模，决定着创业之初的利润。一般来讲，原始市场规模越大越好。只要原始市场规模足够大，即便某个新创企业只占了很小的市场份额，也可能获取较大的商业利润。但大市场往往可能吸引过多的竞争者，甚至是强有力的竞争者，这对多数刚刚起步的新创企业无疑是不利的。

第二，特定商业机会将存在的时间跨度。一切商业机会都只存在于一段时间之内，在不同行业，这一时间的长度差别很大。特定商业机会存在的时间跨度越长，新创企业调整自己、整合市场、与他人竞争的操作空间就越大。创业者自己估计的特定商业机会的时间跨度有可能长于实际的时间跨度，也可能短于实际的时间跨度，但对这一时间跨度有一个估计是绝对必要的。

第三，特定商业机会的市场规模将随时间增长的速度。这一速度决定着利用某一商业机会创业的新创企业的成长速度，并与新创企业的成长速度存在着互动关系。若这一速度快，新创企业就会有"可资利用"的成长空间。现实中，特定商业机会的市场规模总是随着时间变化的，特定商业机会可能带来的风险和利润也会随着时间而变化。在特定商业机会存在期的某些时段，可能比其他时段更具有商业潜力，创业者只有在特定机会整个存在期的一段时间内利用好相应机会，才可能谋求到较佳的商业利益。

第四，特定的商业机会是不是较好的商业机会。即便某个商业机会有较大的原始规模，存在着较长的时间跨度，未来的市场规模会以较高的速度成长，创业者也需要进一步分析、判断该机会是不是较好的商业机会。较好的商业机会有五大特征：一是在前景市场中，前5年中的市场需求稳步且快速增长；二是创业者能够获得利用特定商业机会所需的关键资源；三是创业者不会被锁定在"刚性的创业路径"上，而是可以中途校正自己的创业路径；四是创业者可以通过创造市场需求来创造新的利润空间；五是机会风险是明朗的，至少创业者能够承受该机会的风险。

第五，特定商业机会对某个创业者自身的现实性。即便一般而论某个商业机会是较好的机会，对特定的创业者而言，还需要进一步分析、判断这一机会是否是自己可以利用的机会？是否值得利用这一机会？为了做出理性的判断，创业者必须回答五个问题：一是自己是否拥有利用该机会所需的关键资源，诸如相应的企业运作能力、技术设计、制造能力、营销渠道、公共关系等。二是创业者是否能够"架桥"跨越资源缺口。在特定的商业机会面前，试图利用该机会的创业者不一定必须自有所需的全部资源，多数情况下也不可能自有所需的全部资源，但必须有能力在资源的拥有者与创业者自身之间架起桥梁，以弥合相应的资源缺口。三是尽管会遇到竞争力量，但创业者有能力与之抗衡。四是存在创业者可以创造的新增市场，可以占有的远景市场。创业者真正可把握的是可创造的市场部分，而不是顺其自然成长的市场部分。五是利用特定机会的风险应该是创业者可以承受的。创业者要想利用某个商业机会，就必须具备利用该机会的风险能力。

4. 技术项目机会识别方法

1）标准打分矩阵

该方法是通过选择对创业成功有重要影响的因素，并由专家小组对每个因素进行三个等级的打分，分别是极好（3分）、好（2分）、一般（1分），最后求出对于每个因素特定创业机会的加权平均分，从而在不同的创业机会之间进行比较。表8.1列出了其中10项重要的评价因素，在实际应用中可以根据具体内容选择其中的全部或者部分因素进行评价。

表8.1 标准打分矩阵

标　准	专家评分			
	极好（3分）	好（2分）	一般（1分）	加权平均分
易操作性	8	2	0	2.8
质量和易维护性	6	2	2	2.4
市场接受度	7	2	1	2.6
增加资本的能力	5	1	4	2.1
投资回报	6	3	1	2.5
专利权状况	9	1	0	2.9
市场的大小	8	1	1	2.7
制造的简单性	7	2	1	2.6
广告潜力	6	2	2	2.4
成长的潜力	9	1	0	2.9

2）Westinghouse 方法

这种方法是由美国西屋电气公司指定的，用来给一系列可供选择的投资机会进行评分，并为最后的决策提供依据。

创业机会按照下面的公式进行评级：

$$机会优先级 = \frac{技术成功概率 \times 商业成功率 \times 年均销售数量 \times (价格 - 成本) \times 投资生命周期}{总成本}$$

在这一公式中，技术成功概率和商业成功率是以百分比来表示的；平均年销售数是以销售的产品数量来计算的；成本是以每个产品多少元来计算的；投资生命周期是指可以预期的年均销售数保持不变的年限；总成本是指预期的所有投入，包括研究、设计、制造和营销费用。

假设一个技术项目的技术成功率为 80%，市场上的商业成功率为 60%，在 9 年的投资周期中年均销售数量预计为 20 000 个，净销售价格为 120 美元，对于每个产品来说的全部成本为 87 美元，研发费用为 50 000 美元，设计费用为 140 000 美元，制造费用为 230 000美元，营销费用为 50 000 美元，把这些数字带入公式，可以得到

$$机会等级 = \frac{0.8 \times 0.6 \times 20000 \times (120 - 87) \times 9}{50000 + 140000 + 230000 + 50000} = 6$$

即机会优先级约等于 6。对于几个不同的创业机会，根据上面的计算方法，最后得到的机会优先等级越高的那个技术项目成功的可能性越大。

3）Hanan's Potentionmeter 法

由 Hanan 提出的这种方法可以通过让创业者来填写针对不同因素的不同情况，预先设定权值的选项式问卷的方法，来得到创业机会成功潜力的指标。对于每个因素来说，不同的选项的得分为 $-2 \sim +2$ 分，通过对所有的因素得分求和从而得到最后的总分，总分越高说明创业机会成功的潜力越高。

Hanan 通过对创业机会评价的经验分析，发现只有那些最后得分高于 15 分的创业机会才值得创业者进行下一步的策划，低于 15 分的都应被淘汰。

该方法的实施可以参考表 8.2。

表 8.2　Hanan's Potentionmeter 方法

1. 对于税前投资回报率的贡献
+2　大于 35%
+1　25%～35%
−1　20%～25%
−2　小于 20%
2. 预期年销售额
+2　大于 2.5 亿美元
+1　1～2.5 亿美元
−1　5 千万～1 亿美元
−2　小于 5 千万美元

3. 生命周期中预期成长阶段	
+2	大于 3 年
+1	2～3 年
−1	1～2 年
−2	少于 1 年
4. 从创业到销售额高度增长的预期时间	
+2	少于 6 个月
+1	6 个月到 1 年
−1	1～2 年
−2	大于 2 年
5. 投资回收期	
+2	少于 6 个月
+1	6 个月到 1 年
−1	1～2 年
−2	大于 2 年
6. 占有领先者地位的潜力	
+2	具有技术或者市场的领先者的能力
+1	具有短期内或者和竞争者同等的领先者能力
−1	具有最初的领先者能力，大师很容易被取代
−2	不具有领先者能力
7. 商业周期的影响	
+2	不受商业周期或者反周期的影响
+1	能够在相当的程度上抵抗商业周期的影响
−1	受到商业周期的一般影响
−2	受到商业周期的巨大影响
8. 为产品制定高价格的潜力	
+2	顾客获得的较高利益能够弥补较高的价格
+1	顾客获得的较高利益可能不足以弥补较高的价格
−1	顾客获得相等的利益能够弥补相同的价格
−2	顾客获得的相等的利益只能弥补最低的市场价格
9. 进入市场的容易程度	
+2	分散的竞争使得进去很容易
+1	适度竞争的进入条件
−1	激烈竞争的进入条件
−2	牢固的竞争形势使得进入很难

续表二

10. 市场实验的时间范围
＋2　需要进行一般的实验
＋1　需要进行平均程度上的实验
－1　需要进行很多的实验
－2　需要进行大量的实验
11. 销售人员的要求
＋2　需要进行一般的训练或者不需要训练
＋1　需要进行平均程度上的训练
－1　需要进行很多的实验
－2　需要进行大量的实验

4）Baty 的选择因素法

在这种方法中，通过设定11个因素来对创业机会进行判断。如果创业机会只符合其中的 6 个或者更少的因素，这个创业机会就可能是不可行的；相反，如果这个创业机会符合其中的 7 个或者 7 个以上的因素，那么这个创业机会就是大有希望的。具体因素见表 8.3。

表 8.3　Baty 的选择因素表

1. 这个创业机会在现阶段是否只有你一个人发现了
2. 初始的产品生产成本是否可以接受
3. 初始的市场开发成本是否可以接受
4. 产品是否具有高利润回报的潜力
5. 是否可以预期产品投放市场和达到盈亏平衡点的时间
6. 潜在的市场是否巨大
7. 你的产品是否是一个高度成长的产品家族中的第一个产品
8. 你是否拥有一些现成的初始用户
9. 是否可以预期产品的开发成本和开发周期
10. 是否处于一个成长中的行业
11. 金融界是否能够理解你的产品和顾客对它的需求

8.1.3　可拓优度评价方法

技术项目具有较高的风险性和不确定性。据资料统计，发达国家的企业产品创新的失败率平均为 33.56％，而在我国该比例为 50％。因此，如果我们能够通过科学有效的方法，帮助企业和个人在技术创新决策活动中从各种方案中寻找出最优的实施方案，则可以在很大程度上避免投资的失误，提高技术项目的成功率和经济效益。

目前用于技术项目方案比选的方法很多，定性的有专家小组法、德尔斐法等，定量的有投入产出评价法、净现值法等，还有定性定量相结合的模糊评价法等。虽然这些评价方法都有它们自己的优点，但也有各自不足之处。例如，专家评价方法是应用较多的一种有效方法，但由于该方法具有较强的主观、人为的不可控因素，容易受到人情、利益等一些非科学因素的干扰，影响了评价结果的科学性与合理性；而投入产出等定量分析方法，又因评价内容只侧重于技术创新的局部经济效益，故而难以对项目的整体效果进行综合分析与全面评价。

这里介绍一种结合各项评价方法的优点，能够为企业技术创新战略决定和项目方案选择提供可靠依据的综合科学方法——可拓优度评价法。

1. 可拓优度评价方法的特点

可拓学是一门研究解决矛盾问题的新兴工程理论方法，它通过结合事物量变与质变的系统工程方法研究，为我们解决矛盾问题提供了一种新的开拓性方法。可拓工程当中的优度评价方法，以物元理论和可拓集合理论为基础，可对事物、方法、策略等进行优劣评价。

可拓优度评价方法具有以下几个特点：

（1）可拓优度评价方法对不同技术项目方案的评价是采用定性与定量相结合的评价方法，它允许评价条件集的评价指标既可为数量型的定量指标描述，又可为非数量型的定性指标描述，这使得评价方法更加灵活易用，同时也提高了评价方法的综合评价能力。

（2）可拓优度评价方法可以评价各个方案的优劣，也可以根据结果分析出两个方案的优劣差距，这是其他方法所不能做到的。

（3）技术项目的评价工作，对于不同的产业来说，可能会有不同的评价指标，即便是同一项目在不同的时期，某些指标也会有所不同。可拓优度评价方法可以灵活地建立评价指标体系，便于用动态的思维方式看待项目的评价工作。

2. 可拓优度评价方法的步骤

可拓优度评价方法遵循严格的评价步骤，在和技术项目评价方法结合之前，首先介绍一下其主要过程。该评价方法包括以下几个主要步骤（见图 8.2）。

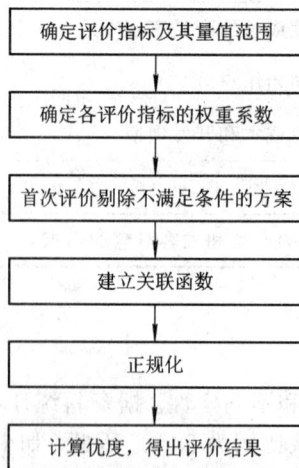

图 8.2 评价步骤

（1）确定评价指标及其量值范围。

技术项目备选方案的优劣是相对于某些标准而言的，因此，要对备选方案进行评价，首先必须规定一系列评价标准。这些评价指标在可拓优度评价方法中也称为评价条件。设评价条件集 $M=\{M_1, M_2, \cdots, M_n\}$，其中 $M_i=(C_i, V_i)$ 是一个特征元，C_i 表示特征或者评价指标，V_i 是 C_i 数量化的量值域（$i=1, 2, \cdots, n$）。

（2）确定权重系数。

评价不同方案 N_j（$j=1, 2, \cdots, m$）优劣的各平衡条件为 $M_1, M_2, \cdots, M_n$，且它们有轻重之分，以权重系数来表示各平衡条件的重要程度。对于必须满足的条件（设为 M_1），用 $\wedge$ 来表示。对于其他衡量条件，则依据重要程度分别赋予 $[0, 1]$ 之间的权重系数值，记为 $\boldsymbol{a}=(a_1, a_2, \cdots, a_n)$，其中 $a_1=\wedge$，$\sum\limits_{k=1}^{n} a_k = 1$。

（3）首次评价剔除不满足必备条件的备选方案。

确定了衡量条件的权重系数后，对必须满足的条件进行筛选，除去不满足该条件的方案，然后对已符合条件的方案（设为 $N_2, N_3, \cdots, N_m$）进行下面的步骤。

（4）建立关联函数 $K_i(x)$，计算合格度 K_i。

设评价条件集 $M=\{M_2, M_3, \cdots, M_n\}$，$M_i=(C_i, V_i)$，权重系数分配为 $\boldsymbol{a}=(a_2, a_3, \cdots, a_n)$，建立关于 $V_2, V_3, \cdots, V_n$ 的关联函数 $K_i(x)$。

① 若 K_i 用一个区间 X_{0i} 表示，取

$$K_i(x) = -\frac{\rho(x, x_0)}{|X_{0i}|} \qquad i=2, 3, \cdots, n$$

式中，$\rho(x, x_0)$ 称为距，它表示点 x 与区间 $X_{0i}=(a, b)$ 的距离，并且

$$\rho(x, x_0) = \left| x - \frac{a+b}{2} \right| - \frac{1}{2}(b-a)$$

注意：此处距离的概念与经典数学中距离的概念稍有不同，当点 x 在 X_{0i} 之外时，$\rho(x, x_0)$ 与经典数学中点与区间的距离的概念相同，即 $\rho(x, x_0)=d$；当点 x 在 X_{0i} 之内时，经典数学认为点与区间的距离 $d=0$，而此处 x 与区间 X_{0i} 的距离为负值，负值的不同表示点 x 在区间内位置的不同。

② 若 K_i 用和 X_{0i}（$X_{0i} \subset X_i$）构成的区间套描述，则取 $K_i(x) = \dfrac{\rho(x, X_{0i})}{\rho(x, X_i) - \rho(x, X_{0i})}$（$i=2, 3, \cdots, n$）。把各方案 N_j 关于各平衡条件 M_i 的关联函数简记作 $K_i(N_j)$，那么各方案关于 M_i 的合格度为 $\boldsymbol{K}_i=(K_i(N_1), K_i(N_2), \cdots, K_i(N_m))$（$i=1, 2, 3, \cdots, n$）。

（5）正规化。

将所有的关联函数都化为 $0 \sim 1$ 之间的数，即

$$K_{ij} = \begin{cases} \dfrac{K_i(N_j)}{\max K_i(x)}, & K_i(N_j) > 0 \\[3mm] \dfrac{K_i(N_j)}{\max |K_i(x)|}, & K_i(N_j) < 0 \end{cases} \qquad i=2, 3, \cdots, n; j=1, 2, 3, \cdots, m$$

则各方案 $N_1, N_2, \cdots, N_m$ 关于 M_i 的规范合格度为 $\boldsymbol{K}_i=(K_{i1}, K_{i2}, \cdots, K_{im})$（$i=2, 3, \cdots, n$）。

（6）计算优度。

各方案 N_j 关于各平衡条件 $M_2, M_3, \cdots, M_n$ 的规范合格度为

$$K(N_j) = \begin{bmatrix} K_{2j} \\ K_{3j} \\ K_{4j} \\ \vdots \\ K_{nj} \end{bmatrix} \qquad j = 1, 2, \cdots, m$$

故方案 N_j 的优度 $C(N_j)$ 为

$$C(N_j) = aK(N_j) = (a_2, a_3, \cdots, a_n) \begin{bmatrix} K_{2j} \\ K_{3j} \\ K_{4j} \\ \vdots \\ K_{nj} \end{bmatrix} = \sum_{i=2}^{n} a_i K_{ij} \qquad j = 1, 2, \cdots, m$$

一般我们认为当 $C(N) > 0$ 时，表示问题的解"得多于失"；当 $C(N) < 0$ 时，表示问题的解"失多于得"，且对各方案的优度 $C(N_j)$ 进行比较，如果满足：

$$C(N_q) = \max C(N_j) \qquad q \in j$$

则称方案 N_q 最优。

8.2 技术项目评价展望

8.2.1 技术经济评价的重要性

项目评价依然是技术经济研究量大面广的基本面。随着投资体制的改革，政府主导的投资活动已经被企业主导的投资活动所取代。在市场竞争性项目领域，投资方十分重视项目的财务分析等内容，促进了财务分析工作质量的提高。项目可行性研究开始由过去政府规定不得不做，为应付审批的"可批性"研究转变为较扎实的项目前期研究，并把它作为保证投资者效益、避免投资风险的必要手段。市场上专门从事项目可行性研究和项目评价的咨询机构得到了快速发展。为配合国家注册咨询师认证考试制度，一批专门面向申请备考人员的项目咨询和项目评价的教材面世，基层技术经济工作者重新学习、复习可行性研究和项目评价知识形成热潮。

除了一般性项目的评价理论方法研究与实践外，项目评价理论开始向专门领域发展，出现了诸如经济分析（国民经济评价）方法的改进、影子价格的使用条件及计算方法、环境影响的经济评价、超大型项目的区域经济和宏观经济影响评价、企业并购类项目评价、高技术项目评价、项目不同利益主体的经济分析、公共投资项目以及政府公共投资项目评价的方法等。

为了规范和提高我国建设项目评价工作，《建设项目评价方法与参数》（简称为《方法与参数》）修订工作由国家发改委下达，这是一项带有国家标准性质的行业技术规范。编制期间，进行了大量专题研究工作。新版《方法与参数》主要变化与改进之处是：全面以社会主

义市场经济理论指导项目评价准则的修订，剔除了过时的计划经济时期的做法和规定，更加与国际通用方法接轨；重点修订了经济分析（国民经济评价）的理论方法；根据我国新的会计准则修订了财务分析的方法；根据项目性质确定了不同项目评价内容上的取舍，例如，一般市场竞争性项目可不进行经济分析，动用财政资金的公共项目突出财务可持续性分析和经济分析，涉及区域发展和国家社会经济发展的重大项目应进行区域与宏观经济影响分析；增加了区域与宏观经济影响分析的内容；对部分评价指标和方案比选方法进行了调整和改进等。

8.2.2　技术经济评价的发展趋势

技术经济学以及技术评价理论在创立之初是为了解决经济建设不讲经济效果的问题，因此，在学科传统上以成本效益分析理论和方法为主线，以技术方案比选和建设项目经济评价为主要内容，大体上与西方国家的工程经济学和项目评价理论相仿。随着改革开放，市场经济体系不断完善，技术和经济发展的实践推动着技术经济学的研究范畴也在不断拓展，主要特点和动向如下：

（1）专项研究领域不断增加。技术经济工作者几乎对各行各业均有涉猎并建立了专门的研究领域，如已经形成规模的不同行业的项目评价、资产评估等咨询工作，资源类（土地、能源、人力资源等）技术经济研究，环境经济研究，技术经营（管理）、软技术、技术进步、技术创新及生产力研究，循环经济、知识经济研究等。这些领域的研究往往与该领域的其他经济学科或管理学科高度融合，虽然可以看到技术经济学的影子，但已经很难用技术经济学传统理论来概括。

20 多年来，各种有形的工程项目大都开展了可行性研究和审查评估。但是近年来又出现了大量有形物质工程不多的"软项目"，如各种博览会、展览会，各种大型招商会、庆祝会，综合或单项的运动会等。这些项目很多规模不小，但决策程序极不规范，不计投入产出，投入不小，浪费很大，效益/效果欠佳。一般说来，凡动用公共资金的项目，都应进行事前和事后的评价，此类问题应该纳入项目评价的范围。

（2）从微观领域向宏观领域不断渗透。传统技术经济学本质上属于微观经济学的应用学科，主要涉及厂商、市场、价格、成本、所得等微观经济学概念。目前相当多的研究涉及投资与消费、就业、社会福利、产业结构等宏观经济领域，如技术进步与产业结构的演进、经济全球化下的技术转移与技术扩散、国家技术创新战略和技术创新体系等。即便是项目评价中的区域经济与宏观经济影响分析，也是主要以宏观经济学的理论为指导。

（3）从简单定量分析向应用复杂系统模型深化。技术经济学首先要解决现实经济活动中量大面广的"技术的经济性"问题，要满足通俗性的要求，坚持采用定量分析和定性分析相结合的分析方法。所采用的定量分析方法要比较简便易懂，以利于普及。当前的一个显著特点是：一方面，这些技术经济学常规方法已经从大学、研究院所进入企业和市场咨询机构，发挥着重要作用；另一方面，一些国家重大技术经济课题，往往借助模型化的数学方法，将系统分析、最优化理论、运筹学、计量经济学与技术经济学融为一体，构造更加复杂而系统的数学模型进行分析和模拟，如投入产出模型、系统动力学模型、动态系统计量模型、CGE 模型等，大大提高了分析的科学性和可靠性。

（4）结合可持续发展战略，研究技术、经济、环境、社会的协调发展系统。目前很多矿物不断减少，有些矿物很有可能在 21 世纪枯竭，生物资源屡遭破坏，环境污染日趋严重，加强资源的有效利用和优化配置，加大科技含量与智力密集度，在加强环境保护对社会的正效应时，尽量避免对经济的负效应。

（5）逐步建立和完善技术经济学的学科体系。近几年来，技术经济学总的来说对应用研究得多，对理论研究得少，虽然这和该学科的应用经济学的性质有关，但是关于该学科的理论体系目前是各家各持一说。随着一些西方经济理论的引入，很多原来用技术经济学的理论与方法解决的问题可以用其他理论解决，而这些理论的体系往往完善而且稳定。在这种情况下，很多研究人员将研究兴趣转到其他方向，出现了不重视技术经济学的趋势，这一问题应引起高度重视。

（6）加强对方法体系的整理、分类工作。技术经济学目前已有各式各样的方法，但这些方法处于相对零散的状态，这对于学科的长期发展是相当不利的。同时，还要加强方案创造法、技术经济预测和估算方法的研究，注意多目标和系统优化法的研究，并努力将动态和非确定性方法与现有方法结合起来。

技术经济学及技术经济评价在中国具有广阔的发展前景和强大的生命力，在经济建设中发挥着不可替代的重要作用。《十一五规划纲要》颁布实施后，党中央提出落实科学发展观、转变经济增长方式、提高自主创新能力、建设创新型国家、建设和谐社会等战略任务和目标，其中出现了大量技术经济问题，需要我们面对和研究。紧密结合中国经济发展的现实，在研究和解决中国技术经济问题的过程中，不断完善和发展技术经济学理论和方法，是中国技术经济界面临的光荣使命。相信通过技术经济界全体同仁的共同努力，中国技术经济学会迎来繁荣发展的新局面。

讨论与复习题

1. 如何开展技术项目的风险评估？
2. 如何进行技术项目的机会识别？
3. 为什么技术评价工作在将来会有更重要的地位？
4. 简要总结技术评价工作的未来发展趋势。

案例分析

东华电子公司合资项目评价案例

北京东方电子公司与上海浦华电子公司拟合资组建一新企业——东华电子公司，东华电子公司准备生产新型电子计算机，项目分析评价小组已收集到如下资料：

1. 为组建该项合资企业，共需固定资产投资 1.2 亿元，另需垫支营运资金 3000 万元，采用直线法计提折旧，双方商定合资期限为 5 年，5 年后固定资产残值为 2000 万元。5 年中每年销售收入为 8000 万元，付现成本第一年为 3000 万元，以后随设备陈旧，逐年将增加修理费 400 万元。

2. 为完成该项目所需的 1.2 亿元固定资产投资，由双方共同出资，每家出资比例为

50%，垫支的营运资金3000万元拟通过银行借款解决。根据分析小组测算，东华电子公司的加权平均资本成本为10%，东方电子公司的加权平均资本成本为8%，浦华电子公司的加权平均资本成本为12%。

3. 预计东华电子公司的利润有20%以公积金、公益金的方式留归东华电子公司使用，其余全部进行分配，东方电子公司和浦华电子公司各得50%，但提取出的折旧不能分配，只能留在东华电子公司以补充资金需求。

4. 东方电子公司每年可以从东华电子公司获得800万元的技术转让收入，但要为此支付200万元的有关费用。浦华电子公司每年可向东华电子公司销售1000万元的零配件，其销售利润预计为300万元。另外，浦华电子公司每年还可从东华电子公司获得300万元的技术转让收入，但要为此支付100万元的有关费用。

5. 设东方电子公司、浦华电子公司和东华电子公司的所得税率均为30%，假设从子公司分得的股利不再交纳所得税，但其他有关收益要按30%的所得税率依法纳税。

6. 投资项目在第5年年底出售给投资者经营，设备残值、累计折旧及提取的公积金等估计售价为1亿元，扣除税金和有关费用后预计净现金流量为6000万元，该笔现金流量东方电子公司和浦华电子公司各分50%，假设分回母公司后不再纳税。

案例讨论题：

1. 请分别从东方电子公司、浦华电子公司和东华电子公司的角度对项目进行评价。

2. 当从不同主体进行评价时，如果出现矛盾的情况，你认为应以谁为准？

3. 你认为该项目是否可行？最后的结果可能会怎样？

附　　录

附录1　建设项目可行性研究报告评估报告编制提纲

一、内容提要

(1) 项目评估原则、评估工作实施概况等。

(2) 评估报告得出的结论及主要问题和建议。

二、项目及项目法人概况

(一) 项目概况

(1) 项目建设单位、建设地点。

(2) 建设必要性、建设目标、功能及建设规模。

(3) 建设内容、规划方案主要技术经济指标。

(4) 投资及资金筹措情况。

(二) 业主基本情况

(三) 项目规划背景

三、评估依据

(1) 咨询评估委托书。

(2) 教育部委托投资咨询评估管理办法。

(3) 有资质单位编制的项目可行性研究报告(含项目招标方案)。

(4) 建设项目用地预审意见。

(5) 城市规划部门提供的建设项目规划意见。

(6) 当地环保部门提供的建设项目环境影响评价意见。

(7) 建设单位建设资金来源证明及近三年财务报表和财务指标。

(8) 规划部门批准或学校编制的校园建设总体规划。

(9) 地方行政和行业管理部门颁发的现行各种行政收费文件。

四、评估意见

(一) 项目建设必要性评估

分析拟建项目是否符合国家教育事业的科学发展，是否符合国家建设方针。从本学校实际情况出发，分析是否符合学校事业发展目标和校园建设总体规划要求，分析建设规模的确定原则和依据是否正确有据，对项目的必要性提出具体意见。

(二) 文件编制依据和深度的评估

(1) 编制依据的评估。检查项目是否具有立项批复文件，编制内容与投资规模是否在批准范围之内，民用建筑工程是否有当地规划部门批复的规划要点，是否符合规划要求，是否有重大变更，其变更是否合理，是否经主管部门批准。

（2）对报告文件完整性及编制深度评估。可行性研究报告应包括报告文件、建设地点位置图、总平面图、建筑设计方案图、投资分析情况等内容。各项内容的编制深度应达到国家有关部门的规定。评估报告应明确指出可行性研究报告的编制是否有漏项，是否有不符合要求的内容，并提出建议。

（三）项目建设目标、规模和功能的评估

项目建设目标是否符合我国国情，是否满足该校总体规划目标的要求，是否有重复建设项目。建设规模确定的原则和依据是否准确有据，项目建设规模是否经济合理，功能是否合理并满足使用要求，是否充分利用学校现有建设用地，在满足当前规划的前提下为学校今后一定时期内留有发展余地。

（四）项目建设条件评估

（1）项目选址评估。项目选址是否符合规划原则与要求，项目建设地点的选择依据和理由是否充分，选址方案是否符合国家和所在地区国土规划、城市规划、土地管理、文物保护、环境保护等法律法规。

项目建设用地的属性是否符合决策部门的要求，总用地规模是否明确，各种功能用地的规模及地点是否明确，各类建设用地是否落实。

（2）项目建设条件评估。项目建设所需要的供电、供水、供热、供气与交通运输、通信等设施条件是否落实且可靠稳定，能否满足项目建设和建成后正常运行的需要。当不能满足需求时，建设方案中是否有相应措施。

（3）根据提供该场地的地质勘察资料，对场地地层、地况进行评估。对于无法提供拟建场地地质勘探报告的项目，可参考附近建筑物地质资料进行评估，待正式勘探报告出来以后由初步设计再进行复核和调整。

（五）项目技术评估

（1）规划总平面设计评估。规划总平面设计构思意图及布局是否科学、合理，与周边环境是否协调，竖向设计、交通组织、绿化景观、文物保护和环境保护等方面的方案是否合理、可行，是否留有扩建、改造与进一步发展的余地，其技术指标是否符合当地城建部门规定。

（2）建筑方案评估。建筑方案首先应满足该建筑的功能需要，其建筑形式、控制高度、层数、立面、出入口等应满足国家、行业、地方有关建筑法律法规的要求并考虑建筑风格以及与周边环境的协调。方案中描述的建筑标准、采用的材料、采取的措施，如通风、采光、日照、出入交通、节能等应符合规范标准的规定。

（3）结构方案评估。评估结构设计依据是否正确，结构安全等级、设计使用年限、建筑抗震设防、所选用的主要结构形式等是否符合国家及当地有关规范及规定的要求，是否安全可靠，结构设计中是否考虑到了建设地点特殊的地基条件。

（4）电气方案评估。设计方案依据是否正确，内容是否齐全，用电负荷、各系统参数能否满足功能需要，建设标准是否恰当，系统方案是否可行，是否安全可靠、经济、合理，是否符合相应规范与标准。

（5）给排水方案评估。设计方案依据是否正确，内容是否齐全，给排水量、系统参数能否满足功能需要，建设标准是否恰当，各系统设计方案是否可行，是否安全、经济、合理，是否符合相应规范与标准。

（6）采暖通风与空调、燃气方案评估。采暖通风与空调、动力、燃气等方案设计依据是否正确，内容是否齐全，负荷、参数能否满足功能需要，各设备系统设计方案是否可行、是否安全、经济、合理，建设标准是否恰当，是否符合相应规范与标准。

（7）环境保护评估。评估是否按有关要求编制了环境影响评价报告（或在可行性报告中是否有专篇对该项目的环境影响作出评估），其报告内容是否全面，保护措施是否得当、可行等。环评报告中提出的问题，是否有解决的措施，措施是否可行。排放废气、废水、废渣的治理措施是否有效。

（8）安全卫生、安全生产评估。对于可能产生不安全因素和对卫生防疫有要求的项目，如实习工厂、生物化学实验室等类型项目，应重点评估项目技术方案的安全防范措施的可靠性。

（9）节能节水评估。评估建筑物的建筑、结构、采用材料和建筑设备的选型是否满足国家相关标准要求，是否有节能节水措施，能源来源的选择、供能方式的选择、能耗指标的控制、节水方案等是否合理，并对存在的问题提出建议。

（六）组织管理、实施进度及招标方案的评估

（1）项目组织管理。项目组织管理主要包括项目建设期组织管理和项目建成后的运行组织管理。评估项目建设期组织管理机构与职能分工是否明确；对于不具有建设项目实施管理能力的建设单位是否落实了管理机构和管理方案；项目实施各阶段的管理方案或措施是否具体；项目建成后的运行管理机构设置是否落实及合理；项目建成投入运行后管理或经营方式是否可行；对于运行经费的解决方案是否作了分析和说明。

（2）项目实施进度。根据项目的建设周期，评估其是否最有效地安排了项目实施计划和工程进度，是否编制了相应的框图，说明各阶段的工作内容和进度安排。

（3）项目招标方案。对土建工程、设备、设计、监理等投资额达到国家规定额度的，应进行招标，评估其招标方案是否合理，招标方案应符合国家发改委有关文件的规定。

（七）投资估算的评估

评估内容包括估算依据、编制方法、范围、内容及深度、主要技术经济指标等是否正确、合理，是否真实反映了可研报告中建设内容的要求。

（1）投资估算的内容。投资估算包括总投资估算和分项投资估算。在项目评估中，应对项目总投资构成的完整性、合理性和计算的准确性进行评估。总投资估算表包括建安工程费、设备和工器具购置费、工程建设其他费用、预备费和贷款利息等内容。

（2）投资估算评估要求。

① 投资估算依据是否准确。因各地政府出台文件不同，对于地方性收费标准，数额差别较大，应审查取费依据是否齐全、合理。

② 投资估算的编制深度是否符合要求，各项内容的组成是否详细，仪器设备是否有估算清单，工程建设其他费用是否有详细内容等。

③ 对投资水平、投资结构是否合理进行分析评估。评估拟建项目投资水平是否恰当。投资结构主要是评估各个分项如建安工程费、设备购置费投资是否合理，其他费用各占项目总投资的比例是否合理，是否满足投资部门对投资方向、投资结构的要求。对不合理的

投资部分进行调整，并编制投资估算评估调整表，评估调整表应含申报投资额、调整后投资额和调整增减额等内容。

（八）项目资金来源与筹措方案评估

该评估对项目的资金来源、筹措方式、筹资额度、筹资风险及资金使用计划等方面的合理性和可靠性进行分析论证和评估，对存在的问题提出修改意见。

（1）资金筹措。评估可行性研究报告中提出的各类资金来源是否正当、合理、可靠，是否符合国家有关法规，各项资金来源是否落实，使用条件是否合理等内容。审核相关的证明文件和材料是否齐全，评估地方承诺的配套资金和建设单位自筹资金到位的可能性。

资金筹措方案的分析评估：含筹资数量及投放时间、筹资风险以及筹资成本等的分析评估。

（2）资金使用计划方案。资金使用的计划是否与项目实施进度计划相衔接，安排是否科学合理。用款计划安排能否与资金来源相适应，能否保证项目顺利实施。有无调整和修改的建议。

（3）对还贷能力的评估。对贷款建设的项目，评估是否有银行贷款证明或意向，并评估建设单位财务状况，以确定其还贷能力。

（九）建设项目的效益评估

该评估主要是从经济、社会等方面的效益状况进行评估。

（1）经济效益（主要用于生产性项目和有经济收益的项目）。主要评价项目自身可能取得的经济效益状况，评估其计算是否准确全面，是否合理、客观地反映了项目的经济效益。非经营性项目建成后能否持续、稳定运行，其运行费用如何解决等。若建设项目是以经营性为主，则必须进行财务分析。

（2）社会效益。由于所评估项目大多数为非经营性项目，因此应对建设单位投资所取得的社会效益进行评估。根据项目的性质和特点，分析项目对教育发展、社会发展及各建设单位带来的效益，包括对促进国家或地区社会经济发展和社会进步，提高国家、部门或地方的教育科学技术水平，改善学校办学条件等。

五、问题和建议

（一）存在或遗留的重大问题

（二）潜在的风险

（三）建议

（1）解决问题的途径和方法。

（2）下一步工作的建议。

六、项目总体评价

项目总体评价是在汇总各分项评估的基础上，对拟建项目的必要性和可行性在全面分析和综合评估的基础上提出肯定或否定的意见，对于报告中各部分内容和方案存在的重大问题提出修改意见，对申报投资估算作出投资估算调整表，确定具体调整额。对不能确定的重大问题提出建议，供主管或决策部门决策时参考。将其数据资料进行检验审核和整理，对比分析、归纳判断，提出最终结论意见和建议，并作出项目评估报告。

七、评估专家名单

评估报告应附评估专家名单，含专业、专家姓名、执业资格及职称等内容。

八、附件

（1）项目投资估算评估调整表。

（2）项目专家评估意见（含专家签名）。

（3）项目评估意见的回复及补充说明文件。

附录 2　可行性研究报告样本

关于×××市沼气工程的可行性报告

一、项目概要

（1）项目名称：×××市沼气扶贫工程。

（2）项目主管单位：×××市扶贫局。

（3）项目区范围：×××辖区×××个贫困县的×××个贫困村。

（4）项目建设宗旨：以沼气扶贫开发建设为纽带，以生态农业建设、绿色农产品开发为主体，加强农业生态环境的保护和改善，从而大幅度提高农村贫困人口的生活水平，提高×××市农业现代化水平和可持续发展能力，为把×××市建成全国闻名的绿色农产品生产基地打好基础。

（5）项目建设内容：新建沼气池 10000 个。

（6）项目总投资：1781 万元。

二、项目区概况

1. 项目区基本情况简介

×××所辖×个贫困县有×个是国家扶贫开发工作重点县，有×个是非重点贫困县。各贫困县都地处黄土丘陵区，沟壑纵横，植被稀少，水土流失严重。多数地区矿产资源缺乏，工业基础薄弱，以传统农业为主，经济发展滞后。有 40.3 万农民人均纯收入在 1000 元以下，占当地农业人口的 44.5%。

2. 项目区沼气发展现状

沼气开发在已有几十年的历史，但传统沼气池由于工艺落后，标准不规范，建设投入资金高。而且使用寿命短、冬季产气量低，效益不明显，难以推广。随着近年来沼气应用技术的飞速发展，现代沼气技术基本解决了传统沼气池的不足，投资小、使用寿命长，特别是能够紧密结合现代农业生产，因而具有广阔的发展前景。2000 年 11 月，通过引进沼气应用新技术，在我市×××县试点工作取得了很好的效果。2001 年春，×××市政府在总结试点经验的基础上，决定把沼气建设作为新世纪初扶贫开发工作的一项重点工程大力推广。沼气技术在×××市的推广，形成了现代生态农业建设的良好发展态势，受到贫困山区农民的广泛欢迎，2001 年 6 月全国贫困地区干部培训中心在我市召开了全国北方地区沼气扶贫工程现场会。目前，全市已建成使用沼气池 8100 余个、100 立方米以上中小型沼气工程 5 处，有 3 万多农民通过沼气扶贫工程实现了温饱和脱贫。

三、项目建设的必要性和可行性

1. 沼气扶贫工程实施的必要性

（1）生态农业建设是继传统农业之后，世界性农业发展的新方向，是农业生产的一个新的长盛不衰的经济增长点。随着人民生活水平的逐步提高，绿色有机食品深受欢迎，成为新的时尚消费品。特别是加入 WTO 后，我国的农业生产面临新的机遇与挑战，农业产业结构的调整、生态农业的发展建设更显得十分迫切。

（2）生态农业作为一个系统工程，其中心环节就是农村沼气建设。沼气是一种新型能源，利用其作农村炊事燃料，节省了煤炭和薪柴，保护了森林，净化了空气。沼气还可利用在大棚蔬菜种植、作为饲料添加剂、贮粮防虫、苹果保鲜等方面。沼气具有重要的生态环境效益，人畜粪便、有机废物和庄稼秸秆都可入池发酵，消灭了细菌，改善了农村卫生条件，提高了农民生活质量。尤其是生产沼气产生的沼肥（沼液与沼渣）替代化肥使用能改良土壤，是一种缓速兼备的优质有机肥料，沼肥的综合利用，是发展绿色生态农业，生产无公害食品的重要措施。可见，发展沼气工程是建设生态农业的必由之路。

（3）沼气工程对生态环境具有重要的保护作用。多年来，由于缺乏环保意识，过度开垦土地、破坏植被，以致水土流失日益加剧，自然灾害频繁发生，这种恶性生态循环对农民生产和生活的改善造成了严重影响。所以，重视农业资源的合理开发与利用，加强农业生态环境的保护和改善，建设高效的现代生态农业，就成为我市农业发展的当务之急。据调查测算，使用一个沼气池，可减少 5～10 亩林业植被的破坏。

（4）发展沼气工程，建设生态农业是我市农业发展的时代要求和战略选择。面对新形势，市委、市政府决定，要抓住机遇，加快发展，充分利用生态建设、扶贫投入等方面的资金，大力发展沼气扶贫工程，发展生态农业，进行产业结构调整，把我市建成名扬全国的绿色农产品生产基地，使我市农业进入可持续发展的良性循环，提高全市农民的生活质量和生活水平。

2. 沼气扶贫工程实施的可行性

（1）以农业生产为主，种植业与养殖业相结合的农业结构，使各贫困县都有大量的秸秆、粪便，为发展沼气建设提供了充足的发酵原料。

（2）各贫困县都有悠久的种植、养殖传统，积累了丰富的经验，有利于沼气应用技术的快速普及推广，建立以良性生态循环为基础的高效生态农业。

（3）沼气开发利用所需的劳动强度不大，可充分利用农村闲散劳力，形成勤劳致富的好风尚。

（4）沼肥是新型的有机高效肥，不仅可以杀灭病虫害，减少使用农药造成的药害，还能净化环境，改良土壤，增产丰收。利用它可以生产出无公害无污染的瓜菜果粮，发展具有地方特色的优质高效农业。可见，沼气建设是建立绿色有机食品基地的有力保障。

（5）传统农业与现代生态农业的对比，使人们认识到了后者具有的独特优势，即很高的经济、社会、生态、环保等综合效益。由于以沼气产业化为主体的生态农业、绿色农业，将引发农业领域的大变革，彻底改变贫困农村的落后面貌，因而广大群众对于发展沼气建设的积极性很高。

这些都表明沼气扶贫工程建设在我市贫困山区的发展十分必要、切实可行，是利国利民的长远之计，具有广泛而深远的重大现实意义。

四、项目建设的发展模式及规模

（一）以沼气为纽带的生态农业模式

1. "三位一体"生产模式

"三位一体"是以土地资源为基础，以太阳能为动力，以沼气为纽带，集养殖、沼气、种植为一体，把沼气、生物、肥料、饲料有机结合在一起的生产模式，主要形式包括：

（1）粮→猪（鸡）→←沼→果：使用玉米、秸秆、谷糠等养猪（鸡），猪粪下池产沼气，沼气做饭点灯，沼肥还田种粮，沼液添加喂猪。

（2）鸡→猪→←沼→菜：猪栏上建鸡舍，鸡粪落下来喂猪（或发酵杀菌后喂猪），猪圈下过沼气池，沼气煮猪食，沼液饲养成鱼、鳖，沼肥返地种菜。此模式适合城郊农户，以向城镇提供肉、蛋、蔬菜为主。它最大的特点是能够充分利用时间、空间和劳动力，实现"以沼促菜，以菜促猪，以猪促沼"的良性循环。

（3）猪→←沼→菇：猪粪下池产气，沼渣培育食用菌，菌糠肥料下田，添加沼液喂猪。此模式适合经济不发达的乡镇，可帮助农民迅速脱贫致富。

2."四位一体"生产模式

"四位一体"是以沼气能源为核心，以日光温室为基本框架，把沼气池、猪（禽）舍、蔬菜栽培室都统统装入温室之中，使之多业结合，优势互补，在全封闭的状态下形成农业生产的良性循环，从而达到低成本，高效益的生产目的。四位一体生态温室是目前北方农村日光温室人工利用光热能源最为理想的生产模式，特别是在冬季比较寒冷的北方地区具有广阔的发展前景。其主要形式是：日光温室（大棚）＋猪＋沼＋菜。

（二）项目发展规模

本项目要完成 10000 个沼气池的建设任务。

五、农户建设 8 立方米沼气系统经济效益分析

1. 投料量

沼气池实际使用率为 85％～95％时，投料浓度大于 30％，水力滞留期为 20～100 天，每次进料量为总发酵料液的 5％，池容产气率为每天平均为 45％，原料总固体分解率为 30％～50％。

2. 沼气、沼肥产量

全年产气量：$0.45 \times 8 \times 90\% \times 365 = 1182.6$（立方米）

全年产沼肥：$8 \times 90\% \times (365 \div 20) \approx 131.4$（立方米）

沼肥的比重粗略按 1000 kg/m³ 计则可产沼肥 131.4 吨。

其中，干物质（沼渣）含量为

$$131.4 \times 30\% \times (1-30\%) \approx 27.6（吨）$$

以上为满负荷运转状况下的气肥产量。农村常年有 730 立方米，在对肥料需求不高的情况下水力滞留期可延长为 100 天，则全年产沼肥为 26.3 吨。

3. 经济效益分析

（1）沼气按 0.5 元/立方米计全年可产生 $0.5 \times 1182.6 \approx 951$ 元的收益。

（2）沼液年产量为 24～104 吨，每 10 吨沼液其肥效相当于硫酸铵 20 千克＋过磷酸钙 16 千克＋氯化钾 6 千克，一个 8 立方米的沼气池年可提供沼液肥相当于硫酸铵 48～208 千克，过磷酸钙 38～166 千克，氯化钾 14～62 千克。

（3）沼渣每 1 吨（湿重）相当于氮素 3～4 千克，磷 1.25～2.5 千克，钾 2～4 千克。

根据权威数据表明，每个农户使用沼气后所创造的经济收入每年可达 3200 余元。

六、沼气的综合利用

沼气的综合利用主要指沼渣、沼液在农业种植与养殖上的广泛应用，它不仅产生的经济价值很高，而且可形成良性的生态循环，发展潜力极大。

（一）沼渣的利用

（1）沼渣制肥。沼渣是一种可改良土壤的新型有机肥。近年来农业生产普遍存在的问题，是土壤的理化性状变劣，板结渐变严重，土壤肥力下降，影响作物的良好生长，使土壤资源的连续使用出现了问题，特别是没有保护设施生产蔬菜的地块。一些严重的地块，使作物的生产出现了生理障碍，表现为根系生长弱小，根毛稀疏，植被短小，叶色不正，茎秆软弱扭曲，抗逆性弱，病害严重。出现这些问题的原因较多，但主要是：① 没有重视优质有机肥的使用。② 过量施用化肥，特别是氮肥施用超量，不仅造成土壤团粒结构的破坏，使土壤板结，更严重的是对环境造成了污染。土壤中氮素过多向周围的水体迁移，使地下水及地表水中硝态和亚硝态氮含量过高，地表水的富营养化，使水功能受到破坏，水的质量下降，给人类健康及水产养殖带来威胁。土壤中的氮素也从含氮气体向大气迁移，造成大气的污染。过多的土壤氮素，使农产品中硝酸盐及亚硝酸盐的含量严重超标，这类物质进入人体后，形成亚硝基化合物，是一类致癌和致突变物质。③ 直接施用食用"商品饲料"的猪、鸡粪，这类猪、鸡粪中，盐分含量较高，长期多量施用，造成土壤中盐分的累积，促进土壤的板结。

要解决上述问题，主要的防治措施是重视施用优质无污染的有机肥。目前施用有机肥的困难是肥源缺乏。秸秆肥的沤制较费事，沤肥时间又长，同时秸秆肥促进作物生长的效果较慢，农民不易接受。驴马粪、羊粪因饲养数量有限，粪源太少。

发展沼气，利用沼渣来实现有机肥开发，逐步把沼渣有机肥商品化成为一个非常必要及迫切的问题。

利用沼渣为主要原料，添加一些植物生理活性物质，生产新型的沼渣有机肥。这种新型的沼渣有机肥具有一般有机肥的特性，除能提供植物生长的氮、磷、钾等三大元素外，还可提供中量及微量元素。更重要的是它能促进植物生长、发育，同时还具有促进土壤团粒结构的形成，能使板结的土壤恢复疏松状态。此肥料属无公害肥料，不含任何有害有毒物质，并在一定程度上能治理被污染的土壤，是生产无公害农产品的必须肥料。此肥料能对化肥起补充效用，在同等产量和同等投资的条件下，可大大减少化肥的施用量，改善化肥对土壤的污染。

（2）开发香菇生产专用料。开发以沼渣为主要原料的香菇专用料是解决香菇产业持续发展的新方向。

以硬杂木木屑为主要原料的传统香菇生产在我市已是很成功的。由于生态保护的加强，树木的砍伐受到严格限制，香菇生产面临极大的挑战。目前市场上香菇货源十分紧缺，价格直线上升。从香菇生长需要的营养来分析，以沼渣代替木屑是完全可行的，木屑中含有的碳源沼渣中都含有，只是各种碳源的比例有些差异，对香菇生长影响不大，在以沼渣为主的配方中，只要注意一下配方比例即可。因而，以沼渣代替木屑来栽培香菇，可解决与林业资源保护相冲突的问题。

（二）沼液的利用

沼气发酵不仅是一个产生沼气能源的过程，也是一个造肥、保肥的过程。在这个过程中，植物生长所需的氮、磷、钾等营养元素基本上都保持下来，因此沼液是一种很好的有机肥料。沼液中保留了丰富的氨基酸、B族维生素、各种水解酶，其中的某些植物激素对于病虫害有抑制作用，因此它可以用来养鱼、喂猪、防治农作物的病虫害，具有广泛的综合利用价值。

1. 沼液在养殖业上的应用

厌氧发酵后的沼液不仅富集了多种营养物质，而且杀灭了许多病菌、虫卵，安全无毒，完全可以作为饲料的添加剂。一般情况下，添加量为饲料量的 5%～30%。如沼液喂猪可以使猪的增重速度加快，饲料利用率明显提高，饲养周期缩短，平均一头猪每天可节约饲料费用 0.5 元。

2. 沼液在种植业上的应用

（1）沼液浸种。沼液浸种比清水浸种有明显的优势，它不仅可以提高种子的发芽率、成苗率，促进种子的生理代谢，提高秧苗素质，而且可以增强秧苗的抗寒、抗病、抗逆能力，减少病虫害的发生，具有较好的经济效益。

（2）沼液施肥。沼液宜作为追肥使用，可采用叶面喷施、浇施等，在作物各生长关键期施用效果更好。沼液施于旱地作物有较好的增产效果，使用沼液肥后，可以抗旱保苗，促进作物的生长。

（3）沼液防治农作物病虫害。施用沼液肥能够有效地控制作物的各种病虫害，而且就地取材，无毒无害，经济效益高。

七、投资概算与资金筹措

新建一个养殖、沼气配套的系统需投入资金 1781 元（水泥、石子、沙、钢筋等材料 881 元，灶具、灯具及配套材料 300 元，技术指导等其他费用 200 元，挖池、建池、安装等施工费 400 元），新建 10 000 个沼气池需要投入资金：10 000×1781＝1781（万元）。

今年全市计划建设 10 000 个沼气池，共需资金 1781 万元。其中，当地自筹 731 万元（包括农民投工投劳），申请上级部门扶持 1050 万元。

八、结论

本项目具有良好的生态、环保、经济等社会综合效益和广阔的发展前景，既符合国家生态环境综合治理的要求，又能紧密结合本地经济发展实情，对发展现代生态农业，提高贫困山区农民生活水平和生活质量有着重大的现实意义，具有很高的必要性和可行性。沼气扶贫在××市已初见成效，干部群众积极性很高。今后，我们将加快步伐，提高水平，使沼气开发与生态农业建设齐头并进，力争把××市建成全国闻名的沼气市和绿色食品、有机食品生产基地。

附录 3　创业项目计划书范本

一、项目概况

项目名称：

启动时间：

准备注册资本：

项目进展：（说明自项目启动以来至目前的进展情况）

主要股东：（列表说明目前股东的名称、出资额、出资形式、单位和联系电话）

组织机构：（用图来表示）

主要业务：（准备经营的主要业务）

盈利模式：（详细说明本项目的商业盈利模式）

未来 3 年的发展战略和经营目标：（行业地位、销售收入、市场占有率、产品品牌等）

二、管理层

2.1　成立公司的董事会：（董事成员、姓名、职务、工作单位和联系电话）

2.2　高管层简介：董事长、总经理、主要技术负责人、主要营销负责人、主要财务负责人（姓名、性别、年龄、学历、专业、职称、毕业院校、联系电话、主要经历和业绩、主要说明在本行业内的管理经验和成功案例）

2.3　激励和约束机制：（公司对管理层及关键人员将采取怎样的激励机制和奖励措施）

三、研究与开发

3.1　项目的技术可行性和成熟性分析

3.1.1　项目的技术创新性论述

（1）基本原理及关键技术内容

（2）技术创新点

3.1.2　项目成熟性和可靠性分析

3.2　项目的研发成果及主要技术竞争对手：（产品是否经国际、国内各级行业权威部门和机构鉴定，国内外情况，项目在技术与产品开发方面的国内外竞争对手，项目为提高竞争力所采取的措施）

3.3　后续研发计划：（请说明为保证产品性能、产品升级换代和保持技术先进水平，项目的研发重点、正在或未来 3 年内拟研发的新产品）

3.4　研发投入：（截止到现在项目在技术开发方面的资金总投入，计划再投入的多少开发资金，列表说明每年购置开发设备、员工费用以及与开发有关的其它费用）

3.5　技术资源和合作：（项目现有技术资源以及技术储备情况，是否寻求技术开发依托和合作，如大专院校、科研院所等，若有请说明合作方式）

3.6　技术保密和激励措施：（请说明项目采取那些技术保密措施、怎样的激励机制，以确保项目技术文件的安全性和关键技术人员和技术队伍的稳定性）

四、行业及市场

4.1　行业状况：（发展历史及现状，哪些变化对产品利润、利润率影响较大，进入该行业的技术壁垒、贸易壁垒、政策导向和限制等）

4.2　市场前景与预测：（全行业销售发展预测并注明资料来源或依据）

4.3　目标市场：（请对产品/服务所面向的主要用户种类进行详细说明）

4.4　主要竞争对手：（说明行业内主要竞争对手的情况，主要描述在主要销售市场中的竞争对手，他们所占市场份额，竞争优势和竞争劣势）

4.5　市场壁垒：（请说明市场销售有无行业管制，公司产品进入市场的难度及对策）

4.6　SWOT 分析：（产品/服务与竞争者相比的优势与劣势，面临的机会与威胁）

4.7　销售预测：（预测公司未来 3 年的销售收入和市场份额）

五、营销策略

5.1　价格策略：（销售成本的构成，销售价格制订依据和折扣政策）

5.2　行销策略：（请说明在建立销售网络、销售渠道、广告促销、设立代理商、分销商和售后服务方面的策略与实施办法）

5.3　激励机制：（说明建立一支素质良好的销售队伍的策略与办法，对销售人员采取什么样的激励和约束机制）

六、产品生产

6.1　产品生产（产品的生产方式、生产规模、生产场地、工艺流程、生产设备、质量管理、原材料采购及库存管理等）

6.2　生产人员配备及管理

七、财务计划

7.1　股权中小企业融资数量和权益：（希望创业基金参股本项目的数量、其他资金来源和额度以及各投资参与者在公司中所占权益）

7.2　资金用途和使用计划：（请列表说明中小企业融资后项目实施计划，包括资金投入进度、效果和起止时间等）

7.3　投资回报：（说明中小企业融资后未来 3～5 年平均年投资回报率及有关依据）

7.4　财务预测：（请提供中小企业融资后未来 3 年项目预测的资产负债表、损益表、现金流量表，并说明财务预测数据编制的依据）

八、风险及对策

8.1　主要风险：（请详细说明本项目实施过程中可能遇到的政策风险、研发风险、经营管理风险、市场风险、生产风险、财务风险、汇率风险、对项目关键人员依赖的风险等）

8.2　风险对策：（以上风险如存在，请说明控制和防范对策）

附录4　资金时间价值计算常用系数表

附表1　复利现值系数表$(P/F，i，n)$　　计算公式：$f=(1+i)^{-n}$

期数	1%	2%	3%	4%	5%	6%	7%	8%	9%	10%	11%	12%	13%
1	0.9901	0.9804	0.9709	0.9615	0.9524	0.9434	0.9346	0.9259	0.9174	0.9091	0.9009	0.8929	0.8850
2	0.9803	0.9612	0.9426	0.9246	0.9070	0.8900	0.8734	0.8573	0.8417	0.8264	0.8116	0.7972	0.7831
3	0.9706	0.9423	0.9151	0.8890	0.8638	0.8396	0.8163	0.7938	0.7722	0.7513	0.7312	0.7118	0.6931
4	0.9610	0.9238	0.8885	0.8548	0.8227	0.7921	0.7629	0.7350	0.7084	0.6830	0.6587	0.6355	0.6133
5	0.9515	0.9057	0.8626	0.8219	0.7835	0.7473	0.7130	0.6806	0.6499	0.6209	0.5935	0.5674	0.5428
6	0.9420	0.8880	0.8375	0.7903	0.7462	0.7050	0.6663	0.6302	0.5963	0.5645	0.5346	0.5066	0.4803
7	0.9327	0.8706	0.8131	0.7599	0.7107	0.6651	0.6227	0.5835	0.5470	0.5132	0.4817	0.4523	0.4251
8	0.9235	0.8535	0.7894	0.7307	0.6768	0.6274	0.5820	0.5403	0.5019	0.4665	0.4339	0.4039	0.3762
9	0.9143	0.8368	0.7664	0.7026	0.6446	0.5919	0.5439	0.5002	0.4604	0.4241	0.3909	0.3606	0.3329
10	0.9053	0.8203	0.7441	0.6756	0.6139	0.5584	0.5083	0.4632	0.4224	0.3855	0.3522	0.3220	0.2946
11	0.8963	0.8043	0.7224	0.6496	0.5847	0.5268	0.4751	0.4289	0.3875	0.3505	0.3173	0.2875	0.2607
12	0.8874	0.7885	0.7014	0.6246	0.5568	0.4970	0.4440	0.3971	0.3555	0.3186	0.2858	0.2567	0.2307
13	0.8787	0.7730	0.6810	0.6006	0.5303	0.4688	0.4150	0.3677	0.3262	0.2897	0.2575	0.2292	0.2042
14	0.8700	0.7579	0.6611	0.5775	0.5051	0.4423	0.3878	0.3405	0.2992	0.2633	0.2320	0.2046	0.1807
15	0.8613	0.7430	0.6419	0.5553	0.4810	0.4173	0.3624	0.3152	0.2745	0.2394	0.2090	0.1827	0.1599
16	0.8528	0.7284	0.6232	0.5339	0.4581	0.3936	0.3387	0.2919	0.2519	0.2176	0.1883	0.1631	0.1415
17	0.8444	0.7142	0.6050	0.5134	0.4363	0.3714	0.3166	0.2703	0.2311	0.1978	0.1696	0.1456	0.1252
18	0.8360	0.7002	0.5874	0.4936	0.4155	0.3503	0.2959	0.2502	0.2120	0.1799	0.1528	0.1300	0.1108
19	0.8277	0.6864	0.5703	0.4746	0.3957	0.3305	0.2765	0.2317	0.1945	0.1635	0.1377	0.1161	0.0981
20	0.8195	0.6730	0.5537	0.4564	0.3769	0.3118	0.2584	0.2145	0.1784	0.1486	0.1240	0.1037	0.0868
21	0.8114	0.6598	0.5375	0.4388	0.3589	0.2942	0.2415	0.1987	0.1637	0.1351	0.1117	0.0926	0.0768
22	0.8034	0.6468	0.5219	0.4220	0.3418	0.2775	0.2257	0.1839	0.1502	0.1228	0.1007	0.0826	0.0680
23	0.7954	0.6342	0.5067	0.4057	0.3256	0.2618	0.2109	0.1703	0.1378	0.1117	0.0907	0.0738	0.0601
24	0.7876	0.6217	0.4919	0.3901	0.3101	0.2470	0.1971	0.1577	0.1264	0.1015	0.0817	0.0659	0.0532
25	0.7798	0.6095	0.4776	0.3751	0.2953	0.2330	0.1842	0.1460	0.1160	0.0923	0.0736	0.0588	0.0471
26	0.7720	0.5976	0.4637	0.3607	0.2812	0.2198	0.1722	0.1352	0.1064	0.0839	0.0663	0.0525	0.0417
27	0.7644	0.5859	0.4502	0.3468	0.2678	0.2074	0.1609	0.1252	0.0976	0.0763	0.0597	0.0469	0.0369
28	0.7568	0.5744	0.4371	0.3335	0.2551	0.1956	0.1504	0.1159	0.0895	0.0693	0.0538	0.0419	0.0326
29	0.7493	0.5631	0.4243	0.3207	0.2429	0.1846	0.1406	0.1073	0.0822	0.0630	0.0485	0.0374	0.0289
30	0.7419	0.5521	0.4120	0.3083	0.2314	0.1741	0.1314	0.0994	0.0754	0.0573	0.0437	0.0334	0.0256

期数	14%	15%	16%	17%	18%	19%	20%	21%	22%	23%	24%	25%	30%
1	0.8772	0.8696	0.8621	0.8547	0.8475	0.8403	0.8333	0.8264	0.8197	0.8130	0.8065	0.8000	0.7692
2	0.7695	0.7561	0.7432	0.7305	0.7182	0.7062	0.6944	0.6830	0.6719	0.6610	0.6504	0.6400	0.5917
3	0.6750	0.6575	0.6407	0.6244	0.6086	0.5934	0.5787	0.5645	0.5507	0.5374	0.5245	0.5120	0.4552
4	0.5921	0.5718	0.5523	0.5337	0.5158	0.4987	0.4823	0.4665	0.4514	0.4369	0.4230	0.4096	0.3501
5	0.5194	0.4972	0.4761	0.4561	0.4371	0.4190	0.4019	0.3855	0.3700	0.3552	0.3411	0.3277	0.2693
6	0.4556	0.4323	0.4104	0.3898	0.3704	0.3521	0.3349	0.3186	0.3033	0.2888	0.2751	0.2621	0.2072
7	0.3996	0.3759	0.3538	0.3332	0.3139	0.2959	0.2791	0.2633	0.2486	0.2348	0.2218	0.2097	0.1594
8	0.3506	0.3269	0.3050	0.2848	0.2660	0.2487	0.2326	0.2176	0.2038	0.1909	0.1789	0.1678	0.1226
9	0.3075	0.2843	0.2630	0.2434	0.2255	0.2090	0.1938	0.1799	0.1670	0.1552	0.1443	0.1342	0.0943
10	0.2697	0.2472	0.2267	0.2080	0.1911	0.1756	0.1615	0.1486	0.1369	0.1262	0.1164	0.1074	0.0725
11	0.2366	0.2149	0.1954	0.1778	0.1619	0.1476	0.1346	0.1228	0.1122	0.1026	0.0938	0.0859	0.0558
12	0.2076	0.1869	0.1685	0.1520	0.1372	0.1240	0.1122	0.1015	0.0920	0.0834	0.0757	0.0687	0.0429
13	0.1821	0.1625	0.1452	0.1299	0.1163	0.1042	0.0935	0.0839	0.0754	0.0678	0.0610	0.0550	0.0330
14	0.1597	0.1413	0.1252	0.1110	0.0985	0.0876	0.0779	0.0693	0.0618	0.0551	0.0492	0.0440	0.0254
15	0.1401	0.1229	0.1079	0.0949	0.0835	0.0736	0.0649	0.0573	0.0507	0.0448	0.0397	0.0352	0.0195
16	0.1229	0.1069	0.0930	0.0811	0.0708	0.0618	0.0541	0.0474	0.0415	0.0364	0.0320	0.0281	0.0150
17	0.1078	0.0929	0.0802	0.0693	0.0600	0.0520	0.0451	0.0391	0.0340	0.0296	0.0258	0.0225	0.0116
18	0.0946	0.0808	0.0691	0.0592	0.0508	0.0437	0.0376	0.0323	0.0279	0.0241	0.0208	0.0180	0.0089
19	0.0829	0.0703	0.0596	0.0506	0.0431	0.0367	0.0313	0.0267	0.0229	0.0196	0.0168	0.0144	0.0068
20	0.0728	0.0611	0.0514	0.0433	0.0365	0.0308	0.0261	0.0221	0.0187	0.0159	0.0135	0.0115	0.0053
21	0.0638	0.0531	0.0443	0.0370	0.0309	0.0259	0.0217	0.0183	0.0154	0.0129	0.0109	0.0092	0.0040
22	0.0560	0.0462	0.0382	0.0316	0.0262	0.0218	0.0181	0.0151	0.0126	0.0105	0.0088	0.0074	0.0031
23	0.0491	0.0402	0.0329	0.0270	0.0222	0.0183	0.0151	0.0125	0.0103	0.0086	0.0071	0.0059	0.0024
24	0.0431	0.0349	0.0284	0.0231	0.0188	0.0154	0.0126	0.0103	0.0085	0.0070	0.0057	0.0047	0.0018
25	0.0378	0.0304	0.0245	0.0197	0.0160	0.0129	0.0105	0.0085	0.0069	0.0057	0.0046	0.0038	0.0014
26	0.0331	0.0264	0.0211	0.0169	0.0135	0.0109	0.0087	0.0070	0.0057	0.0046	0.0037	0.0030	0.0011
27	0.0291	0.0230	0.0182	0.0144	0.0115	0.0091	0.0073	0.0058	0.0047	0.0037	0.0030	0.0024	0.0008
28	0.0255	0.0200	0.0157	0.0123	0.0097	0.0077	0.0061	0.0048	0.0038	0.0030	0.0024	0.0019	0.0006
29	0.0224	0.0174	0.0135	0.0105	0.0082	0.0064	0.0051	0.0040	0.0031	0.0025	0.0020	0.0015	0.0005
30	0.0196	0.0151	0.0116	0.0090	0.0070	0.0054	0.0042	0.0033	0.0026	0.0020	0.0016	0.0012	0.0004

附表 2　复利终值系数表（F/P，i，n）　计算公式：$f=(1+i)^n$

期数	1%	2%	3%	4%	5%	6%	7%	8%	9%	10%	11%	12%	13%
1	1.0100	1.0200	1.0300	1.0400	1.0500	1.0600	1.0700	1.0800	1.0900	1.1000	1.1100	1.1200	1.1300
2	1.0201	1.0404	1.0609	1.0816	1.1025	1.1236	1.1449	1.1664	1.1881	1.2100	1.2321	1.2544	1.2769
3	1.0303	1.0612	1.0927	1.1249	1.1576	1.1910	1.2250	1.2597	1.2950	1.3310	1.3676	1.4049	1.4429
4	1.0406	1.0824	1.1255	1.1699	1.2155	1.2625	1.3108	1.3605	1.4116	1.4641	1.5181	1.5735	1.6305
5	1.0510	1.1041	1.1593	1.2167	1.2763	1.3382	1.4026	1.4693	1.5386	1.6105	1.6851	1.7623	1.8424
6	1.0615	1.1262	1.1941	1.2653	1.3401	1.4185	1.5007	1.5869	1.6771	1.7716	1.8704	1.9738	2.0820
7	1.0721	1.1487	1.2299	1.3159	1.4071	1.5036	1.6058	1.7138	1.8280	1.9487	2.0762	2.2107	2.3526
8	1.0829	1.1717	1.2668	1.3686	1.4775	1.5938	1.7182	1.8509	1.9926	2.1436	2.3045	2.4760	2.6584
9	1.0937	1.1951	1.3048	1.4233	1.5513	1.6895	1.8385	1.9990	2.1719	2.3579	2.5580	2.7731	3.0040
10	1.1046	1.2190	1.3439	1.4802	1.6289	1.7908	1.9672	2.1589	2.3674	2.5937	2.8394	3.1058	3.3946
11	1.1157	1.2434	1.3842	1.5395	1.7103	1.8983	2.1049	2.3316	2.5804	2.8531	3.1518	3.4786	3.8359
12	1.1268	1.2682	1.4258	1.6010	1.7959	2.0122	2.2522	2.5182	2.8127	3.1384	3.4985	3.8960	4.3345
13	1.1381	1.2936	1.4685	1.6651	1.8856	2.1329	2.4098	2.7196	3.0658	3.4523	3.8833	4.3635	4.8980
14	1.1495	1.3195	1.5126	1.7317	1.9799	2.2609	2.5785	2.9372	3.3417	3.7975	4.3104	4.8871	5.5348
15	1.1610	1.3459	1.5580	1.8009	2.0789	2.3966	2.7590	3.1722	3.6425	4.1772	4.7846	5.4736	6.2543
16	1.1726	1.3728	1.6047	1.8730	2.1829	2.5404	2.9522	3.4259	3.9703	4.5950	5.3109	6.1304	7.0673
17	1.1843	1.4002	1.6528	1.9479	2.2920	2.6928	3.1588	3.7000	4.3276	5.0545	5.8951	6.8660	7.9861
18	1.1961	1.4282	1.7024	2.0258	2.4066	2.8543	3.3799	3.9960	4.7171	5.5599	6.5436	7.6900	9.0243
19	1.2081	1.4568	1.7535	2.1068	2.5270	3.0256	3.6165	4.3157	5.1417	6.1159	7.2633	8.6128	10.197
20	1.2202	1.4859	1.8061	2.1911	2.6533	3.2071	3.8697	4.6610	5.6044	6.7275	8.0623	9.6463	11.523
21	1.2324	1.5157	1.8603	2.2788	2.7860	3.3996	4.1406	5.0338	6.1088	7.4002	8.9492	10.803	13.021
22	1.2447	1.5460	1.9161	2.3699	2.9253	3.6035	4.4304	5.4365	6.6586	8.1403	9.9336	12.100	14.713
23	1.2572	1.5769	1.9736	2.4647	3.0715	3.8197	4.7405	5.8715	7.2579	8.9543	11.026	13.552	16.626
24	1.2697	1.6084	2.0328	2.5633	3.2251	4.0489	5.0724	6.3412	7.9111	9.8497	12.239	15.178	18.788
25	1.2824	1.6406	2.0938	2.6658	3.3864	4.2919	5.4274	6.8485	8.6231	10.834	13.585	17.000	21.230
26	1.2953	1.6734	2.1566	2.7725	3.5557	4.5494	5.8074	7.3964	9.3992	11.918	15.079	19.040	23.990
27	1.3082	1.7069	2.2213	2.8834	3.7335	4.8223	6.2139	7.9881	10.245	13.110	16.738	21.324	27.109
28	1.3213	1.7410	2.2879	2.9987	3.9201	5.1117	6.6488	8.6271	11.167	14.421	18.579	23.883	30.633
29	1.3345	1.7758	2.3566	3.1187	4.1161	5.4184	7.1143	9.3173	12.172	15.863	20.623	26.749	34.615
30	1.3478	1.8114	2.4273	3.2434	4.3219	5.7435	7.6123	10.062	13.267	17.449	22.892	29.959	39.115

期数	14%	15%	16%	17%	18%	19%	20%	21%	22%	23%	24%	25%	30%
1	1.140	1.150	1.160	1.170	1.180	1.190	1.200	1.210	1.220	1.230	1.240	1.250	1.3000
2	1.299	1.322	1.345	1.368	1.392	1.416	1.440	1.464	1.488	1.512	1.537	1.562	1.6900
3	1.481	1.520	1.560	1.601	1.643	1.685	1.728	1.771	1.815	1.860	1.906	1.953	2.1970
4	1.689	1.749	1.810	1.873	1.938	2.005	2.073	2.143	2.215	2.288	2.364	2.441	2.8561
5	1.925	2.011	2.100	2.192	2.287	2.386	2.488	2.593	2.702	2.815	2.931	3.051	3.7129
6	2.195	2.313	2.436	2.565	2.699	2.839	2.986	3.138	3.297	3.462	3.635	3.814	4.8268
7	2.502	2.660	2.826	3.001	3.185	3.379	3.583	3.797	4.022	4.259	4.507	4.768	6.2749
8	2.852	3.059	3.278	3.511	3.758	4.021	4.299	4.595	4.907	5.238	5.589	5.960	8.1573
9	3.251	3.517	3.803	4.108	4.435	4.785	5.159	5.559	5.987	6.443	6.931	7.450	10.6045
10	3.707	4.045	4.411	4.806	5.233	5.694	6.191	6.727	7.304	7.925	8.594	9.313	13.7858
11	4.226	4.652	5.117	5.624	6.175	6.776	7.430	8.140	8.911	9.748	10.65	11.64	17.9216
12	4.817	5.350	5.936	6.580	7.287	8.064	8.916	9.849	10.87	11.99	13.21	14.55	23.2981
13	5.492	6.152	6.885	7.698	8.599	9.596	10.69	11.91	13.26	14.74	16.38	18.18	30.2875
14	6.261	7.075	7.987	9.007	10.14	11.41	12.83	14.42	16.18	18.14	20.31	22.73	39.3738
15	7.137	8.137	9.265	10.53	11.97	13.58	15.40	17.44	19.74	22.31	25.19	28.42	51.1859
16	8.137	9.357	10.74	12.33	14.12	16.17	18.48	21.11	24.08	27.44	31.24	35.52	66.5417
17	9.276	10.76	12.46	14.42	16.67	19.24	22.18	25.54	29.38	33.75	38.74	44.40	86.5042
18	10.57	12.37	14.46	16.87	19.67	22.90	26.62	30.91	35.84	41.52	48.03	55.51	112.455
19	12.05	14.23	16.77	19.74	23.21	27.25	31.94	37.40	43.73	51.07	59.56	69.38	146.192
20	13.74	16.36	19.46	23.10	27.39	32.42	38.33	45.25	53.35	62.82	73.86	86.73	190.049
21	15.66	18.82	22.57	27.03	32.32	38.59	46.00	54.76	65.09	77.26	91.59	108.4	247.064
22	17.86	21.64	26.18	31.62	38.14	45.92	55.20	66.26	79.41	95.04	113.5	135.5	321.183
23	20.36	24.89	30.37	37.00	45.00	54.64	66.24	80.17	96.88	116.9	140.8	169.4	417.539
24	23.21	28.62	35.23	43.29	53.10	65.03	79.49	97.01	118.2	143.7	174.6	211.7	542.800
25	26.46	32.91	40.87	50.65	62.66	77.38	95.39	117.3	144.2	176.8	216.5	264.6	705.641
26	30.16	37.85	47.41	59.26	73.94	92.09	114.4	142.0	175.9	217.5	268.5	330.8	917.333
27	34.38	43.53	55.00	69.34	87.25	109.5	137.3	171.8	214.6	267.5	332.9	413.5	1192.53
28	39.20	50.06	63.80	81.13	102.9	130.4	164.8	207.9	261.8	329.1	412.8	516.9	1550.29
29	44.69	57.57	74.00	94.92	121.5	155.1	197.8	251.6	319.4	404.8	511.9	646.2	2015.38
30	50.95	66.21	85.84	111.0	143.3	184.6	237.3	304.4	389.7	497.9	634.8	807.7	2619.99

附表 3　年金现值系数表（P/A，i，n）　计算公式：$f=\dfrac{(1+i)^n-1}{i(1+i)^n}$

期数	1%	2%	3%	4%	5%	6%	7%	8%	9%	10%	11%	12%	13%
1	0.9901	0.9804	0.9709	0.9615	0.9524	0.9434	0.9346	0.9259	0.9174	0.9091	0.9009	0.8929	0.8850
2	1.9704	1.9416	1.9135	1.8861	1.8594	1.8334	1.8080	1.7833	1.7591	1.7355	1.7125	1.6901	1.6681
3	2.9410	2.8839	2.8286	2.7751	2.7232	2.6730	2.6243	2.5771	2.5313	2.4869	2.4437	2.4018	2.3612
4	3.9020	3.8077	3.7171	3.6299	3.5460	3.4651	3.3872	3.3121	3.2397	3.1699	3.1024	3.0373	2.9745
5	4.8534	4.7135	4.5797	4.4518	4.3295	4.2124	4.1002	3.9927	3.8897	3.7908	3.6959	3.6048	3.5172
6	5.7955	5.6014	5.4172	5.2421	5.0757	4.9173	4.7665	4.6229	4.4859	4.3553	4.2305	4.1114	3.9975
7	6.7282	6.4720	6.2303	6.0021	5.7864	5.5824	5.3893	5.2064	5.0330	4.8684	4.7122	4.5638	4.4226
8	7.6517	7.3255	7.0197	6.7327	6.4632	6.2098	5.9713	5.7466	5.5348	5.3349	5.1461	4.9676	4.7988
9	8.5660	8.1622	7.7861	7.4353	7.1078	6.8017	6.5152	6.2469	5.9952	5.7590	5.5370	5.3282	5.1317
10	9.4713	8.9826	8.5302	8.1109	7.7217	7.3601	7.0236	6.7101	6.4177	6.1446	5.8892	5.6502	5.4262
11	10.3676	9.7868	9.2526	8.7605	8.3064	7.8869	7.4987	7.1390	6.8052	6.4951	6.2065	5.9377	5.6869
12	11.2551	10.5753	9.9540	9.3851	8.8633	8.3838	7.9427	7.5361	7.1607	6.8137	6.4924	6.1944	5.9176
13	12.1337	11.3484	10.6350	9.9856	9.3936	8.8527	8.3577	7.9038	7.4869	7.1034	6.7499	6.4235	6.1218
14	13.0037	12.1062	11.2961	10.5631	9.8986	9.2950	8.7455	8.2442	7.7862	7.3667	6.9819	6.6282	6.3025
15	13.8651	12.8493	11.9379	11.1184	10.3797	9.7122	9.1079	8.5595	8.0607	7.6061	7.1909	6.8109	6.4624
16	14.7179	13.5777	12.5611	11.6523	10.8378	10.1059	9.4466	8.8514	8.3126	7.8237	7.3792	6.9740	6.6039
17	15.5623	14.2919	13.1661	12.1657	11.2741	10.4773	9.7632	9.1216	8.5436	8.0216	7.5488	7.1196	6.7291
18	16.3983	14.9920	13.7535	12.6593	11.6896	10.8276	10.0591	9.3719	8.7556	8.2014	7.7016	7.2497	6.8399
19	17.2260	15.6785	14.3238	13.1339	12.0853	11.1581	10.3356	9.6036	8.9501	8.3649	7.8393	7.3658	6.9380
20	18.0456	16.3514	14.8775	13.5903	12.4622	11.4699	10.5940	9.8181	9.1285	8.5136	7.9633	7.4694	7.0248
21	18.8570	17.0112	15.4150	14.0292	12.8212	11.7641	10.8355	10.0168	9.2922	8.6487	8.0751	7.5620	7.1016
22	19.6604	17.6580	15.9369	14.4511	13.1630	12.0416	11.0612	10.2007	9.4424	8.7715	8.1757	7.6446	7.1695
23	20.4558	18.2922	16.4436	14.8568	13.4886	12.3034	11.2722	10.3711	9.5802	8.8832	8.2664	7.7184	7.2297
24	21.2434	18.9139	16.9355	15.2470	13.7986	12.5504	11.4693	10.5288	9.7066	8.9847	8.3481	7.7843	7.2829
25	22.0232	19.5235	17.4131	15.6221	14.0939	12.7834	11.6536	10.6748	9.8226	9.0770	8.4217	7.8431	7.3300
26	22.7952	20.1210	17.8768	15.9828	14.3752	13.0032	11.8258	10.8100	9.9290	9.1609	8.4881	7.8957	7.3717
27	23.5596	20.7069	18.3270	16.3296	14.6430	13.2105	11.9867	10.9352	10.0266	9.2372	8.5478	7.9426	7.4086
28	24.3164	21.2813	18.7641	16.6631	14.8981	13.4062	12.1371	11.0511	10.1161	9.3066	8.6016	7.9844	7.4412
29	25.0658	21.8444	19.1885	16.9837	15.1411	13.5907	12.2777	11.1584	10.1983	9.3696	8.6501	8.0218	7.4701
30	25.8077	22.3965	19.6004	17.2920	15.3725	13.7648	12.4090	11.2578	10.2737	9.4269	8.6938	8.0552	7.4957

期数	14%	15%	16%	17%	18%	19%	20%	21%	22%	23%	24%	25%	30%
1	0.8772	0.8696	0.8621	0.854	0.8475	0.8403	0.833	0.8264	0.8197	0.813	0.8065	0.8000	0.7692
2	1.6467	1.6257	1.6052	1.585	1.5656	1.5465	1.527	1.5095	1.4915	1.474	1.4568	1.4400	1.3609
3	2.3216	2.2832	2.2459	2.209	2.1743	2.1399	2.106	2.0739	2.0422	2.011	1.9813	1.9520	1.8161
4	2.9137	2.8550	2.7982	2.743	2.6901	2.6386	2.588	2.5404	2.4936	2.448	2.4043	2.3616	2.1662
5	3.4331	3.3522	3.2743	3.199	3.1272	3.0576	2.990	2.9260	2.8636	2.803	2.7454	2.6893	2.4356
6	3.8887	3.7845	3.6847	3.589	3.4976	3.4098	3.325	3.2446	3.1669	3.092	3.0205	2.9514	2.6427
7	4.2883	4.1604	4.0386	3.922	3.8115	3.7057	3.604	3.5079	3.4155	3.327	3.2423	3.1611	2.8021
8	4.6389	4.4873	4.3436	4.207	4.0776	3.9544	3.837	3.7256	3.6193	3.517	3.4212	3.3289	2.9247
9	4.9464	4.7716	4.6065	4.450	4.3030	4.1633	4.031	3.9054	3.7863	3.673	3.5655	3.4631	3.0190
10	5.2161	5.0188	4.8332	4.658	4.4941	4.3389	4.192	4.0541	3.9232	3.799	3.6819	3.5705	3.0915
11	5.4527	5.2337	5.0286	4.836	4.6560	4.4865	4.327	4.1769	4.0354	3.901	3.7757	3.6564	3.1473
12	5.6603	5.4206	5.1971	4.988	4.7932	4.6105	4.439	4.2784	4.1274	3.985	3.8514	3.7251	3.1903
13	5.8424	5.5831	5.3423	5.118	4.9095	4.7147	4.532	4.3624	4.2028	4.053	3.9124	3.7801	3.2233
14	6.0021	5.7245	5.4675	5.229	5.0081	4.8023	4.610	4.4317	4.2646	4.108	3.9616	3.8241	3.2487
15	6.1422	5.8474	5.5755	5.324	5.0916	4.8759	4.675	4.4890	4.3152	4.153	4.0013	3.8593	3.2682
16	6.2651	5.9542	5.6685	5.405	5.1624	4.9377	4.729	4.5364	4.3567	4.189	4.0333	3.8874	3.2832
17	6.3729	6.0472	5.7487	5.474	5.2223	4.9897	4.774	4.5755	4.3908	4.219	4.0591	3.9099	3.2948
18	6.4674	6.1280	5.8178	5.533	5.2732	5.0333	4.812	4.6079	4.4187	4.243	4.0799	3.9279	3.3037
19	6.5504	6.1982	5.8775	5.584	5.3162	5.0700	4.843	4.6346	4.4415	4.262	4.0967	3.9424	3.3105
20	6.6231	6.2593	5.9288	5.627	5.3527	5.1009	4.869	4.6567	4.4603	4.278	4.1103	3.9539	3.3158
21	6.6870	6.3125	5.9731	5.664	5.3837	5.1268	4.891	4.6750	4.4756	4.291	4.1212	3.9631	3.3198
22	6.7429	6.3587	6.0113	5.696	5.4099	5.1486	4.909	4.6900	4.4882	4.302	4.1300	3.9705	3.3230
23	6.7921	6.3988	6.0442	5.723	5.4321	5.1668	4.924	4.7025	4.4985	4.310	4.1371	3.9764	3.3254
24	6.8351	6.4338	6.0726	5.746	5.4509	5.1822	4.937	4.7128	4.5070	4.317	4.1428	3.9811	3.3272
25	6.8729	6.4641	6.0971	5.766	5.4669	5.1951	4.947	4.7213	4.5139	4.323	4.1474	3.9849	3.3286
26	6.9061	6.4906	6.1182	5.783	5.4804	5.2060	4.956	4.7284	4.5196	4.327	4.1511	3.9879	3.3297
27	6.9352	6.5135	6.1364	5.797	5.4919	5.2151	4.963	4.7342	4.5243	4.331	4.1542	3.9903	3.3305
28	6.9607	6.5335	6.1520	5.809	5.5016	5.2228	4.969	4.7390	4.5281	4.334	4.1566	3.9923	3.3312
29	6.9830	6.5509	6.1656	5.820	5.5098	5.2292	4.974	4.7430	4.5312	4.337	4.1585	3.9938	3.3317
30	7.0027	6.5660	6.1772	5.829	5.5168	5.2347	4.978	4.7463	4.5338	4.339	4.1601	3.9950	3.3321

附表 4　年金终值系数表$(F/A, i, n)$　　计算公式：$f = \dfrac{(1+i)^n - 1}{i}$

期数	1%	2%	3%	4%	5%	6%	7%	8%	9%	10%	11%	12%	13%
1	1.000	1.000	1.000	1.000	1.000	1.000	1.000	1.000	1.000	1.000	1.000	1.000	1.000
2	2.010	2.020	2.030	2.040	2.050	2.060	2.070	2.080	2.090	2.100	2.110	2.120	2.130
3	3.030	3.060	3.090	3.121	3.152	3.183	3.214	3.246	3.278	3.310	3.342	3.374	3.406
4	4.060	4.121	4.183	4.246	4.310	4.374	4.439	4.506	4.573	4.641	4.709	4.779	4.849
5	5.101	5.204	5.309	5.416	5.525	5.637	5.750	5.866	5.984	6.105	6.227	6.352	6.480
6	6.152	6.308	6.468	6.633	6.801	6.975	7.153	7.335	7.523	7.715	7.912	8.115	8.322
7	7.213	7.434	7.662	7.898	8.142	8.393	8.654	8.922	9.200	9.487	9.783	10.08	10.40
8	8.285	8.583	8.892	9.214	9.549	9.897	10.25	10.63	11.02	11.43	11.85	12.29	12.75
9	9.368	9.754	10.15	10.58	11.02	11.49	11.97	12.48	13.02	13.57	14.16	14.77	15.41
10	10.46	10.94	11.46	12.00	12.57	13.18	13.81	14.48	15.19	15.93	16.72	17.54	18.41
11	11.56	12.16	12.80	13.48	14.20	14.97	15.78	16.64	17.56	18.53	19.56	20.65	21.81
12	12.68	13.41	14.19	15.02	15.91	16.86	17.88	18.97	20.14	21.38	22.71	24.13	25.65
13	13.80	14.68	15.61	16.62	17.71	18.88	20.14	21.49	22.95	24.52	26.21	28.02	29.98
14	14.94	15.97	17.08	18.29	19.59	21.01	22.55	24.21	26.01	27.97	30.09	32.39	34.88
15	16.09	17.29	18.59	20.02	21.57	23.27	25.12	27.15	29.36	31.77	34.40	37.27	40.41
16	17.25	18.63	20.15	21.82	23.65	25.67	27.88	30.32	33.00	35.94	39.18	42.75	46.67
17	18.43	20.01	21.76	23.69	25.84	28.21	30.84	33.75	36.97	40.54	44.50	48.88	53.73
18	19.61	21.41	23.41	25.64	28.13	30.90	33.99	37.45	41.30	45.59	50.39	55.74	61.72
19	20.81	22.84	25.11	27.67	30.53	33.76	37.37	41.44	46.01	51.15	56.93	63.43	70.74
20	22.01	24.29	26.87	29.77	33.06	36.78	40.99	45.76	51.16	57.27	64.20	72.05	80.94
21	23.23	25.78	28.67	31.96	35.71	39.99	44.86	50.42	56.76	64.00	72.26	81.69	92.46
22	24.47	27.29	30.53	34.24	38.50	43.39	49.00	55.45	62.87	71.40	81.21	92.50	105.4
23	25.71	28.84	32.45	36.61	41.43	46.99	53.43	60.89	69.53	79.54	91.14	104.6	120.2
24	26.97	30.42	34.42	39.08	44.50	50.81	58.17	66.76	76.78	88.49	102.1	118.1	136.8
25	28.24	32.03	36.45	41.64	47.72	54.86	63.24	73.10	84.70	98.34	114.4	133.3	155.6
26	29.52	33.67	38.55	44.31	51.11	59.15	68.67	79.95	93.32	109.1	127.9	150.3	176.8
27	30.82	35.34	40.70	47.08	54.66	63.70	74.48	87.35	102.7	121.0	143.0	169.3	200.8
28	32.12	37.05	42.93	49.96	58.40	68.52	80.69	95.33	112.9	134.2	159.8	190.6	227.9
29	33.45	38.79	45.21	52.96	62.32	73.63	87.34	103.9	124.1	148.6	178.3	214.5	258.5
30	34.78	40.56	47.57	56.08	66.43	79.05	94.46	113.2	136.3	164.4	199.0	241.3	293.1

续表

期数	14%	15%	16%	17%	18%	19%	20%	21%	22%	23%	24%	25%	30%
1	1.000	1.000	1.000	1.000	1.000	1.000	1.000	1.000	1.000	1.000	1.000	1.000	1.0000
2	2.140	2.150	2.160	2.170	2.180	2.190	2.200	2.210	2.220	2.230	2.240	2.250	2.3000
3	3.439	3.472	3.505	3.538	3.572	3.606	3.640	3.674	3.708	3.742	3.777	3.812	3.9900
4	4.921	4.993	5.066	5.140	5.215	5.291	5.368	5.445	5.524	5.603	5.684	5.765	6.1870
5	6.610	6.742	6.877	7.014	7.154	7.296	7.441	7.589	7.739	7.892	8.048	8.207	9.0431
6	8.535	8.753	8.977	9.206	9.442	9.683	9.929	10.18	10.44	10.70	10.98	11.25	12.7560
7	10.73	11.06	11.41	11.77	12.14	12.52	12.91	13.32	13.73	14.17	14.61	15.07	17.5828
8	13.23	13.72	14.24	14.77	15.32	15.90	16.49	17.11	17.76	18.43	19.12	19.84	23.8577
9	16.08	16.78	17.51	18.28	19.08	19.92	20.79	21.71	22.67	23.66	24.71	25.80	32.0150
10	19.33	20.30	21.32	22.39	23.52	24.70	25.95	27.27	28.65	30.11	31.64	33.25	42.6195
11	23.04	24.34	25.73	27.19	28.75	30.40	32.15	34.00	35.96	38.03	40.23	42.56	56.4053
12	27.27	29.00	30.85	32.82	34.93	37.18	39.58	42.14	44.87	47.78	50.89	54.20	74.3270
13	32.08	34.35	36.78	39.40	42.21	45.24	48.49	51.99	55.74	59.77	64.10	68.75	97.6250
14	37.58	40.50	43.67	47.10	50.81	54.84	59.19	63.90	69.01	74.52	80.49	86.94	127.912
15	43.84	47.58	51.65	56.11	60.96	66.26	72.03	78.33	85.19	92.66	100.8	109.6	167.286
16	50.98	55.71	60.92	66.64	72.93	79.85	87.44	95.77	104.9	114.9	126.0	138.1	218.472
17	59.11	65.07	71.67	78.97	87.06	96.02	105.9	116.8	129.0	142.4	157.2	173.6	285.013
18	68.39	75.83	84.14	93.40	103.7	115.2	128.1	142.4	158.4	176.1	195.9	218.0	371.518
19	78.96	88.21	98.60	110.2	123.4	138.1	154.7	173.3	194.2	217.7	244.0	273.5	483.973
20	91.02	102.4	115.3	130.0	146.6	165.4	186.6	210.7	237.9	268.7	303.6	342.9	630.165
21	104.7	118.8	134.8	153.1	174.0	197.8	225.0	256.0	291.3	331.6	377.4	429.6	820.215
22	120.4	137.6	157.4	180.1	206.3	236.4	271.0	310.7	356.4	408.8	469.0	538.1	1067.27
23	138.2	159.2	183.6	211.8	244.4	282.3	326.2	377.0	435.8	503.9	582.6	673.6	1388.46
24	158.6	184.1	213.9	248.8	289.4	337.0	392.4	457.2	532.7	620.8	723.4	843.0	1806.00
25	181.8	212.7	249.2	292.1	342.6	402.0	471.9	554.2	650.9	764.6	898.0	1054.	2348.80
26	208.3	245.7	290.0	342.7	405.2	479.4	567.3	671.6	795.1	941.4	1114.	1319.	3054.44
27	238.4	283.5	337.5	402.0	479.2	571.5	681.8	813.6	971.1	1159.	1383.	1650.	3971.77
28	272.8	327.1	392.5	471.3	566.4	681.1	819.2	985.5	1185.	1426.	1716.	2063.	5164.31
29	312.0	377.1	456.3	552.5	669.4	811.5	984.0	1193.	1447.	1755.	2128.	2580.	6714.60
30	356.7	434.7	530.3	647.4	790.9	966.7	1181.	1445.	1767.	2160.	2640.	3227.	8729.98

参 考 文 献

[1] 陈广宇. 可拓评价方法在技术项目评价中的应用研究[J]. 工业技术经济，2004(10).

[2] 陈劲. 技术管理[M]. 北京：科学出版社，2008.

[3] 水利，李敬功，王向公. 模糊集理论及其应用[M]. 北京：科学出版社，2005.

[4] 董宇鸿. 可拓优度评价方法在创新项目选择中的应用[J]. 郑州航空工业管理学院学报，2003(3).

[5] 菲利普·威克汉姆. 战略企业家成功之道：面向新企业的创立和管理的决策制定方法[M]. 马冰心，张莲娜，崔人元，译. 北京：中国社会科学出版社，2003.

[6] 傅家骥，全允恒. 工业技术经济学[M]. 北京：清华大学出版社，2006.

[7] 傅家骥，雷家骕，程源. 技术经济学前沿问题[M]. 北京：经济科学出版社，2003.

[8] 郭剑平，盛广恒. 企业技术评价与技术管理[J]. 现代管理科学，2004(4).

[9] 国家计委投资研究所，建设部标准定额研究所社会评价课题组. 投资项目社会评价指南. 北京：经济管理出版社，1997.

[10] 廖泉文. 人力资源考评系统[M]. 济南：山东人民出版社，2000.

[11] 刘尔烈，戴崎东. 模糊综合评价方法在工程项目社会评价中的应用[J]. 港口技术，2002(4).

[12] 刘长滨. 建筑工程技术经济学[M]. 北京：中国建筑工业出版社，1999.

[13] 刘晓君. 技术经济学[M]. 西安：西北大学出版社，1995.

[14] 刘砚田. 工程经济[M]. 西安：西安交通大学出版社，1988.

[15] 明辉，徐晟，赵惠芳. 企业技术创新项目的经济风险研究[J]. 合肥工业大学学报（社会科学版），2004(8).

[16] 邱苑华，沈建明，杨爱华，等，现代项目管理导论[M]，北京：机械工业出版社，2002.

[17] 邱苑华. 现代项目管理学[M]. 北京：科学出版社，2001.

[18] 全允桓，谈毅，饶祖海. 技术评价方法的有效性分析[J]. 中国地质大学学报（社会科学版），2004(6).

[19] 吴贵生，王毅. 技术创新管理[M]. 北京：清华大学出版社，2009.

[20] 吴文江. 数据包络分析及其应用[M]. 北京：中国统计出版社，2002.

[21] 肖新平，邓旅成，查金茂. 灰色系统分析理论及其应用[M]. 大连：大连海事大学出版社，1997.

[22] 刘晓君. 建筑技术经济学[M]. 北京：中国建筑工业出版社，1990.

[23] 修国义. 企业技术评价方法研究[J]. 哈尔滨理工大学学报，1998(4).

[24] 杨忠直，张世英，李光泉. 技术选择的评价与决策方法研究[J]. 中国软科学，1997(1).

[25] 余晓岭，魏薇，杨忠直. 技术开发项目评价方法研究[J]. 数量经济技术经济研究，1998(5).

[26] 余晓岭，魏薇，杨忠直. 技术项目评价与选择方法研究[J]. 管理工程学报，2000(1).

[27] 张金锁. 技术经济学[M]. 北京：中国经济出版社，1993.

[28] 赵焕臣，许树柏，和金生. 层次分析法：一种简易的新决策方法[M]. 北京：科学出版社，1986.

[29] 赵玉林. 高技术产业经济学[M]，北京：中国经济出版社，2004.

[30] 周慧珍. 投资项目评估[M]. 大连：东北财经大学出版社，2005.

[31] Project Management Institute. A Guide to the Project Management Body of Knowledge. Newtown Square Pennsylvania USA，2000.

后　记

　　"大众创业，万众创新"已经成为了时代主题。技术项目是创新的载体，对技术项目进行客观、准确的评价是项目开始实施之前的必备环节。技术项目评价的结果直接决定了项目能否开展，能否获取必要的创新资源，如风险资本的注入等。对技术项目提前开展评价，还能事先发现技术项目的一些潜在风险和问题，对这些风险和问题加以重点关注或者提前解决，能够在很大程度上降低创新失败的风险，提高技术项目的成功率。

　　在校大学生，尤其是掌握了一定专业技术的理工类大学生是未来创新的主力军。但是，创新是一个"发明＋商业化"的过程，仅仅掌握专业技术是远远不够的，还涉及商业化运作的问题。商业化方面的能力和技能往往是理工类大学生所不具备的，但是可以通过系统学习加以掌握，这一点对有志于依托技术进行创新和创业的理工科大学生尤为重要。因此，系统地讲授技术经济评价方法，提高创业者的技术评价能力成为当务之急，这也是本书编写的主要目的。

　　本书编写工作是由长期从事技术创新管理、技术经济学教学科研工作的杜跃平教授和段利民副教授共同组织开展，由编写组成员分工编写完成的。具体编写工作如下：杜跃平编写第1章，段利民编写第2、7、8章，曹飞、杜跃平编写第3章，滕昕、段利民编写第4章，曹飞、李雄军编写第5章，曹飞、刘京编写第6章，本书最终由杜跃平和段利民统稿、定稿。

　　本书在编写工作中，参阅了国内外大量有关参考文献，也借鉴了最近几年技术经济评价领域的最新研究成果。西安电子科技大学出版社的戚文艳编辑为本书的出版付出了辛勤的劳动，在此对这些文献资料的作者和出版社的编辑一并表示由衷的感谢。

　　由于作者水平有限，书中的缺点在所难免，敬请各位读者和专家批评指正并提出宝贵意见，以便进一步修订完善。

2017 年 2 月于西安